创新思维法学教材
Legal Textbooks of Creative Thinking

国际刑法学

Science of International Criminal Law

刘代华　著

WUHAN UNIVERSITY PRESS
武汉大学出版社

图书在版编目(CIP)数据

国际刑法学/刘代华著.—武汉:武汉大学出版社,2023.10
创新思维法学教材
ISBN 978-7-307-23827-5

Ⅰ.国⋯　Ⅱ.刘⋯　Ⅲ.国际刑法学—高等学校—教材　Ⅳ.D997.9

中国国家版本馆 CIP 数据核字(2023)第 109534 号

责任编辑:胡　荣　　　责任校对:李孟潇　　　版式设计:马　佳

出版发行:**武汉大学出版社**　(430072　武昌　珞珈山)
　　　　　(电子邮箱:cbs22@whu.edu.cn　网址:www.wdp.com.cn)
印刷:武汉中科兴业印务有限公司
开本:787×1092　1/16　印张:16　字数:329 千字　插页:2
版次:2023 年 10 月第 1 版　　2023 年 10 月第 1 次印刷
ISBN 978-7-307-23827-5　　定价:58.00 元

《国际刑法学》作者简介

刘代华，中南财经政法大学刑事司法学院教师；中南政法学院刑法学硕士，德国萨尔州大学硕士（LLM），德国慕尼黑大学博士生。研究方向为刑法学、国际刑法学。在《法学家》《中外法学》等发表专业论文十余篇。合著《国际犯罪与跨国犯罪研究》。

序　言

一、国际刑法是一门独立的部门法

研究国际刑法学的国内法学学者主要可以分为两种类型：主要从事刑法学理论研究的学者和主要从事国际法研究的学者。这两种类型的学者研究国际刑法的方法和结论都明显带有其固有的学科烙印。

刑事法学者在从刑事法理论角度研究国际刑法学时往往注重国际刑法实体法部分的研究，他们采用刑法学理论分析国际犯罪的犯罪特征，重视对国际公约中有关国际犯罪构成的规范分析，而轻视或者从根本上就忽略国际刑法法律渊源，特别是相关国际公约所产生的背景。刑事法学者多认为国际刑法是一个新的部门法。

张智辉教授在其《国际刑法通论》中详细讨论了国际刑法的独立性的问题。张智辉教授从国际刑法在本质上不同于国际法，国际刑法不同于国内刑法，国际刑法赖以产生、存在和发展的根据在于其自身的特殊性的角度论证了国际刑法具有独立于国际法和独立于国内刑法的特殊性。张智辉教授指出，国际刑法具有自身的特殊性，它既不同于一般的国际法，也不同于一般的国内刑法，而是国际法的刑事部分与国内刑法的国际部分相结合而逐渐形成的一个独立的法律体系。① 贾宇教授独撰《国际刑法学》一书则开宗明义直接论证了国际刑法学。

而有国际法学术背景的国际法学者研究国际刑法学时多注重国际刑法的法律渊源，而对国际犯罪的罪行规范、国际刑事诉讼程序和证据法等理论研究并不深入。例如，朱文奇教授独撰的、于 2014 年 8 月出版的《国际刑法》（第二版）主要阐述了与国际犯罪有关的内容，但对具体国际犯罪并没有予以涉及。朱文奇教授对于与国际犯罪息息相关的国际人道法体系与规则设专章研究。马呈元教授独撰的《国际刑法论》一书也对国际刑法实体法部分采用了略写的处理方式。例如，马教授用一章的篇幅（44 页）对国际犯罪进行了阐述，具体内容包括：有没有国际犯罪（3 页）、什么是国际犯罪（14 页）、国际犯罪构成

---

① 　参见张智辉：《国际刑法通论》（第三版），中国政法大学出版社 2009 年版，第 10~16 页。

（16 页）、国际犯罪与跨国犯罪（5 页）和国际犯罪的种类（8 页）。①

具有国际法学术背景的学者多不承认国际刑法学具有独立的学科地位，而认为国际刑法仅仅是国际法的一个分支。马呈元教授更是开宗明义在其专著"序言"中指出，第二次世界大战以后，国际法发生了前所未有的变化，出现了国际人权法、国际经济法、国际环境法、国际刑法等新的分支。②

否认国际刑法的观点：《奥本海国际法》（第一版）一书指出，国际法作为主权国家之间，而非主权国家之上的法律的性质，排除了由于国际违法行为而惩罚国家的可能性。同时，也排除了从刑事犯罪的角度看待这种违法行为的可能性。在这种情况下，国际违法行为唯一可能产生的法律后果就是提供物质或道义的赔偿。③ Politis 在其《国际法的新趋势》一书中也同样承认，只要国际法仍然是主权国家之间的法律，它就不可能产生通常意义上的（国际）刑法制度。④而威廉姆斯爵士认为，国家是国际法的主体，不可能成为刑事处罚的对象。⑤

否认国际刑法是一个独立的法律部门的学者都认为在国际法框架下，仅有国家是国际法的主体，而由于国家主权行为豁免原则，因此，从国际法的角度，国际刑法不能成为一个独立的部门法。这个论证逻辑存在问题。

国际法的主体是国家，并不必然否认国际刑法的主体是个人，只能说明国际法和国际刑法两者调整的对象迥然不同而已。按照通说的观点，学者们皆认同国际法的主体是国家，国际法所调整的对象是主权国家或其他具有国际人格的实体。如果国际法的主体是国家，那么所调整的对象是主权国家或其他具有国际人格的实体之间的法律关系。

国际法一直秉持国家主权豁免原则。国家主权豁免原则是国际法的基本原则。其原因大致存在以下方面：首先，国际法是主权国家所签署的法律，是主权国家为了维护国际社会的根本秩序和基本利益而让渡部分国家主权，自我限制其国家主权而缔结的条约或公约等法律规范，除此之外，主权国家不应被限制其权力，所以国家主权从理论上不能受到司法管辖。其次，在国家层面其主权也不应该受到限制。除非存在国家间的条约，国家主权才能自我限制。主权国家的国家行为，在国际法层面只能自我限制、主动让渡。最后，国家间是平等的。无论国家的国力强大还是赢弱，都是平等的，其主权行为都不应该受到另外一个国家的司法管辖。

---

① 参见马呈元：《国际刑法论》（增订版），中国政法大学出版社 2012 年版，第八章。

② 马呈元：《国际刑法论》（增订版），中国政法大学出版社 2012 年版，"序言"第Ⅵ页。

③ Oppenheim, International Law: A Treatise, Vol. 1. Longmans, Green, and Co. 1905, p. 204.

④ 转引自马呈元：《国际刑法论》（增订版），中国政法大学出版社 2012 年版，第 1 页。

⑤ Sir John Fischer Williams, Aspects of Modern International Law, Oxford University Press, 1939, pp. 84-88.

　　国家主权行为豁免这一国际法基本原则在国际刑法领域则不断受到挑战，甚至被突破。在内国刑法中，国家主权行为分为国家元首行为、国家官员执行职务或上级命令行为和任何公职人员执行法律或法规的行为。

　　第一次世界大战之后，取得了战争胜利的协约国在1919年巴黎和会上成立了"战争发动人责任与对违反战争法和战争惯例的行为加以惩罚的执行委员会"。随后的《凡尔赛和约》第227条规定成立一个特别国际刑事法庭，用以起诉德皇威廉二世发起战争的罪行。《凡尔赛和约》第228条和第229条规定，在协约国建立的军事法庭或者任何一个协约国的军事法院中，可以起诉违反战争法和战争惯例的德国军事人员。虽然这样的努力最终失败了，但通过设立国际性军事法庭审理国家元首发起战争的刑事责任的观念已经确立。直到第二次世界大战结束之后，才在纽伦堡国际军事法庭和远东国际军事法庭中以反和平罪（即后来的侵略罪）、战争罪和反人道罪起诉德国和日本战犯。而这些战犯大多是德国、日本的政府或军队领导人。因此，"二战"后的审判实践已经成功将国家领导人的行为区分为真正的国家行为和需要承担国际刑事责任的非国家行为。

　　特别引人注目的是，作为内国刑法中的执行法律或法规行为、执行上级命令行为都是作为阻却违法事由（或者合法化事由）。按照内国刑法的合法化事由理论，行为人执行的是依照职权而赋予的行为或者是服从上级命令的行为，因此该行为人的行为不违法，也不应被视为犯罪行为。而《纽伦堡国际军事法庭宪章》第8条规定，被告遵照其政府或上级官员的命令行事的事实不能作为免刑的理由，但如按法庭的观点该行为具有充分根据者，可考虑作为减刑的理由。《纽伦堡国际军事法庭宪章》第7条第2款规定，被告的官方职务，不论其为国家首脑或为政府某一部门的负责官员，均不应被作为免刑或减刑的理由。同时，《欧洲国际军事法庭宪章》第6条直接规定违反人道的犯罪行为与当事国的法律无关。详言之，即使违反人道行为犯罪行为地或实施违反人道行为人国籍国法律规定其行为不成立犯罪，也仍然按照《欧洲国际军事法庭宪章》第6条的规定成立违反人道罪。

　　这是国际刑法司法实践中第一次突破了国家主权行为豁免原则。

　　作为国际法的另一原则，条约于第三方无损益则也在国际刑法实践中被突破。按照《维也纳条约法公约》的规定，凡条约必遵守。换言之，凡是国家没有缔结或参加的条约对该国没有约束力。而《国际刑事法院规约》第13条对国际刑事法院的管辖权规定中包括非缔约国的管辖，只是需要该非缔约国向国际刑事法院书记官长提交接受国际刑事法院刑事管辖权的声明。该规约第12条规定，对于第13条第1项或第3项的情况，如果行为发生地所属国家或其船舶或飞行器所属国或注册国是《国际刑事法院规约》缔约国或者依照第12条第3款接受国际刑事法院管辖的，国际刑事法院可以行使管辖权。换言之，只要犯罪行为地（包括在该国注册的船舶或飞行器）的某一个或多个国家属于国际刑事法院规约的缔约国，即使其他犯罪行为地所在国不是国际刑事法院规约的缔约国，国际刑事法院也有权对其进行管辖。甚至当联合国安理会提交的情势，即使涉案当事国皆不是国际刑事法院的成员国，国际刑事法院甚至都不需要征得当事国同意，可以径直享有刑事管辖权。

国际刑法司法实践还不断突破国际人道法的框架。国际人道法，也称为战争法或武装冲突法。战争罪与国际人道法有密切的联系。从对第二次世界大战战争罪犯的审判到《国际刑事法院规约》对战争罪的构成要件的规定，可以看出，国际刑法实践不断地突破国际人道法的适用。在《欧洲国际军事法庭宪章》和《远东国际军事法庭宪章》中多将战争罪限定于战争前或战争期间所发生的违反战争法规或战争习惯的犯罪行为。《管制委员会第 10 号法令》直接将战争与危害人类行为脱钩。在《前南问题国际刑事法庭规约》中，将战争罪和危害人类罪发生的时间扩大到包括国际性武装冲突发生之时，而不再仅仅局限于战争期间。而在《卢旺达国际刑事法庭规约》中，将危害人类罪和战争罪发生的时间扩充到包括非国际性武装冲突中。最终，《国际刑事法院规约》第 7 条所规定的危害人类罪已经和战争没有任何关联了。而在《欧洲国际军事法庭宪章》则规定，危害人类行为只有发生在战争期间或战争爆发以前的才能成立违反人道罪。在《国际刑事法院规约》中危害人类罪已经与战争没有任何联系了。

国际刑法实践突破了联合国安理会关于侵略的裁决必须取得安理会常任理事国一致同意的情况下才能作出的限制（参见《联合国宪章》第 27 条第 3 项和第 24 条第 2 项之规定）。1945 年《联合国宪章》并没有规定侵略罪的定义，而是规定由联合国安理会通过个案审查的方式裁定是否存在侵略行为。1974 年 12 月 14 日联合国大会通过的第 3314 号决议对侵略罪作出了定义。但该决议并不具有法律适用性，即该决议并不属于法律，因而无法在实践中适用。1998 年制定的《国际刑事法院规约》并没有包括侵略罪的定义；仅仅规定了对侵略罪行使管辖权，并规定在依照《国际刑事法院规约》第 121 条和第 123 条制定侵略罪的定义并规定国际刑事法院对侵略犯罪行使管辖权的条件后，国际刑事法院才能对侵略罪行使管辖权。《国际刑事法院规约》第 121 条规定了国际刑事法院缔约国在《国际刑事法院规约》生效 7 年后，可以通过在对《国际刑事法院规约》的缔约国审议大会上提出对规约的修正案。2010 年 6 月 11 日至 12 日通过了修正案，该修正案确认国际刑事法院拥有对侵略的认定权利。国际刑事法院最终于 2018 年 7 月 17 日启动了对侵略罪的管辖权。①

由于国际刑事法院不是联合国的下属机构，因此，国际刑事法院对侵略罪的定义不再

---

① 参见［德］克劳斯·克雷斯：《国际刑事法院启动对侵略罪的管辖权》，张茂莉译，载《北大国际法与比较法评论》2018 年第 15 卷。

接纳联合国成员国的意见，而是仅仅由国际刑事法院的成员国提出侵略罪的修正案，而且是由国际刑事法院的成员国进行审议通过。因此，有学者认为，这种处理方式已经超过了《联合国宪章》关于侵略行为的成立必须由安理会根据《联合国宪章》，由安理会常任理事国一致同意的情况下才能裁定的权限。

换言之，今天的国际法理论已经不能指导国际刑法立法和实践，也不能为国际刑法学发展提供理论支持；相反，国际法的现有理论已经被国际刑法的理论和实践不断突破。仅仅拘泥于国际刑法的法律渊源是国际社会所共同制定，就认定国际刑法不能成为一个独立的法律部门的观点有待纠正。

而国际刑法是打击和预防个人侵害国际社会基本秩序或共同利益的法律。因此，从这个意义上说，国际法和国际刑法所调整的对象是截然不同的两种类型的主体，两者之间不存在任何交叉。

判断某一类法律规范是否从整体上构成一个法律部门，需要考察这类法律规范是否有自身的调整对象和调整方法。

国际刑法是规定危害国际社会共同根本利益和基本秩序的行为及其刑事责任的法律规范，以及追诉国际犯罪的程序性和组织性法律规范的总和。国际刑法的法律规范具体包括：国际刑法实体法、国际刑事程序和证据法及国际刑事法院组织法。这一点可以从《纽伦堡宪章》《东京宪章》《前南问题国际刑庭规约》《卢旺达国际刑事法庭规约》《国际刑事法院宪章》中得到印证。而这种将程序法、实体法和组织法融为一体的法律规范，都是围绕着追诉危害国际社会共同根本利益和基本秩序的行为及其刑事责任。因此，国际刑法这种调整对象是独一无二的，既不单纯属于刑法调整的对象，也不单纯属于刑事诉讼法所调整的对象，更谈不上是单纯属于组织法所调整的对象，而是仅仅围绕着追诉国际犯罪刑事责任的实体法、程序法和证据法以及组织法的综合体。

作为国际刑法调整的核心对象——国际犯罪，是与普通内国犯罪完全不同的概念。内国犯罪中，大陆法系和英美法系对犯罪行为的认定存在差异。而国际刑法中的犯罪行为，则是大陆法系犯罪行为和英美法系犯罪行为的糅合。

从犯罪主体角度，内国刑法和国际刑法中的犯罪主体截然不同。首先，内国刑法中的犯罪主体，是任何实施了犯罪行为、具有辨认控制能力的自然人或单位。而国际刑法中的犯罪主体，不包括单位；其次，原来在纽伦堡审判中所认定的犯罪组织，也在《国际刑事法院规约》中被抛弃。换言之，国际犯罪主体仅仅包括自然人。但并不是所有的实施了犯罪行为的自然人都具备成为国际犯罪主体的资格。例如，具体实施灭绝种族行为、危害人类行为、违反战争交战法或惯例行为的个人和侵略他国的普通军人，都不能成为国际犯罪的主体；而仅仅对灭绝种族、危害人类、违反战争交战法规或习惯法、侵略行为负领导责任的人才具备成为国际犯罪主体资格。从打击和预防国际犯罪的角度，普通人参与实施上述犯罪行为，危害程度有限，而且能够按照内国刑法进行惩罚，亦能达到预防犯罪的目的。但是国家元首、政府首脑、军队指挥官等身居高位的人，其行为可能被视为国家主权行为、法律规定的职责行为、接受上级命令行为等具备合法化事由，而逃脱刑事责任。因此，国际刑法规定，实施灭绝种族、危害人类、违反战争交战法规或习惯法、侵略的行为人不得被豁免，不得因为内国刑法没有规定其行为为犯罪而免除刑事责任。

国际刑法中的上级指挥官责任也突破了内国刑法中的犯罪理论框架。按照刑法学理论，任何人对自己所参与的犯罪承担刑事责任，包括正犯和共犯，以及未完成形态的犯罪行为人。而国际刑法中对具体实施、参与、共谋灭绝种族、危害人类、违反战争法规或习惯法、侵略行为的具体个人，并不一定会追究其刑事责任，因为并不是所有的参与人都有资格成为国际犯罪主体。其次，对他人实施的行为，担任上级指挥官职务的人，可能因为下级所实施的犯罪行为而承担刑事责任：如果该上级指挥官没有采取措施事先预防、事中阻止或事后惩罚等行为，则为其所领导、指挥的下属的犯罪行为承担刑事责任，而不管该上级指挥官是否希望、放任其下属实施犯罪行为。在国际刑法司法实践中，开始用上级指挥官责任惩罚战争罪犯时，大陆刑法学理论中尚不存在组织犯概念，日本刑法学理论中也没有出现"意思主体共同说"的正犯认定理论。而英美刑法理论中仅有共谋理论。但无论是当时存在的共谋理论，还是日后出现组织犯以及"意思主体共同说"理论，都不能说明"实施犯罪行为的人不承担刑事责任，而其上级指挥官承担其刑事责任"的情形。

国际犯罪行为包括大陆法系犯罪行为中的单独犯罪形态，也包括未完成形态，还包括共犯形态。而且，内国刑法中的违法阻却事由包括依照法律法规规定的行为和执行上级命令的行为阻却违法，而不成立犯罪。但是，这些原则在国际刑法中都被官方身份无关原则所修正。

国际刑事司法实践还突破了"本国国民不引渡"的原则。在"二战"结束后的纽伦堡审判和东京审判中，德国和日本的战犯分别受到了欧洲国际军事法庭和远东国际军事法庭的审判，尚可以认定为战败国不得不交付战犯；而前南问题国际刑事法庭就强制塞尔维亚共和国引渡其国家领导人斯洛博丹·米洛舍维奇到庭接受审判。国际刑事法院的审判实践也进一步强化了成员国必须引渡本国国民到国际刑事法院接受审判。欧盟成员国之间也可以将本国国民引渡到其他欧盟成员国接受审判。

国际刑法是否具有独特的调整方法？理论上，追诉犯罪的刑事责任，是刑法的调整方法。但是，应当看到，由国际社会追诉犯下国际犯罪的个人的刑事责任的这种调整方法，却是独特的。第一，在国际法中仅仅由国家承担国际违法行为的责任，而没有涉及国际犯罪的刑事责任。第二，内国刑法仅仅在一国主权范围内去追诉犯罪人的刑事责任。国际社会通过国际刑事法庭或国际刑事法院去追诉犯罪的个人的刑事责任，这种独特的调整方法是其他部门法所不具备的。因此，从独立的调整对象和独特的调整方法的角度，可以证明国际刑法已经成为一个独立的法律部门。

二、国际刑法学是一门独立的学科

学界对国际刑法学是否属于一个独立的学科存在争议。而判断国际刑法学是否是一个独立的学科，主要取决于国际刑法学是否存在独立的研究对象，国际刑法学是否存在独立的研究方法。

随着社会经济的不断发展和国际间人员流动的日益频繁，国际犯罪所造成的危害越来越严重，也越来越为各国政府、国际社会和理论界所关注。然而学界对国际犯罪一词的含义却依然众说纷纭。一般而言，国内外学者大多在以下意义上使用这一概念。

（一）将含有国际因素的犯罪视为国际犯罪

日本法学家山手治之认为："国际犯罪一词，一般有三种意义：（1）犯人及其罪行涉及几个国家时，从单纯的涉外性（国际性）犯罪的意义来说，称为国际犯罪。……为惩罚罪犯而谋求国际合作，可以通过国际刑警组织进行国际司法协助。（2）海盗行为、买卖奴隶、贩卖毒品等行为被称为国际犯罪。为防止和惩处这些行为，有时采取联合行动。（3）上述两种行为以及被断定为侵犯了国际社会一般权益的某种行为，以国际社会的名义交由国际法院加以惩处时，从严格意义上讲，可以称之为国际犯罪。"①

国际刑警组织总秘书处编著的《国际刑警组织五十年》一书指出："国际犯罪这一名称只是一般常用语言的一种习惯表达，指的不外是那种已列入这国或那国法律中的犯罪行为，只不过这些罪行具有相当多的国际特点罢了。""实际上，许多国家碰到的每种犯罪行为，只要其犯罪的方式，或者是参与犯罪的人物及其同谋者具有国际性，均可视之为国际犯罪。"②

美国著名国际刑法学家 M. C. 巴西奥尼教授认为："每种禁止性行为均有两个必具其一的要件——国际性要件或跨国要件，换言之，上述行为必须达到危害国际社会的程度，或必须侵害多国利益，其才能构成国际犯罪。"③ 国内学者中亦有持此种观点的人。如有

---

① ［日］山手治之：《国际法词典》，世界知识出版社 1985 年版，第 489 页。

② 《国际刑警组织五十年》，群众出版社 1983 年版，第 3 页。

③ ［美］M. C. 巴西奥尼：《传统国际刑法的刑事特征》，载《国外法学》1988 年第 5 期。"国际性要件"是指对人类和平和安全的直接或间接的威胁，或被视为违背普世良知的行为；"跨国性要件"是指危及一个以上国家公共安全和经济利益且其犯罪超越一国界限的行为，或涉及不止一国的公民（不管是受害人还是罪犯），或越界犯罪。Bassiouni, A Draft International Criminal Code and Draft Statute for an International Criminal Tribunal, Martinus Nijhoff Publishers, 1987, p. 36.

学者认为："国际犯罪案件应主要是依据犯罪空间上的涉外性来区分，只有当主体和行为涉及两个以上国家或地区时，因牵涉到不同国家的法律和管辖权，才具有完全的国际性质而成为国际犯罪。"① 在规定国际犯罪的部分公约中也有类似表述："本公约不适用于罪行仅在一国境内实施、被指控的罪行和被害人均为该国国民、被指控的罪犯在该国境内被发现，并且没有其他国家具有本公约行使管辖权的基础的情况……"②

我们认为，将含有国际因素或跨国因素的犯罪视为国际犯罪的观点揭示了打击和预防国际犯罪需要开展国家间的刑事司法合作的必要性。因为某种犯罪具有国际性或跨国性，就表明了仅仅依靠一国国内的刑事司法机关是无法及时追究犯罪者的刑事责任的。有关国际公约做上述表述的目的也是将不需要国际刑事司法协助一国能自行追究犯罪者刑事责任的犯罪行为和需要开展国际刑事司法协助才能追究犯罪者刑事责任的犯罪行为相区别。国际犯罪具有国际性或跨国性仅仅是国际犯罪外在的表现形式，外在的表现形式并不能作为国际犯罪的本质特征。例如，偷越国边境的犯罪、走私犯罪是肯定具有跨国性的，但是，国际社会并没有将一般的偷越国边境的犯罪行为和走私犯罪行为作为国际犯罪来处理。

在我们看来，这些观点实际上将国际犯罪、跨国犯罪以及有涉外性质的国内犯罪混为一谈。用部分犯罪的外在形式来界定全部国际犯罪的内涵，在定义方法上是不规范的，定义内容也是不准确的，也不利于司法实践中惩治和防范国际犯罪。

（二）将违反国际社会所公认的国际刑法规范的行为视为国际犯罪

1989 年在维也纳召开的国际刑法学协会第 14 届大会的决议指出，狭义的国际犯罪应定义为经国际社会根据普遍接受的国际法规则予以公认的罪行。有学者认为国际犯罪是指违反国际社会所公认的国际刑法规范，严重危害国际社会共同利益的不法行为。③ 亦有学者认为国际犯罪是指国际刑法规定的，对国际社会具有危害性并应受到刑事处罚的行为。④

我们认为，国际犯罪的概念应该揭示国际犯罪的基本特征。国际犯罪有以下三项基本特征：

首先，国际犯罪是严重危害国际社会共同利益的行为。这是国际犯罪的本质特征，是区分国际犯罪与非国际犯罪的根本标准。所谓严重危害国际社会共同利益的行为，是指危害了国际社会的和平与安全，破坏国际社会正常的公共秩序，侵害人类的尊严、生存与发展等涉及国际社会共同利益的行为。"某种犯罪行为严重危害国际社会的共同利益，受到

---

① 马进保：《国际犯罪与国际刑事司法协助》，法律出版社 1999 年版，第 16 页。
② 《关于制止恐怖主义爆炸事件的公约》第 3 条和《制止向恐怖主义提供资助的国际公约》第 3 条均有类似规定。
③ 陆晓光主编：《国际刑法概论》，中国政法大学出版社 1991 年版，第 47 页。
④ 林欣主编：《国际刑法问题研究》，中国人民大学出版社 2000 年版，第 17 页。

国际社会的普遍谴责与关注，认为需要采取协调一致的行为和刑事措施才能解决此类问题，这是国际社会公认其为国际犯罪的根本原因。"① 行为危害国际社会共同利益必须达到严重程度，才能被认为是国际犯罪。一般的违反国际法规的行为，虽然也侵害了国际社会的共同利益，但未达到严重程度，就不能认定为犯罪，而只能界定为国际不法行为。

其次，国际犯罪是违反国际刑法规范的行为（或者说是国际刑法规范禁止的行为）。这是国际犯罪的法律特征，是危害国际社会共同利益的特征在法律上的表现。国际刑法规范包括成文法和习惯法两类。成文的国际刑法规范散见于浩瀚的国际公约之中。习惯国际法表现为不成文法，即各国在与国际犯罪作斗争中，对反复出现的事实以默示协议的方式予以评价，逐渐形成具有法律约束力的不成文的国际刑法规范。②

最后，国际犯罪是应当承担刑事责任的行为。这一特征是由国际犯罪的本质特征和法律特征所决定的。有学者认为国际刑法没有真正贯彻"罪刑法定原则"，而只是"罪行法定"，所以不能认为国际犯罪是应当承担刑事责任的行为。这是一种误解。在我们看来，国际刑法毫无疑问也是遵循了"罪刑法定原则"的，只不过其具体的表现形式多种多样。现存的国际刑法规范一般只是宣布某种严重国际不法行为是国际犯罪，应当禁止，而具体的惩罚措施由缔约国或参加国国内刑法予以规定；有的国际公约规定了"或起诉或引渡"原则；亦有国际刑法规范直接规定国际犯罪适用的具体刑罚。1998 年 7 月在意大利罗马全权外交代表大会上通过的《国际刑事法院规约》就直接规定了国际犯罪适用的刑罚范围。这一切都说明了国际犯罪是应当承担刑事责任的行为。

（三）将《国际刑事法院规约》所规定的四种基本犯罪作为国际犯罪

《国际刑事法院规约》将灭绝种族罪、危害人类罪、战争罪和侵略罪作为国际刑事法院所管辖的犯罪，因此，德国、意大利等国家部分学者将这四种犯罪视为国际犯罪在专著中进行研究。

我们认为，这种将国际刑事法院所直接管辖的罪名作为国际犯罪的分类是科学的。综上研究，国际犯罪是指严重危害国际社会的共同利益，违反国际刑法规范，应当承担刑事责任的行为。

最初国际法是被称为万国法（law of nations）的。边沁认为，"law of nations"主要是强调多个国家的法，国际法应该是一部国家间的法，因此，应该用 international law 这个词指代国际法。这个说法正确与否值得研究。而与 international law 对应的，国际刑法就是 international criminal law。这些概念是否准确也值得商榷。国际法所调整的对象是国家，因

---

① 林欣主编：《国际刑法问题研究》，中国人民大学出版社 2000 年版，第 19 页。
② 有关国际习惯法能成为国际刑法渊源的论述请参见陆晓光主编：《国际刑法概论》，中国政法大学出版社 1991 年版，第 15~17 页。

此，我们称之为万国法；而国际刑法所调整的对象不是国家，而是严重危害国际社会根本利益和基本秩序的个人，所以，称之为万民法是比较合适的。从这个意义上讲，德语中 Volksrecht 对应万民法、Völkerstrafrecht 对应万民刑法的翻译是严谨的。德语中 Volk 指民族，各个民族的法就是万国法；而德语单词 Völker 指各个民族的人，Völkerstrafrecht 也就是指万民刑法。

在德语里，最广义的 Internationales Strafrecht，指代已经国际化的刑法，具体包括刑法空间适用法、欧洲刑法、狭义的国际刑法（万民刑法）和国际刑事事务合作法。

1. 刑法适用法（Internationales Strafrecht，Strafanwendungsrecht）

刑法适用法是指一国刑法对外国人所实施的或在外国发生的犯罪行为能适用的情形。具体包括在本国领土上实施犯罪行为的外国人适用本国刑法追究刑事责任；在外国领土上实施犯罪的本国人适用本国刑法追究其刑事责任；在外国针对本国国民、国家或社会利益实施的犯罪，甚至包括外国人在外国实施了非针对本国国民、社会或国家利益的犯罪，但在犯罪后逃至本国，而本国不能、不愿向外国提供引渡的，应该适用本国刑法追究该犯罪人的刑事责任。

2. 区域刑法（Regionales Strafrecht）

区域刑法，是指相邻国家间所成立的超国家组织中，为了保护成员国的基本利益和秩序，而共同打击和预防区域内的严重犯罪的法律规范的总和。欧盟刑法学已经为欧盟国家刑法学者所承认，并成为一种显学。而我国研究区域刑法学的只有赵永琛教授一人。

3. 万民刑法（Völkerstrafrecht）

即我们通常意义上所理解的国际刑法学。本书所研究的国际犯罪，仅仅是《国际刑事法院规约》中所规定的四种核心国际犯罪：灭绝种族罪、危害人类罪、战争罪和侵略罪。因此，万民刑法应指为预防和惩治核心国际犯罪的法律规范的总和，包括国际刑事实体法、程序法，国际刑事法院组织法和国际人道法。

4. 刑事事务法律合作法（Rechts über Rechtshilfe in Strafsachen）

国家有国界，但是犯罪没有疆界。现代社会里，一国单独打击或预防犯罪已经成为不可能的事情。因此，需要国家间、国家与国际组织间开展刑事事务法律合作方能完成打击和预防犯罪的目的。

本书将按照刑法适用法、区域刑法、国际刑法和刑事事务法律合作法的结构进行研究。

目　　录

第一章　刑法适用法

当一国刑法不仅对本国领域内所发生的犯罪行为有适用的效力，而且对在本国领域外的犯罪行为有权适用时，该国刑法就具有域外效力，即具有国际性。这就是刑法适用法被称为国际性刑法的原因。同时，由于犯罪行为地、行为人以及所侵犯的法益涉及外国因素，也由于国际公约和不同国家对有关刑事实体法适用范围的规定在内容上有交叉，国家间对犯罪的刑法效力存在冲突是不可避免的。为了国际社会和有关国家能够更好地打击犯罪，保护国际社会和有关国家的利益免受犯罪的侵犯，对国际犯罪和跨国犯罪的刑法效力冲突问题有必要加以研究，并提出解决方案。

第一节　刑法适用法的理论介绍

刑法适用法（Internaitonales Strafrecht，Strafanwendungsrecht），又称刑法效力（Geltung des Strafrechts），指一国对（主要指涉及外国因素的）刑事犯罪适用本国刑法进行审判的权力。[1] 犯罪行为实施后，就涉及刑法效力问题，即哪个国家的法律作为适用于对刑事犯罪进行审判的法律依据。适用刑法的依据涉及犯罪的时间、地点、侵害的法益以及其他的因素。因此，刑法效力分为刑法的空间效力和时间效力。在追究国际犯罪行为和跨国犯罪行为中，主要涉及对刑法空间效力的适用范围冲突问题，即刑法空间效力冲突。刑法效力范围，也称刑法适用范围，是指一国刑法规范的空间适用范围。[2] 刑法空间效力是一个抽象概念，仅仅表明刑法对某类犯罪适用；刑法空间效力范围则具体指明刑法对具体犯罪的适用效力。

有必要区分刑法效力和刑法管辖权两个概念。我国学者和立法规定一般将刑法的效力和刑事法院的管辖权混同。刑事管辖权[3]是刑法效力的下位概念。因为管辖权（Zuständigkeit）具体是指司法机关对案件的管辖权，指国家内哪个司法机关对具体的（一

---

[1]　Wessels, Beulke: Strafrecht AT, C. F. Mueller Verlag, 2002, §2 RN 62.

[2]　Creifelds, Rechtswörterbuch, 17. Auflage, Verlag C. H. Beck München, S 543.

[3]　刑事管辖权，是指基于一国刑法对某种犯罪的适用效力，该国刑事司法机关对该犯罪可以行使的侦查、起诉、审判和执行刑罚等司法职权。

般来说是存在争议的）案件行使诉讼的权力，其是一个程序法上的概念。刑法作为实体法律，本来是没有管辖权问题的，只存在是否能够适用的效力问题。如果多个国家的刑法效力都及于某个刑事犯罪，就会出现刑法效力范围的冲突。这种刑法效力范围的冲突只有通过国家间的协商或通过国际机构的仲裁来解决。如果国家内部的多个法院都对某个刑事案件有管辖权，就出现了管辖权争议。管辖权争议由上级法院进行裁决，以确定由哪个法院行使诉讼权。刑法的效力范围和法院的管辖权不是一一对应关系。一般来说，一国的刑法效力及于某刑事犯罪是该国法院对该刑事犯罪案件行使管辖权的前提，法院的管辖权是以刑法的效力范围为基础的；一国刑法有对某个刑事犯罪适用的效力，并不意味着该国法院就必然有管辖权，因为可能通过将本国刑法效力范围内的刑事犯罪案件通过引渡或国家间刑事诉讼移管等方式来追究其刑事责任。同样，如果一个国家的刑法效力不及于某犯罪，则意味着该国法院就对案件没有管辖权。当然，对本国司法机关有管辖权的刑事案件审判的法律依据只能是该国刑法。这与民事领域的法律适用不同。因为一国民事审判机构对本国司法机构有管辖权的、发生在外国的民事行为，能够依据外国法进行审判。但一国刑事审判机构却不可以对本国司法机关有管辖权的刑事案件，适用外国刑法规定作为审判犯罪行为的法律依据。

刑法效力范围具体涉及以下因素：犯罪的地点（行为地、结果地）、犯罪人和被害人的国籍、所侵害的法益等。与这些涉及的因素相应，刑法效力范围的一般原则具体如下：

一、属地原则

属地原则（Territorialitätsprizip），又称为领土原则（Gebietsgrundsatz），指一国对在其领土上实施的任何犯罪都有权适用本国刑法来进行刑事审判，不论其为何种犯罪，也不论被害人是谁。

根据属地原则，凡是发生在国家领土范围内的一切犯罪活动，都适用这个国家的刑事法律作为审判的法律依据，接受该国家司法机关的管辖，这是由国家主权原则决定的。这个原则是各类法系的国家宣示本国刑法效力范围的最基本原则。英美法系国家，例如英联邦国家、美国、爱尔兰王国、南非共和国和菲律宾共和国，在其司法判例中强调国家对在其领土范围内发生的普通刑事案件（Bürgerliche Delikte）①，具有专属的属地适用效力

---

① Bürgerliche Delikte，在 Oehler 教授的专著《国际刑法》第 17 章中是指针对个人或侵害个人法益（不包括社会法益和国家法益的），如健康、生命、自由、财产等的犯罪。这应当被理解为普通刑事犯罪，而不能按照字面意思理解为民事侵权行为、民事犯罪或刑事犯罪。Dietrich Oehler, Internationales Strafrecht, Auflag II, Carl Heymanns Verlag 1983, §17.

（die Ausschließlichkeit des Territorialitätsprinzips）①。

大陆法系国家，例如《意大利刑法》第 3 条规定，该法对在其领土内的所有人，包括意大利公民或外国人具有拘束力，国内公法或国际法另有规定的除外。再如，《德国刑法典》第 3 条规定，德国刑事管辖权针对在德国领域内所实施的一切犯罪行为。《中华人民共和国刑法》第 6 条第 1 款规定："凡在中华人民共和国领域内犯罪的，除法律有特别规定的以外，都适用本法。"

在该国注册的船舶或航空器内犯罪，详言之，凡在悬挂一国国旗的船舶或者有该国国家归属标志和识别标志的航空器内实施的犯罪行为，同样适用该国刑法，一般称为旗国原则（Flaggenprinzip）②。有争议的是，悬挂一国国旗或者有该国国家属有标志③的船舶和航空器是否属于国家领土的一部分？

不同国家的刑法对该问题有不同的规定，学界也有不同的看法。《意大利刑法》明确规定意大利船舶和飞机被认为是其领土，即一国船舶和航空器属于该国的浮动领土（Schwimmendes Territorium）。《意大利刑法》第 4 条规定："不论停泊在何处的意大利船舶和飞机，都被认为是它的领土，除非按照国际法的规定应受外国属地法的管辖。"

有些国际法规和国家的法律，将在一国领域内实施的犯罪适用该国刑法的情形，和在该国船舶或航空器上实施的分开规定。《国际刑事法院规约》第 12 条第 2 项第 1 目规定："对于第 13 条第 1 项或第 3 项的情况，如果下列一个或多个国家是本规约缔约国或依照第 3 款接受了本法院管辖权，本法院即可以行使管辖权：1. 有关行为在其境内发生的国家；如果犯罪发生在船舶或飞行器上，该船舶或飞行器的注册国。"《德国刑法典》第 3 条明确规定，德国刑法适用于在德国领域内实施的任何犯罪。紧接着第 4 条规定："德国刑法适用于在合法悬挂德意志联邦共和国的国旗或有国家归属标志的船舶或航空器上所实施的犯罪行为，而毋庸顾及犯罪地国的法律。"《中华人民共和国刑法》第 6 条第 1 款规定："凡在中华人民共和国领域内犯罪的，除法律有特别规定的以外，都适用本法。"第 2 款紧接着规定："凡在中华人民共和国船舶或者航空器内犯罪的，也适用本法。"因此，从法律系

① Siehe Dietrich Oehler, Internationales Strafrecht, Auflag Ⅱ, Carl Heymanns Verlag 1983, §17 und §18.

② 旗国原则与属地原则有关联，指在悬挂一国国旗或有国家归属标志的船舶或航空器，其旗国对发生在其船舶或航空器上的犯罪直接适用该国刑法，而无须考虑犯罪地法律的规定。

③ 关于国家归属标志（Staatszugehörigkeitszeichen），一般被译为国徽，这个翻译是不准确的。因为，在航空器上或潜艇上并不是加盖国徽标志，而是加印国旗标志。但国旗标志并不是国旗（Staatsflagge），故只能称之为国家归属标志。冯军教授将其译为国家属有标志。参见冯军译：《德国刑法典》，中国政法大学出版社 2000 年版，第 217 页。例如，我国国际民航就使用中华人民共和国国旗标志（不是中华人民共和国国旗）和中国国际民航的识别标志——China Airline 以及由 VIP 字母组成的凤凰图案。

统解释方法的角度，我们可以得出结论：一国注册的船舶或航空器并不包含在一个国家"领域内"，只是可以适用该国刑法而已。

如果说在不属于任何国家或地区的领域内的船舶或航空器属于一国领域比较好理解，当该船舶或航空器位于其他国家领域内时，"浮动领土说"的理论错误就很明显了。① 正如德国欧勒教授所指出的："在以前大家都同意的，现在也不乏主张者的，将船旗国的船舶作为该的浮动领土的观点是不正确的。""这个将船舶作为船旗国的浮动领土的隐语是不能使用了，因为它只会造成混乱。"②

与之有关的问题是，一国驻外使领馆是否是派出国的领土的问题？

派出国对本国在外国设立的使领馆领域内发生的刑事案件有司法权。有学者因此认为使领馆属于派出国的"领土"。这种观点无疑是错误的。驻在国同意派出国在其领土内设立使领馆的目的是保证派出国的使领馆官员能够顺利完成其任务，即使领馆区域的所有权属于驻在国，其使用权属于派出国。设立使领馆是互惠的和自愿的。虽然在使领馆领域内发生的刑事案件驻在国不能进行采取刑事司法措施，但不采取刑事司法措施并不意味着其主权的丧失。当双边关系破裂时，驻在国就直接收回使领馆区的使用权。因此，不能认为一国在外国设立的使领馆是一国的"飞地"。

由犯罪地国法院适用本国刑法审判犯罪行为是最合适的，因为这样做便于搜集证据逮捕罪犯和执行判决，同时也有利于维护该国的法律秩序和社会稳定。但是，犯罪地的含义是广泛的，一般包括行为地和结果地。③

刑法中犯罪可能存在犯罪行为地和结果地不一致的情况，即隔地犯。究竟是适用行为地刑法还是结果地刑法，刑法学界有行为地原则、结果地原则和遍在地原则三种理论。

第一，行为地原则。凡犯罪行为的实施地所在国有权对在该国领域内实施的犯罪行为适用该国刑法。这种犯罪行为包括预备行为、实行行为、未遂行为和共同犯罪的部分行为，同时还包括不作为行为。

第二，结果地原则。凡犯罪结果发生地的所在国均有权对该犯罪行为适用该国刑法。犯罪结果包括全部结果或部分结果。

在国际法中适用结果地的领土司法权原则最著名的判例是 1927 年常设国际法院对法国邮船"荷花号"一案的判决。1926 年 8 月法国邮船"荷花号"在公海上撞沉一艘土耳其轮船，使 8 名土耳其人溺死。当"荷花号"驶抵君士坦丁堡后，土耳其当局逮捕了法国

① 有关论述请参见陈忠林教授：《关于我国属地原则的理解、适用及立法完善》，载《现代法学》1998 年第 5 期。

② Dietrich Oehler, Internationales Strafrecht, Auflag Ⅱ, Carl Heymanns Verlag, 1983, S 313, 314.

③ 行为地，即实施拟议行为（包括共同犯罪的部分行为）的地点或者不作为行为地。结果地，即所实施的行为的结果或不作为结果发生地。

邮船的一名负责职员，连同土耳其船船长，一并以杀人罪向法院提起刑事诉讼。土耳其法院根据《土耳其刑法》第6条的规定（任何外国人……在国外犯有侵害土耳其或土耳其公民的罪行……应按土耳其刑法处罚，如果他在土耳其境内被捕获的话），判处该法国邮船的负责职员80日徒刑和22镑罚金。法国政府提出抗议，认为土耳其对于公海上的外国人在外国船舶上的行为无司法权。法国和土耳其两国政府于1926年10月达成协议，将这一争执案件提交海牙常设国际法院，要求常设国际法院决定土耳其对上述法国船员行使刑事管辖权是否符合国际法原则。

1927年9月7日，常设国际法院作出判决，认为土耳其对法国邮船的负责职员行使刑事管辖权并不违反国际法原则。常设国际法院对"荷花号"一案的判决，并不是根据土耳其提出的理由，而是根据客观的领土司法权原则，认为"荷花号"同土耳其轮船碰撞时犯罪者（法国邮船负责职员）虽身在法国邮船，而其杀人的效果则发生于土耳其船上（等于在土耳其领土上），因此，土耳其当局有权处罚该法国邮船的负责职员。①

第三，遍在地原则（择一主义原则）。犯罪行为或犯罪结果有一项发生在该国的，该国有权对该犯罪适用该国刑法。

许多国家的刑法或刑事诉讼法关于领土原则的规定，采用遍在地原则。《意大利刑法》第6条规定，构成任何犯罪的行为或不作为的行为的全部或一部分发生在意大利，或者作为这种犯罪行为或不作为的行为的后果的事件发生在意大利，那么这种犯罪行为适用《意大利刑法》。我国刑法典的规定也兼采这两项原则。《中华人民共和国刑法》第6条第3款规定："犯罪的行为或者结果有一项发生在中华人民共和国领域内的，就认为是在中华人民共和国领域内犯罪。"

遍在地原则中包括主–客观的遍在地原则和客观的遍在地原则。凡犯罪的行为实际实施地点或行为人设想的行为应实施地均为犯罪行为地，属于构成要件结果的实际发生地；或行为人设想的结果发生地都被视为犯罪结果地，即主–客观的遍在地原则，如德国、黎巴嫩等国家。《德国刑法典》第9条第1项规定，犯罪行为实施的地点或不作为情况下为必须作为的地点，或属于构成要件的结果出现或行为人设想出现的地点皆为犯罪地。即犯罪行为地与犯罪结果地有　项发生在本国的，就视为在本国领域内犯罪。第2项规定，共同犯罪中的犯罪行为实施地以及每个共犯实施行为地，或在不作为情况下应作为的地点或按照行共犯人的设想行为应实施的地点均为犯罪行为地。如果参与外国犯罪行为的共犯在境内实施行为，即使根据犯罪地的法律该行为不受刑法惩罚的，对共同犯罪亦适用《德国刑法典》。《法国刑事诉讼法》第693条的规定表明，法国同时采用主观的领土司法权原则和客观的领土司法权原则。美国各州的刑法典的规定也是如此。

---

① 转引自林欣主编：《国际刑法问题研究》，中国人民大学出版社2000年版，第226页。

所谓客观的遍在地原则，即只有实际上实施犯罪行为的地点，才是犯罪行为地；只有实际发生犯罪结果的地点，才被视为犯罪地，适用本国刑法。例如《意大利刑法》规定，对在外国实施的犯罪未遂行为，其结果本应发生在意大利，但实际上结果没有发生的，不能适用《意大利刑法》。同样，对连续不断的犯罪行为，部分在意大利实施，部分在外国实施的，只对在意大利境内实施的部分行为适用《意大利刑法》。

二、属人原则

规制刑法空间效力范围的第二个原则是属人原则（Personalitätsprinzip），又称国籍原则。属人原则包括主动的属人原则和被动的属人原则。

（一）主动的属人原则

主动的属人原则指一国对其在国外实施犯罪的本国公民有权适用本国刑法的原则。其原因是一国对其国民的属人最高权和其国籍国的法律秩序对其公民的要求而产生的刑法效力，所以亦称被告人国籍原则。有的国家规定它的刑法对这个问题具有追溯力。例如，在荷兰，对于犯罪时不是该国公民，而后来才取得该国国籍的人，同样要适用本国刑法，对其行使刑事管辖权。《德国刑法典》第7条规定事后成为德国人的，德国刑法有权对其成为德国人之前在德国外实施依照犯罪地法律也应惩罚或犯罪行为地处于非刑罚权之下的行为按照德国刑法审判。

各国刑法对主动的属人原则的规定可以分为三种类型。第一种类型是绝对的主动属人原则。这些国家的刑法规定它们的刑事管辖权范围及于它们在国外的公民的全部犯罪行为，例如，苏联和印度就是如此。《苏维埃俄罗斯联邦共和国刑法典》第2条规定，该法典适用于在苏联境外实施危害社会的行为而在苏联领土上被捕获的一切苏俄公民。《印度刑法典》第4条规定，该法典适用于在印度国境以外任何地方的任何印度公民实施的任何犯罪。

第二种类型是限制的主动属人原则。这些国家的刑法规定其刑法部分地适用于其在国外公民的犯罪行为。例如英国，只对它的公民在国外犯重罪，特别是这些罪行在英国国内有严重后果者，如叛逆罪、谋杀罪、特殊情况下的重婚罪等适用本国刑法。[1] 或者说必须是按照犯罪地法律同样构成犯罪的行为，或者犯罪地不属于任何国家或地区的领域时，才适用本国刑法。很多国家的刑法都属于这种类型，如丹麦、法国和德国等国家。

美国的刑法对它的公民在国外犯下列罪行具有域外效力：与外国政府进行犯罪的通信，在外国的奴隶贸易船舶上当船员，海盗和帮助海盗犯叛逆罪，伪造货币罪，利用在外

---

[1]　Brownlie, Principles of Public International Law, 3rd ed, Oxford：Clarendon Press, 1979, p.300. 转引自林欣主编：《国际刑法问题研究》，中国人民大学出版社2000年版，第228页。

国旅行的机会帮助国内的犯罪活动，在公海上进行非法卸货，在外贸中用不公平的方法进行竞争，策动兵变，伪造发票，在领事官员面前作伪证等。①

按照英美法系的传统做法，英美法系国家是只根据属地原则对犯罪行为适用本国刑法，它们不处罚在外国犯罪的本国公民，但是近几十年来这种情况有了改变。

《中华人民共和国刑法》的规定属于第三种类型，即混合类型。它把普通公民与国家工作人员和军人加以区分。它对我国普通公民在外国的犯罪行为采取限制的态度来适用刑法。该法第 7 条第 1 款规定："中华人民共和国公民在中华人民共和国领域以外犯本法规定之罪的，适用本法，但是按本法规定的最高刑为三年以下有期徒刑的，可以不予追究。"但是对国家工作人员和军人在国外犯罪的，采用绝对的主动属人原则。该法第 7 条第 2 款规定："中华人民共和国国家工作人员和军人在中华人民共和国领域外犯本法规定之罪的，适用本法。"

主动的属人原则中的"人"除了包括本国国民以外，一般还包括在该国有永久居所的非本国国民。一个需要研究的问题是，归化为某国国民的人，其新国籍国能否对此人在归化前所实施的、尚在追诉时效内的犯罪行为使用本国刑法？

（二）被动的属人原则（Passives Personalitätsprinzip）

被动的属人原则，又称受害人国籍原则，指外国人在受害人国籍国外针对受害人实施的、以行为地法律也构成犯罪的行为可以适用受害人国籍国刑法。被动的属人原则的目的是保护在国外的本国公民。世界上许多国家为了保护它们的侨民，对于外国人在外国对其公民犯罪，特别是犯谋杀、纵火、诽谤等罪行，当这些外国人进入该国境内时，它们就适用本国刑法追究其刑事责任。

《中华人民共和国刑法》采用了被动属人原则来适用我国刑法，同时也规定了一些限制。该法第 8 条规定，外国人在中华人民共和国领域外对中华人民共和国公民犯罪，按该法规定的最低刑为 3 年以上有期徒刑的，同时按照犯罪地的法律也应受处罚的犯罪的，才适用我国刑法追究其刑事责任。

我国《刑法》第 8 条将针对我国国家法益犯罪适用我国刑法的规定和针对我国公民的犯罪适用我国刑法的规定同时并列规定。因此，我国学者将被动的属人原则纳入保护原则之中。这个观点是值得商榷的。②

三、保护原则

保护原则（Schutzprinzip，Realprinzip）的全称应当是对国家的保护原则，又称安全原

---

① Mueller and Wise, International Criminal Law, London, 1965, p. 574。转引自林欣主编：《国际刑法问题研究》，中国人民大学出版社 2000 年版，第 228 页。

② 这个问题的详细论述参见本章"第三节　我国刑法的空间效力及完善"。

则，指对非本国公民在本国领域外侵害国家法益的行为，适用受侵害国的刑法追究其刑事责任。

　　这个原则在历史上也有过争议。欧洲大陆一些民法法系国家于 19 世纪首先提出并采用这个原则。1858 年法国波隆尼法院就曾经根据安全原则，对一个英国人，在法国境外以假名和假情况取得法国护照，适用法国刑法惩治之。[1] 后来《法国刑事诉讼法》中载入了这个原则。《法国刑事诉讼法》第 694 条规定，外国人在法国领土以外犯危害法国国家安全、伪造法国国玺或通行的法国国家货币和针对公务人员的犯罪，不论是正犯或共犯，只要他在法国被捕获或者法国政府取得了对他的引渡，都可以按照法国法律的规定被起诉和审判。这一规定，为欧洲大陆和拉丁美洲许多国家所效仿。

　　国际法学会在 1883 年的慕尼黑会议上通过了关于各国刑法冲突的 15 条规则，其中第 8 条规定："每个国家有权处罚外国人在它的领土以外所犯的破坏它的刑法的行为，当这种行为包含着对它的社会存在的攻击或者危及它的安全，同时行为地的刑法还没有规定要处罚这种行为。"[2] 当时，英国国际法学家奥本海则反对这个原则，他说："问题是国家是否有权管辖外国人在外国所犯的行为……对这个问题必须给以否定的回答。"[3]

　　在现代，这个原则已得到世界各国普遍的承认，几乎所有的国家都规定对外国人在外国犯有危害其主权与安全的罪行适用本国刑法惩治之。

　　哪些国家法益应当是受国家刑法保护的？不同的国家刑法有不同的规定。

　　《比利时刑法》第 10 条规定非比利时国民在比利时国家外实施涉及国家安全或侵害在比利时流通中的货币的行为，适用比利时刑法，而无须考虑犯罪地刑法的规定；但是，外国对该犯罪行为已生效的判决并且已执行刑罚的情况下，比利时不再对该行为适用本国刑法裁决。

　　《德国刑法典》第 5 条详细规定了针对德国国家法益的侵害行为，但是其中包括行为时是德国国民，而后成为非德国公民的人实施的行为。在德国以外实施的针对德国国家法益的行为：无须虑及犯罪地法律规定，德国刑法对下列在外国实施的行为适用：准备侵略战争的行为、内乱行为、特殊情形下的危害民主法治国行为、叛国和危害国家外部安全的行为、某些针对国家防御的行为、绑架和政治陷害行为等。

　　《丹麦刑法典》第 8 条规定，丹麦刑事管辖权适用于危害丹麦国家安全和宪法的行为，而无须虑及行为人的国籍。

　　《希腊刑法》第 8 条规定，本国人或外国人实施的内乱、背叛国家、加害公务人员、

　　[1]　Bassiouni, International Criminal Law, Vol. Ⅱ, New York: Transnational Publishers, Inc., 1986, p. 21.

　　[2]　Oppenheim, International Law, Vol. 1, 1905, London, p. 197.

　　[3]　Oppenheim, International Law, Vol. 1, 1905, London, p. 196.

在诉讼中对希腊机关宣伪誓等行为适用希腊刑法。

《意大利刑法》第7条规定，对于本国人或外国人实施的侵害国家权力、国玺，伪造意大利货币的行为适用意大利刑法。第11条第2款规定，即使行为人在外国受到生效的判决，意大利司法部长仍然可以对其按照意大利刑法重新审判。

我国《刑法》同样采用了安全原则，但对它的适用范围作了一些限制。该法第8条规定，外国人在中华人民共和国领域外对中华人民共和国国家犯罪，而按本法规定的最低刑为3年以上有期徒刑的，可以适用本法，但是按照犯罪地的法律不受处罚的除外。我国《刑法》没有对我国的国家法益做详细的规定，相当于将这个问题留给了法官和理论学界。

四、普遍原则与世界法义务原则

普遍原则（Universalitätsprinzip）从最早的世界性原则到现在的世界法义务原则（Prinzip der Weltrechtspflege），经历了一个发展过程。普遍原则，又称世界性原则，指适用本国刑法追究外国人在外国的犯罪行为的刑事责任。这个原则最早产生于中世纪的意大利各城邦。当时它是针对海盗罪而提出来的。后来，意大利和土耳其等国主张，对外国人在外国犯有损害外国国家或外国人的重罪或比较重的罪行，如果外国没有惩罚这些犯罪分子，那么世界各国都可以根据本国的刑法对他们加以惩罚，只要这些犯罪分子在本国境内被发现。

由于最早意义上的普遍原则已经不存在，对其进行理论研究已经没有实际意义了。而根据各国政府缔结或参加的国际公约的规定，各国有权对本国缔结或参加的国际公约中规定的，非本国公民在本国领域外，非针对本国国家法益或本国公民的犯罪行为适用本国刑法。这就是新的普遍原则，或者说是世界法义务原则，又称为条约义务原则。这也是很多学者将普遍原则和世界法义务原则相提并论的原因，并不是将两者混淆的结果。

适用世界法义务原则的前提是：本国刑法不能根据属地原则适用于该犯罪行为；本国刑法不能根据属人原则适用于该犯罪行为；本国刑法不能根据保护原则适用于该犯罪行为；在本国境内捕获犯罪行为人；本国政府不愿意引渡，或有权请求引渡的国家没有提出引渡或引渡不能进行的；本国政府根据其缔结或参加的条约，有义务对犯罪行为适用本国刑法。

世界法义务原则已经得到世界各国的承认，只不过不同的国家法律有不同的规定。我国《刑法》第9条对世界法义务原则做了笼统的规定："对于中华人民共和国缔结或者参加的国际条约所规定的罪行，中华人民共和国在所承担条约义务的范围内行使刑事管辖权的，适用本法。"与我国《刑法》规定相同的有瑞典、波兰和苏联等国家。有很多国家对世界法义务原则所承担的适用本国刑法的罪行做了详细的规定，如《罗马尼亚刑法典》第1条第2款、《比利时刑法》第10条等。①

其中德国法律对其规定最全面。如《德国刑法典》第6条第2项至第8项分别规定了在国外实施有关核能和爆炸物的辐射的重罪，攻击空中和海上交通工具，买卖人口和严重的买卖人口的行为，非法销售麻醉物品的行为，特定的散布淫秽文书行为，伪造金钱和有价证券、伪造支付卡和欧洲支票行为及其准备行为，补助金诈骗行为。并在第9项补充规定，根据与德国相关的国家间协议的规定必须追究的行为，适用《德国刑法典》。最值得关注的是，德国在2002年6月26日公布了《有关国际犯罪的刑法典》（Völkerstrafgesetzbuch，简称VStGB）。该法第1条规定了其适用范围：本法适用于违反国际法的犯罪行为，即使该犯罪行为是在国外实施的并且与本国无关。《有关国际犯罪的刑法典》主要规定了种族谋杀犯罪（因此取消了原刑法典第6条第1项规定的种族谋杀），违反人道主义的犯罪，战争犯罪和其他军事指挥官和领导者违反监管义务以及申报犯罪的玩忽职守的行为。②

五、刑事代理审判原则

刑事代理审判原则（Prinzip der Stellvertretenden Strafrechtspflege）是一个新的刑事管辖权原则。它是由第二次世界大战以后芬兰和德国等欧洲国家的法学家提出来的。③ 刑事代理审判原则，是指针对在本国捕获的外国人在外国实施的本不能适用本国刑法的行为，尽管根据引渡法可以引渡，但由于引渡请求国没有提出引渡请求，或请求被拒绝，或不能引渡的原因，未能引渡的，只好由本国刑法代替有权适用的外国刑法进行审判。

刑事代理审判原则的适用前提包括：外国人、非本国国民，并且也没有针对该国国民犯罪；在外国实施犯罪，非在本国刑法的效力范围的领域实施犯罪；其犯罪行为没有侵害捕获国国家法益；所实施的犯罪不在该国承担的条约义务内；在该国被捕获；未能引渡。未能引渡的原因包括有权提出引渡请求的请求国没有提出引渡请求；或提出引渡请求被拒绝；或该引渡不能进行。

基于以上前提和凡犯罪必受惩罚之原则，本国刑法因此而取得代理适用权。刑事代理审判原则是一种补充的刑法效力适用原则，只有当其他有刑事管辖权的国家不能对犯罪者的犯罪行为追究刑事责任的时候，才允许适用该原则。如果犯罪者能在有刑事管辖权的国家受到刑事审判，则本国不能根据刑事代理审判原则主张刑事管辖权。

---

① 详细内容参见［德］欧勒：《国际刑法》，卡尔黑曼斯出版社1983年版，第14编第52章。

② 参见《德国刑法典》，德国袖珍书出版社2002年第38版中的"Voelkersrtrafgesetzbuch"。

③ Jareborg, Double Criminality, Uppsala：Iustus Forlag AB, 1989, pp. 79-80. 转引自林欣主编：《国际刑法问题研究》，中国人民大学出版社2000年版，第236页。

有些法学家把根据国际条约规定的"或者引渡或者起诉"原则和转移定罪判刑的犯罪分子也包括在代理审判原则之内。① 笔者认为，这种观点是值得商榷的。

一方面，两者起诉的原因不同。很明显，刑事代理审判原则是"因未引渡，而起诉"。而"或者引渡或者起诉"是"不引渡，就起诉"。另一方面，两原则的刑事管辖权依据不同。"或者引渡或者起诉"进行刑事审判的前提是本国刑法可以根据属地原则、属人原则、保护原则和条约义务原则取得刑事管辖权效力。而"因未引渡，而起诉"进行刑事审判的前提是本国刑法无法根据其他效力适用范围的原则取得效力的情况下，为了追究犯罪的刑事责任而不得已采用的（刑事代理审判）原则。这两者的性质是有差别的，不能混为一谈。在"或者引渡或者起诉"中本国刑法是自始至终都可以适用；而刑事代理审判原则适用的前提是本国刑法一开始是不能适用的，只是因为未引渡，本国刑法才取得了代理适用权。

"或者引渡或者起诉"原则是许多重要的国际条约，如《关于制止非法劫持航空器的公约》（《海牙公约》）、《关于制止危害民用航空安全的非法行为的公约》（《蒙特利尔公约》）和《联合国禁止非法贩运麻醉药品和精神药物公约》中规定的原则。根据这些国际条约，在其领土内发现被指称的罪犯的缔约国，如不将此人引渡，则必须无任何例外地将案件提交其主管当局以便起诉。该缔约国对不予引渡的被指称的罪犯具有刑事管辖权，是依据国际条约，而不是依据代理原则。

第二节 我国刑法空间效力的法律规定及其完善

没有有关国家刑法在空间效力的原则中采用单一的原则来调整该国刑法的效力适用范围。通常的做法是采用以属地原则和属人原则为主，兼采用其他原则来调整本国刑法的效力适用范围。我国《刑法》第6条至第9条和第11条规定了我国刑法空间效力适用原则。

一、属地原则

我国刑法对刑法的效力范围采用的是遍在地原则。下文试分析我国刑法关于属地原则的含义。

（一）"领域内（Inland）"的理解

"领域内"，在国家法意义上是指一国国境内的领土；在刑法意义上是指一国刑法的效力适用范围。② 刑法意义上的"领域内"是从国家法意义上的延伸。因为，一个国家拥有

---

① 林欣主编：《国际刑法问题研究》，中国人民大学出版社2000年版，第237页。
② Creifelds, Rechtswörterbuch, 2002, Verlag C. H. Beck München, Seit 706.

在该国国境内的至高无上的主权，其中当然包括司法权。所以，我们主要是理解一国国境内的领土的含义。

理解领土的含义的关键问题是，在一国内登记的船舶或航空器和驻外使领馆是否属于一国领土？

曾经有学者认为，在我国登记的船舶和航空器属于我国的"浮动领土"，驻外使领馆是我国的"拟制领土"。上文已经阐述，在一国登记的船舶或航空器不应当属于一国领土，而只是按照旗国原则进行管辖；驻外使领馆馆区也不是我国领土，只是国际社会根据《维也纳外交关系公约》和《维也纳领事关系公约》规定，按照对等原则，给予派出国外交人员和领事人员方便实行其职务行为的一种便利和尊重。一国的驻外使领馆绝对不是一国的飞地。现在已经不再有学者持"浮动领土说"或"拟制领土说"的观点了。

（二）对"除法律有特别规定的以外"的理解

我国刑法学通论认为，此处的"除法律有特别规定的以外"分为两个层次、四个方面：

第一个层次，是针对我国刑事管辖权的效力范围而言。即不适用我国刑法的情况，这种情况主要是指享有外交特权或豁免权的人触犯我国刑法的，不能适用我国刑法，而其刑事责任通过外交途径解决。这种表述对于我国目前的刑事司法实践来说，是基本正确的。因为除了外交代表有外交特权和豁免权以外，很多的国际组织的公约中都规定享有特权和豁免权。例如《国际刑事法院特权和豁免权公约》就规定了该国际组织——国际刑事法院的特权和豁免权，以及参加大会及其附属机关的国家代表和政府间组织代表、参加法院诉讼的国家代表、法官、检察官、副检察官和书记官长、副书记官长、检察官办公室工作人员和书记官处工作人员、当地征聘人员、律师和协助辩护律师的人员、证人、被害人、专家和被要求到法院所在地的其他人都有特权和豁免权。也就是说，此处不应该仅仅包括享有外交特权和豁免权的人，应当包括我国承认其有特权和豁免权所有人的刑事责任都通过其他途径解决。

第二个层次是针对不适用该刑法典的情况而言，主要分为三个方面：

第一个方面是在刑法典生效后所制定的单行刑法和附属刑法的适用效力范围问题。在刑法典生效后制定的单行刑法和附属刑法，当其效力范围与刑法典的效力竞合时，按照"新法优于旧法"原则，刑法典不再适用，此例外之一。

第二个方面是指民族自治地方适用我国刑法典的问题。我国《刑法》第 90 条规定："民族自治地方不能全部适用本法规定的，可以由自治区或者省的人民代表大会根据当地民族的政治、经济、文化的特点和本法规定的基本原则，制定变通或者补充的规定，报请全国人民代表大会常务委员会批准施行。"这样，在自治区或者省的人民代表大会根据当地民族的政治、经济、文化的特点和本法规定的基本原则，制定变通或者补充的规定，在全国人民代表大会常务委员会同意施行后，就不再适用刑法典，此例外之二。

第三个方面，刑法典不适用于我国港澳台地区的情形。根据香港特区基本法和澳门特区基本法的规定，我国《刑法》不适用于发生在香港特区和澳门特区的犯罪。由于历史原因，我国《刑法》也不能适用于发生在我国台湾地区的犯罪。但是，不可否认的是，香港特区的刑事法规、澳门特区的刑事法规和台湾地区的刑事法规是中华人民共和国刑事法规的有机组成部分，并且是不可或缺的部分。此例外之三。

（三）对"本法"的理解

我国《刑法》第6~10条多次使用"本法"一词。我们要理解的是此处的"本法"的外延。按照字面含义来理解，"本法"，当然是"使用该词的这部法律"或"作出这项规定的这部法律"，此处仅指中华人民共和国刑法典。众所周知，刑法包括刑法典（狭义的刑法）及其修正案、单行刑法和附属刑法。如果认为刑法典只是规定刑法典的效力范围，那么，每一部刑事法规都要规定其法规的效力范围，这不仅是不可取的，而且是不可行的。对于修正案来说，修正案本身属于刑法典的一部分，刑法典的效力范围当然就是修正案的效力范围，这是可以理解和接受的。对于单行刑法也可以规定其效力范围，这样的做法会使立法技术有冗长和不简洁的嫌疑，所以说是不可取的。对于附属刑法来说，要求其在法律中规定其含有刑事责任条款的效力范围是不现实的，因此是不可行的。解决这个问题的途径有三个：

第一，将我国《刑法》第6~10条规定中的"本法"一词的外延解释为"中华人民共和国刑法"。根据法律解释的原则，当刑法用语的通常范围明显小于其规范范围时，应当允许进行扩大解释，即将其通常范围扩大至规范范围。我国的司法解释中就将放映"淫秽电影"解释成传播或散布"淫画"。按照通常理解，"画"是指静止的图像，而电影中的图像是动态的。其实，电影放映机只是将24幅画在1秒钟内呈现在观众眼前，通过观众的视觉残留，而认为画面是动态的。这样，"淫秽电影"也就顺理成章地解释成了"淫画"，即"画"的外延扩大至包括"动态"的电影影像在内的图像了。

我们能否将含义非常明确的"本法"（《中华人民共和国刑法》及其修正案）解释为包括刑法典及其修正案、单行刑法和附属刑法在内的广义的刑法呢？正如英国丹宁勋爵所指出的，扩大解释只是"将织物的皱褶熨平"。也就是说，扩大解释不是将刑法用语的外延无限制地扩大，只是在其本来范围内展现其外延而已。而且，在解释的时候，我们还要尊重文本的客观性。综上所述，"本法"是不能解释为包括中华人民共和国刑法典及其修正案、单行刑法和附属刑法在内的广义的中华人民共和国刑法的。

第二，我们可以假定我国刑法的效力范围通过刑法理论予以解决。即《刑法》第6~

10 条中仅仅规定我国刑法及其修正案的效力范围，而不涉及我国刑法的效力范围，而我国刑法的效力范围通过刑法理论来确定。

这种假定是不合适的。一国刑事法律的适用效力范围必须通过法律明确规定。因为，对于本国公民来说，可以通过刑法理论来确定刑法的效力范围；但是，刑法的效力范围一般来说是针对在涉及外国因素的犯罪时才需要确认的。即一国的刑法的适用效力范围是一国主权的宣示，必须通过法律明确规定，而不宜通过刑法理论界定。

第三，将我国《刑法》第 6~10 条规定中的"本法"① 一律修改为"中华人民共和国刑法"。② 这是一个一劳永逸的办法，并且是一个最明智的做法。一方面，明确宣示我国刑法的适用效力范围；另一方面，避免使用"本法"一词带来的明显的不足，即陈忠林教授所指出的，"可以避免将适用我国特别刑法以及港澳台地区刑法和民族地区的变通条例，理解为适用我国刑法属地原则的例外这种不应有的混乱"。③

（四）对遍在地原则的规定的理解

我国《刑法》第 6 条规定："凡在中华人民共和国船舶或者航空器内犯罪的，也适用本法。犯罪行为或结果有一项发生在中华人民共和国领域内的，就认为是在中华人民共和国领域内犯罪。"

这款是对我国刑事管辖权效力范围的遍在地原则的规定，但其中的"发生在中华人民共和国领域内"的用语是不准确的。

如上所述，在我国登记的船舶或航空器不属于我国领土，所以，该规定的范围不能涵盖在我国登记的船舶上或航空器内发生犯罪的情况。但是，对于犯罪地的规定应该涵盖在我国登记的船舶上或航空器内发生的犯罪的情形。所以，该规定对于在我国登记的船舶或航空器上的犯罪地存在一个法律空白或法律漏洞。该法律空白或法律漏洞的存在，不利于解决发生在我国登记的船舶上或航空器内犯罪的刑事管辖权问题。

其实，该款的主要目的是对我国刑法效力范围的犯罪地进行解释。我们不妨像有关国家刑法典一样，直接对犯罪地进行界定。④ 如"犯罪行为地是指行为实施的地点，或者在不作为的情形中是必须实施行为的地点或者属于构成要件的危害结果出现的地点"。

二、属人原则

我国《刑法》第 7 条规定："中华人民共和国公民在中华人民共和国领域外犯本法规

---

① 我国《刑法》第 6~10 条总共使用"本法"达 10 次。
② 参见陈忠林：《关于我国刑法属地原则的理解、适用及立法完善》，载《现代法学》1998 年第 5 期。
③ 陈忠林：《关于我国刑法属地原则的理解、适用及立法完善》，载《现代法学》1998 年第 5 期。
④ 《德国刑法典》第 9 条、《奥地利刑法典》第 67 条第 2 项都是直接对犯罪地界定的条款。

定之罪的，适用本法，但是按本法规定的最高刑为三年以下有期徒刑的，可以不予追究。

中华人民共和国国家工作人员和军人在中华人民共和国领域外犯本法规定之罪的，适用本法。"

（一）对主动的属人原则的规定①

我国刑法典在主动的属人原则中对普通公民及国家工作人员和军人分别规定，体现了对国家工作人员和军人的严格要求。

我国刑法典对于主动属人原则的规定没有采用犯罪地双重犯罪原则，而直接采用我国刑法规定来判别行为人的行为是否应当适用我国刑法的管辖。这样规定的最直接含义就是，凡是我国公民，受到我国法律的保护，当然应该遵守我国的法律，违反我国法律的，理应受到我国法律的制裁。但是，我们同时也应该考虑到，在外国定居的还没有加入外国国籍的我国公民，由于他们离开中国多年，对我国刑法的规定很陌生。如果他们遵守居住地的法律，但其行为却触犯了我国刑法的规定，构成我国刑法中犯罪的，对其主张我国刑法的刑罚权的，不仅不利于我国刑法的国际声誉；而且，由于这把追诉刑事责任的利剑悬在他们头顶，使得他们即使在自己的合法权益受到侵害或不公正对待时，他们因为害怕受到刑事追究而不敢去寻求我国驻外使领馆的帮助。这种法律规定就像将他们永拒国门之外，是很不人道的。

我们建议，对于我国公民在境外实施的行为，采用双重犯罪原则，即必须同时触犯犯罪地国家刑法和我国刑法的，才能成立犯罪；对于犯罪地没有置于一国刑事管辖权之下的，仅要求触犯我国刑法的，便构成犯罪。对于不符合双重犯罪原则的，不构成犯罪，不追究他们的刑事责任。这种双重犯罪原则的规定，不仅体现了我国刑法的"重教化，轻惩罚"的特点，而且更有利于保护我国境外公民的合法权益。

（二）对被动的属人原则的规定

《中华人民共和国刑法》第8条规定："外国人在中华人民共和国领域外对我国国家或公民犯罪，而按本法规定的最低刑为三年以上有期徒刑的，可以适用本法，但是按照犯罪地的法律不受处罚的除外。"

我国刑法典将被动的属人原则和保护原则在同一条款中规定，我国刑法理论界也认为，保护原则包括对国家利益的保护和公民个人利益的保护。但是，我们应当了解，对国家利益的保护和对本国公民的法益的保护的程度是不同的。

我国刑法典对被动的属人原则采用的双重犯罪原则，即行为同时触犯犯罪行为地刑法

---

① 德国刑法在1974年之前，存在一种绝对的主动属人原则，即即使本国公民在本国领域内犯罪的，这个时候仍然认为是按照属人原则而不是按照属地原则来确立刑法对其的适用效力。德国学者欧勒教授认为这是荒谬的。［德］迪特瑞西·欧勒：《国际刑法》，卡尔黑曼斯出版社1983年版，第445页。换言之，主动的属人原则是指刑法对本国公民在本国领域外实施犯罪的效力的问题。

和我国刑法。不过，我们发现在规定被动的属人原则时，我国刑法的规定存在一个法律漏洞或法律空白：当犯罪行为地不属于任何国家或地区的领域内，即犯罪行为发生在公海上航行的无国籍船舶上或南极大陆上时，犯罪行为侵害我国公民的利益时，按照我国刑法典的规定，我国刑法不能适用于该行为。

我国刑法典规定，对侵犯我国公民法益的行为，必须是按照我国刑法规定的法定最低刑在三年以上的，才可以适用我国刑法。"可以适用本法"的用语明显说明立法者的考量：一方面，我们能否追究外国人的刑事责任存在很多未知因素；同时，"可以适用"的弹性用语能弹性使用。这个规定不利于昭示我国政府保护我国公民的法益的决心和努力。而且，这种法定最低刑三年以下的犯罪行为不适用我国刑法的规定，是自我限制我国刑法的适用效力范围，同时也是损害国家主权的行为。①

为了弥补这个法律漏洞，我们可以将刑法典规定的被动属人原则修改为："外国人在中华人民共和国领域外对我国公民犯罪，且按照犯罪地的法律应受处罚的或犯罪地位于非刑罚权下时，适用中华人民共和国刑法。"

（三）对事后成为我国公民的人的适用效力

《德国刑法典》和《奥地利刑法典》都规定该国刑法的适用效力范围可以及于将申请成为该国国民的人在不具有该国国籍时所犯罪行。

我国《刑法》没有规定对后来成为中国公民的人的先前犯罪的效力问题。理论上存在一种可能，即某个触犯我国刑法的人，该犯罪行为地不属于我国刑法的效力范围内，也没有侵犯我国公民和国家的利益，但事后成为我国公民的，我国刑法能否适用于该行为？

如果该行为人成为我国国民之后，有关国家就该国民之前的罪行要求引渡的，按照我国引渡法的规定，我国不向外国引渡本国国民，这样，外国的该项引渡请求就会被我国拒绝。如果我国对该国民之前的行为不予审判的话，我国就将成为罪犯的天堂。这种法律状态的存在不利于我国开展国际刑事司法合作以及预防和惩治犯罪。为了避免这种情况的存在，有必要在法律中规定，我国刑法可以适用于这种情况，即对事后成为我国国民之人之前犯我国刑法规定之罪的，适用我国刑法追诉。

三、保护原则

保护原则的含义是指当外国人在我国领域外实施侵犯我国国家利益的行为时，应当适用我国刑法惩罚之。我国《刑法》第 8 条将我国刑法效力范围的保护原则法典化，但是该条的有关规定存在一些问题。

---

①　这种对外国犯罪人的待遇的法律规定应当是按照对等原则给予的，可惜没有国家给予我国公民这种待遇，所以，我们只能认为这是一种片面的"超国民待遇"。

第一个问题是，在惩罚侵犯国家法益的犯罪是否需要采用双重犯罪原则？

答案是否定的，即从法理、立法和实践等层面来看，对于一国国家利益的保护是不需要采用双重犯罪原则。

从理论上讲，一国国家利益依靠本国法律保护，其他国家法律没有义务和责任来保护另外一个国家的利益。再说，国家之间的利益不仅仅有趋同的一面，更多的是存在对立的一面，损害一国利益的行为可能造成另一国利益的增长。依靠外国法律对我国国家利益进行保护，不仅没有必要，也是一厢情愿的，同时会造成我国国家利益得不到应有的保护的危险。

从立法层面说，由于社会制度、政治、经济、文化和社会等因素的不同，国家利益在不同国家之间呈现不同的表现形式，另一国刑法所保护的该国国家利益的法律规定不一定能适用于保护我国国家利益，详言之，不同国家对犯罪的范围的规定是不同的，很难在所有的保护利益方面一致或重合。有关国家对于保护原则的立法规定，大多数没有采用双重犯罪原则。例如，《德国刑法典》第 5 条、《奥地利刑法典》第 64 条第 1 项都明确规定，对侵犯该国国家利益的外国人在外国实施的犯罪，一律适用该国刑法，而与犯罪地法律规定无关。

实践中，由于存在敌视和仇视我国的国家，它们时时刻刻准备想方设法侵犯和鼓励侵犯我国国家利益，因此，我们更不能指望这些国家会立法保护我国国家利益。

综上所述，我们认为对于外国人在我国领域外实施的侵犯我国国家利益的行为，触犯我国刑法的，一律适用我国刑法惩罚之，而与犯罪地法律规定无关。

第二个问题是如何对国家利益进行界定？

我国刑法典没有对外国人在我国领域外侵犯的国家利益进行界定。当然，我国刑法典是将对我国国家和公民的犯罪适用我国刑法惩治的情形放在同一条款中规定，这样只要是符合双重犯罪原则的，无论是侵犯我国国家利益还是公民利益的犯罪，都一律予以惩罚。这样的做法，当然使得法律用语简洁，也使得我国刑法的效力范围不至于随着时代的发展而有滞后之虞。但是，正如上文所指出的，对国家利益的保护和对本国公民法益的保护的程度是不同的，不能将对国家利益的保护和对公民利益的保护放在同一层次上。再说，对国家利益的保护是不需要采用双重犯罪原则的，而对公民利益的保护却需要采用双重犯罪原则。最后，并不是所有的概括性规定都适合刑法立法技术的需要。我们也可以依赖有关司法机关对此作出法律解释，但将本应由立法机关权限内的立法工作交由司法部门执行，使得立法权和司法权权限混淆，是有百害而无一利的。结合有关国家刑法典对国家法益的规定①，我们认为，我国的国家利益可以界定为：外国人在我国领域外能够侵犯与我国国

---

① 《德国刑法典》第 5 条对侵害国家法益的犯罪做了详细的列举。

家主权、领土完整与安全、国防利益以及我国的基本法律秩序有关的其他重要利益。结合有关国家刑法典的规定，根据我国刑法的规定，将外国人在我国境外侵害我国国家利益，应受我国司法管辖的犯罪列举如下：（1）分裂国家罪、煽动分裂国家罪；（2）武装叛乱、暴乱罪；（3）颠覆国家政权罪、煽动颠覆国家政权罪；（4）资助危害国家安全犯罪活动罪；（5）间谍罪；（6）为境外窃取、刺探、收买、非法提供国家秘密、情报罪；（7）资敌罪；（8）阴谋侵略（我国）罪（建议增设）；（9）投放危险物质罪；（10）劫持航空器罪；（11）劫持船只、汽车罪；（12）暴力危及飞行安全罪；（13）组织、领导、参加恐怖活动组织罪；（14）帮助恐怖活动罪；（15）走私罪；（16）伪造货币（人民币、港币或澳门元）罪；（17）出售、购买、运输假币罪；（18）洗钱罪；（19）金融凭证诈骗罪；（20）信用证诈骗罪；（21）有价证券诈骗罪；（22）侵犯商业秘密罪；（23）非法入侵计算机信息系统罪；（24）破坏计算机信息系统罪；（25）侮辱国旗、国徽、国歌罪；（26）组织他人偷越国境罪等。

四、条约义务原则

我国《刑法》第9条规定："对于中华人民共和国缔结或者参加的国际条约所规定的罪行，中华人民共和国在所承担条约义务的范围内行使刑事管辖权的，适用本法。"这是对我国刑法效力范围的条约义务原则的法律规定。

条约义务原则也是国际法的一项基本原则，一国国家缔结或者参加一项国际条约，就应当履行该国对该条约承担的义务。否则，条约就不可能得到遵守，条约也就形同具文。在国际刑法的立法实践中，规定国际犯罪的条约或公约是不直接规定其法定刑的，一般是先规定某项行为为犯罪，然后再规定各缔约国应当在其国内刑法中将其行为规定为犯罪和刑罚以惩罚之。例如，1948年12月9日通过的《防止及惩治灭绝种族罪公约》在第2条列举了该罪行的各种行为后，在第4条规定："缔约国承允各依照其本国宪法制定必要之法律以实施本公约各项规定，而对于犯灭绝种族罪或有第三条所列之行为之一者尤应规定有效之惩罚。"1997年通过的《制止恐怖主义爆炸事件的国际公约》第2条详细规定了恐怖主义爆炸罪的各种行为，在第4条规定："每一缔约国应酌情采取必要措施：在本国国内法下规定本公约第2条所述罪行为刑事犯罪；使这些罪行受到适当惩罚，这种惩罚应考虑到罪行的严重性。"

我国所缔结或者参加的国际条约对我国刑法立法起了不可忽视的促进作用。例如，对劫持航空器罪的立法实践就是最好的证明。

对于第9条中的刑法语词"国际条约"应当如何理解？通说认为，这里的"国际条约"应当理解为广义的国际公约，即包括国际公约、国际条约（狭义）和国际协定。同时，我们也应当注意到，除了我国缔结或者参加的国际条约外，我国缔结或者参加的区域性的条约或公约、多边或双边条约中也可能包括我国应承担追诉有关犯罪的条约义务。例如，我国缔结的《打击恐怖主义、分裂主义和极端主义上海公约》第 1 条界定了恐怖主义、分裂主义和极端主义的定义。第 2 条第 2 款规定各缔约方应将该公约第 1 条第 1 款界定的恐怖主义、分裂主义和极端主义犯罪行为规定为可引渡犯罪。作为可引渡之罪的前提是"双重犯罪原则"，即该行为按照各缔约国法律都是属于犯罪的，才可以引渡。① 对于在我国领域外针对外国实施的极端主义犯罪，而按照我国有关的引渡法，不能将该犯罪人引渡至引渡请求国的，就可以按照我国参加的《上海公约》适用我国刑法惩罚之。

为了更加明确"国际公约"的含义，建议将我国《刑法》第 9 条中"国际条约"修改为"国际性条约"或者使用德国刑法中的相关用语"国家间的协议（Zweischenliches Abkommen）"②。

五、刑事代理审判原则

我国没有规定刑法效力范围的刑事代理审判原则。

如上文所述，刑事代理审判原则能够促进和加强国家间刑事司法合作，并有利于打击、预防和惩治犯罪，不让犯罪分子逍遥法外，也不让任何一个国家成为犯罪的人间天堂。建议我国刑法中增设刑法效力范围的刑事代理审判原则的规定："境外实施犯罪人在我国境内被捕获，根据该行为的性质允许属于可引渡的，却因为没有提出引渡请求或者该请求被拒绝或不可能实行引渡而没有引渡的，适用中华人民共和国刑法惩罚之。"

第三节　国际刑事法院的刑事管辖权

"二战"之后，在国际刑事法院成立之前，联合国通过了许多国际公约，对四种核心国际犯罪的管辖进行了规定。因为这些国际公约缔结或生效时，并不存在相应的国际刑事法庭等执行机构，因此，这些公约都无一例外规定，公约的缔约国享有刑事管辖权。在国际刑事法院成立之前，已有欧洲国际军事法庭、远东国际军事法庭、前南斯拉夫问题国际刑事法庭和卢旺达问题国际法庭，直接对相关核心国际犯罪进行管辖。当国际刑事法院成

---

①　建议我国《刑法》第 105 条修改为："组织、策划、实施颠覆国家政权、改变我国宪法体制的，对首要分子或者罪行重大的，处无期徒刑或者十年以上有期徒刑；对积极参加的，处三年以上十年以下有期徒刑；对其他参加的，处三年以下有期徒刑、拘役、管制或者剥夺政治权利。

以造谣、诽谤或者其他方式煽动颠覆国家政权、改变我国宪法体制的，处五年以下有期徒刑、拘役、管制或者剥夺政治权利；首要分子或者罪行重大的，处五年以上有期徒刑。"

②　无论是国际公约、条约、协约，还是多边公约、双边条约，都是主权国家之间的一种协议。

立后，设立类似前南斯拉夫问题国际刑事法庭、卢旺达国际刑事法庭这样的特设国际刑事法庭的可能性几乎不存在。因此，我们需要首先回顾欧洲国际军事法庭、远东国际军事法庭、前南国际刑事法庭和卢旺达国际刑事法庭的管辖权的规定，并重点研究国际刑事法院的刑事管辖权。

一、特设国际刑事法庭的刑事管辖权

（一）欧洲国际军事法庭的刑事管辖权

为了惩罚德国首要战争罪犯，苏、美、英、法四国于 1945 年 8 月 8 日在伦敦签订了《关于对欧洲轴心国首要战争罪犯进行起诉和惩罚的协定》，决定由四个国家各指派一名法官和一名预备法官组成国际军事法庭，成立由苏、美、英、法四国代表组成的国际军事法庭审判德国首要战争罪犯，对无法确定其具体犯罪地点的纳粹德国主要战犯进行统一审判。该协定附有国际军事法庭宪章，这就是著名的《欧洲国际军事法庭宪章》。按照《欧洲国际军事法庭宪章》第 6 条的规定，法庭对破坏和平罪、战争罪和违反人道罪享有管辖权。

（二）远东国际军事法庭的刑事管辖权

1946 年 1 月 19 日，盟军最高统帅公布了《盟军最高统帅部特别通告》。而《远东国际军事法庭宪章》是该通告的附件。由中国、苏联、美国、英国、法国、荷兰、印度、加拿大、新西兰、菲律宾和澳大利亚 11 个国家组成的远东国际军事法庭对日本甲级战犯进行了审判。《远东国际军事法庭宪章》第 5 条规定，该法庭对破坏和平罪、战争犯罪和违反人道罪进行管辖。

（三）前南斯拉夫问题国际刑事法庭的刑事管辖权

1993 年 6 月成立"起诉应对 1991 年以来前南斯拉夫境内所犯的严重违反国际人道法行为负责的人的国际法庭"（以下简称"前南问题国际刑事法庭"）。根据《起诉应对 1991 年以来前南斯拉夫境内所犯的严重违反国际人道法行为负责的人的国际法庭规约》（以下简称《前南问题国际刑事法庭规约》）第 1 条规定，前南问题国际刑事法庭对 1991 年以来前南斯拉夫境内所犯的严重违反国际人道法行为负责任的人有权行使刑事管辖权。具体包括对战争罪（第 2 条"严重违反 1949 年各项《日内瓦公约》的情事"和第 3 条"违反战争法和惯例的行为"）、灭绝种族罪和危害人类罪有刑事管辖权。

根据《前南国际刑事法庭规约》第 8 条的规定，前南问题国际刑事法庭对 1991 年 1 月 1 日以来在前南斯拉夫社会主义联邦共和国领土，包括领陆、领空和领水内发生的灭绝种族罪享有刑事管辖权。这是关于前南问题国际刑事法庭属时管辖和地域管辖的规定。

（四）卢旺达问题国际法庭的刑事管辖权

1994 年 11 月 8 日，联合国安理会第 3453 次会议通过了第 955（1994）号决议，决定设立一个国际法庭，专门起诉应对 1994 年 1 月 1 日至 1994 年 12 月 31 日期间卢旺达境内种族灭绝和其他严重违反国际人道法行为负责者以及应对这一期间邻国境内灭绝种族和其他这类违法行为负责的卢旺达公民。根据《卢旺达问题国际法庭规约》对灭绝种族罪（第 2 条）、危害人类罪（第 3 条）和战争罪（第 4 条违反《日内瓦公约》共同第 3 条和《第二附加议定书》的行为）享有刑事管辖权。

二、国际刑事法院的管辖权

国际刑事法院的管辖包括并行管辖、补充管辖和强制管辖。

（一）国际刑事法院的并行管辖

国际刑事法院的并行管辖权，是指对实施灭绝种族罪、危害人类罪、战争罪和侵略罪的行为人，国际刑事法院和相关的成员国的法院都享有管辖权。

《国际刑事法院规约》第 5 条明确规定，国际刑事法院对灭绝种族罪、危害人类罪、战争罪和侵略罪有管辖权。国际刑事法院的管辖权也源于《国际刑事法院规约》第 4 条第 2 款的规定。该款规定，国际刑事法院在《国际刑事法院规约》的规定下，可以在任何缔约国境内，或者以特别协定在任何其他国家境内行使其职能和权力。《国际刑事法院规约》第 12 条第 1 款规定，一国成为《国际刑事法院规约》的缔约国，即接受国际刑事法院对《国际刑事法院规约》第 5 条所规定的犯罪的管辖权。

按照《维也纳条约法公约》第 26 条的规定，凡有效之条约对其各当事国有拘束力，必须由各该国善意履行。因此，国际刑事法院的各成员国必须尊重《国际刑事法院规约》的效力，承认国际刑事法院对本国有关的四种核心国际犯罪有管辖权。

如前文所述，国际刑事法院的成员国可能因为领土原则、属人原则、保护原则或普遍管辖原则，而享有对发生在本国领土、由本国国民实施、危害本国国家利益或公民利益；或者由于普遍管辖原则，而由本国法院适用本国刑法，追诉上述四种核心国际犯罪者的刑事责任。

国际刑事法院和国际刑事法院的成员国同时享有对四种核心国际犯罪的管辖权。因此，国际刑事法院享有的管辖权被称为并行管辖权。

（二）国际刑事法院的补充管辖

理论上，先有国家，然后国家通过缔结或批准《国际刑事法院规约》的方式加入国际刑事法院，成为国际刑事法院的成员国。国家对其刑法适用效力范围内的犯罪人享有追诉其刑事责任的权力，是优先于国际刑事法院的。原因在于：首先，国际刑事法院成立的目的，是为了国际社会共同努力打击和预防侵犯国际社会根本利益和基本秩序的核心国际犯罪，并不是为了剥夺其成员国对上述犯罪进行审判的权力。从国家层面看，加入国际刑事法院，成为国际刑事法院的成员国，仅仅是让渡了部分主权，并没有被剥夺对相关犯罪人进行追诉的司法主权。

其次，之所以将部分犯罪审判的权力让渡给国际刑事法院，是因为一国无法单独追诉实施四种核心国际犯罪的行为人的刑事责任。如果一国能够，也愿意单独追诉实施四种核心国际犯罪的行为人的刑事责任，国际刑事法院就没有必要启动对上述犯罪行为人的追诉程序。

最后，成员国愿意单独追诉实施四种核心国际犯罪的行为人，对预防和打击犯罪的效果要优于国际刑事法院对上述犯罪行为人的追责。一方面，固然是因为在犯罪行为地、犯罪结果地，或者犯罪被害人所在地对犯罪人进行审判和执行刑罚，更能直观地让其他人体会和强化"凡犯罪必受刑罚"的观念，有利于预防犯罪；另一方面，也能更好安抚被害人，有利于社会秩序的恢复和稳定。

只有在下列两种情况下，国际刑事法院才会启动对四种核心国际犯罪的管辖权。第一种情况是当事成员国没有对该罪行启动追诉程序，那么国际刑事法院有权启动对该罪的追诉程序。一般来说，如果实施四种核心国际犯罪的主体是一国国家元首、政府首脑、军队领导人，他们的行为可能被视为国家主权行为或者职务行为，不会被认为是犯罪；如果实施核心国际犯罪的主体是叛军领导人，国家的事后追诉可能被认为是"政治追诉"或"事后算账"，不利于国家和平或团结；如果实施的犯罪是侵略罪，则战胜国和战败国采用国内刑事诉讼程序追诉侵略者的刑事责任，无论是轻判还是重判，都难以赢得"公正审判"的评价。因此，国家可能不会、不能或者不愿追诉实施四种核心国际犯罪的行为人的刑事责任，而将这个棘手问题留给国际刑事法院进行审判。

第二种情况是，国家可能为了包庇罪犯，利用《国际刑事法院规约》第 20 条规定的"一罪不二审原则"，规避国际刑事法院的补充管辖权，适用内国刑法对实施犯罪人进行追诉，判决其犯罪行为人无罪、罪轻；或者没有采用国际法承认的正当程序原则，以独立或公正的方式追诉其刑事责任，采用的方式不符合将犯罪人绳之以法的目的的，国际刑事法院也例外地可以进行管辖。

（三）国际刑事法院的强制管辖

一旦国际刑事法院按照补充管辖，启动对所管辖罪行的追诉程序并不需要额外经过当事成员国的同意或批准。国际刑事法院的强制管辖权符合设立国际刑事法院的初衷。如果没有国际刑事法院补充管辖的规定，国际刑事法院的管辖可能会干涉成员国的司法主权；但没有强制管辖的规定，国际刑事法院无法完成打击和预防侵害国际社会共同根本利益和基本社会秩序的犯罪的初衷。没有强制管辖，国际刑事法院对四种核心国际犯罪的管辖就沦为空谈。

国际法院的管辖权可以通过三种方式启动：缔约国向法院提交显示犯罪已经发生的情势；安理会根据《联合国宪章》第 7 章向法院提交情势；根据《国际刑事法院规约》第 12 条第 3 款的规定，如果国际刑事法院的管辖权涉及一个非国际刑事法院成员国的时候，只有该国向国际刑事法院书记官长提交了国际刑事法院对该罪行的管辖权时，国际刑事法院才可以进行管辖。

三、国际刑事法院对侵略罪的管辖权

1998 年 7 月 17 日在联合国粮食及农业组织罗马总部召开的国际刑事法院全权代表外交会议上通过的《国际刑事法院规约》第 5 条规定了对灭绝种族罪、危害人类罪、战争罪和侵略罪进行管辖。但当时的《国际刑事法院规约》并没有对侵略罪的犯罪构成作出规定。并且该规约第 5 条第 2 款规定，在依照《国际刑事法院规约》第 121 条和第 123 条规定的条款，界定侵略罪的定义，及规定国际刑事法院对侵略罪行使管辖权的条件之后，国际刑事法院即对侵略罪行使管辖权。

根据《国际刑事法院规约》第 123 条规定，《国际刑事法院规约》生效 7 年后，联合国秘书长应召开一次审查会议，审查对《国际刑事法院规约》的任何修正案。据此，2010 年 5 月 31 日至 6 月 11 日，国际刑事法院历史上首次《国际刑事法院规约》审查会议在乌干达首都坎帕拉举行。① 会议中，各国代表重申了对国际刑事法院的承诺和立场，对法院成立以来的工作进行了回顾和评价，通过了关于修正《国际刑事法院规约》的决议，将侵略罪的定义和国际刑事法院对于侵略罪行使管辖权的条件写进了《国际刑事法院规约》。② 根据《国际刑事法院规约》第 121 条第 5 款、第 15 条之二第 2 款、第 15 条之三第 2 款，修正案必须获得 30 个缔约国批准或接受一年后才能生效，在生效前法院自然不能对侵略罪行使管辖权。根据《国际刑事法院规约》第 15 条之二第 3 款和第 15 条之三第 3 款，法院对侵略罪行使管辖权的时间已经在 2017 年以后作出的一项决议中规定，该决议须由与通过《国际刑事法院规约》修正案所需的相同缔约国多数作出。2017 年 12 月 15 日，《国际刑事法院规约》缔约国大会作出决议，自 2018 年 7 月 17 日启动国际刑事法院对侵略罪的管辖权。

自《国际刑事法院规约》通过以来，国际刑事法院对于侵略罪的管辖权问题就引起了

---

① Review Conference of the Rome Statute Concludes in Kampala，http：//www.icc-cpi.int/menus/asp/review conference.

② 《罗马规约》纳入对侵略罪的定义和对侵略罪行使管辖权的条件，http：//www.un.org/chinese/News/fullstorynews.asp? news ID= 13615。.

学界的重视。"二战"之后的欧洲国际军事法庭、远东国际军事法庭分别对纳粹德国和军国主义的日本侵略者以反和平罪进行了审判。1945 年 10 月 24 日《联合国宪章》签署之后，按照《联合国宪章》第 7 章第 39 条的规定，联合国安理会有权断定任何和平之威胁、和平之破坏或侵略行为是否存在。因此，从《联合国宪章》的角度，判断侵略行为的职责属于联合国安理会。但当国际刑事法院从 2018 年 7 月 17 日对侵略罪行使管辖权之后，侵略行为之认定不再专属于联合国安理会。实际上，在国际刑事法院预备委员会《侵略罪提案综合案文》对国际刑事法院行使管辖权的条件提出的三个备选案文中，就已经反映出两种方案：一种是安理会如在一定期限内未作出决定，法院即可管辖；另一种强调须由安理会对于侵略罪的独断权。多数国家支持前一种方案，① 安理会五大常任理事国及少数国家支持后一种方案。

应该指出，联合国安理会是从政治意义上裁定侵略行为是否存在；而国际刑事法院则是从司法角度判断侵略罪是否成立。这两者之间还是存在一定关系的。联合国安理会判断和平之威胁、和平之破坏以及侵略行为之应付办法，并没有明确的、具有可操作性的法律规范作为判断标准，而是从国家磋商、外交斡旋，甚至是从政治性角度，通过投票来认定的。而联合国安理会认定侵略行为的程序烦琐。当出现联合国安理会不能认定侵略行为，或者通过外交途径斡旋了和平之争端后，对侵略罪的惩罚通常被政治解决方案所掩盖，侵略者很难会在事后受到刑事追诉。因此，允许国际刑事法院从司法角度认定侵略罪是否成立，应该是可行的。

联合国并不是一个排他性国际组织，国际刑事法院也不隶属于联合国。同时，国际刑事法院对侵略罪的定义，仅仅适用于国际刑事法院，也并不是一个普适性的法律标准。国际刑事法院和联合国安理会在侵略罪的追诉过程中，也会进行合作。《国际刑事法院规约》第 13 条规定，如果联合国安全理事会根据《联合国宪章》第 7 章的规定，认定存在侵略行为，并向国际刑事法院的检察官提交了一项或多项犯罪已经发生的情势，国际刑事法院对该侵略罪行使管辖权。根据《国际刑事法院规约》第 16 条的规定，如果联合国安理会根据《联合国宪章》第 7 章的规定作出决议，要求国际刑事法院提出要求，国际刑事法院不会根据《国际刑事法院规约》开始进行调查或起诉。联合国安理会可以根据同样条件延长该项请求。

综上所述，国际刑事法院对侵略罪的管辖和联合国安理会对和平之威胁、和平之破坏的认定并不冲突，而且国际刑事法院对侵略罪的管辖能否确保司法实践中对侵略罪的认定和对实施侵略罪的行为人进行惩罚；而且国际刑事法院与联合国安理会之间的合作机制，也确保了联合国安理会通过外交、政治途径解决和平之威胁和和平之破坏的努力。

---

① 李世光：《国际刑事法院罗马规约评释（上卷）》，北京大学出版社 2006 年版，第 174~175 页。

第四节　刑事豁免权

外交特权与豁免，是为了使外交官及外交使团作为派遣国的代表能否独立、有效地执行职务，在接受国内享有的特殊的国际法上的地位。[1] 根据国际习惯，各国政府相互给予对方外交代表一定的特权，因为外交代表的特殊地位而享有的豁免也是特权的一种，被统称为外交特权和豁免。而豁免，是指免受一国法律管辖的权利，具体包括民事豁免、行政豁免和刑事豁免。本节讨论的内容仅仅局限于刑事豁免。例如，我国《刑法》第 11 条就规定，享有外交特权和豁免权的外国人的刑事责任，通过外交途径解决。但众所周知，仅享有豁免权的人才能不被追诉其行为的刑事责任。

一、刑事豁免权的理论依据

刑事豁免权的理论基础有代表说、治外法权说、职务需要说三种学说。但是这三种学说都不能单独适用，而应该将三种学说融合才能弄清刑事豁免权的本质。

（一）代表说

代表说主要适用于对外交往中。因为国家元首、政府首脑、外交代表在国际交往中代表主权国家一方面，国家主权行为是豁免的。所以，国家元首、政府首脑、外交代表的行为也获得了豁免。另一方面，各个国家都是平等的。所以，给予一国国家元首、政府首脑、外交代表刑事豁免权，是对该主权国家的尊重和礼遇。这种对主权国家国家元首、政府首脑、外交代表的尊重和礼遇也是互相的。所以，代表说认为是基于身份而给予国家元首、政府首脑、外交代表的一种刑事豁免权。这一点在国家元首所享有的刑事豁免权上体现得更加淋漓尽致。

国家元首代表一个主权国家。菲德罗斯指出，在专制政治时代，国家在君主身上人格化。[2] 即使发展到法治社会，国家元首作为国家的代表或者象征，依然可以从国家主权豁免上获得豁免权。给予国家元首豁免权，也是对主权国家的一种尊重。《奥本海国际法》认为，在国家的全部关系中，在国内外代表国家的国家最高机关是国家元首。国家元首在国家的国际交往中有权代表国家，而且国家元首所做的一切行为在法律意义上被视为国家的行为，外国必须对所有的国家元首给予某些尊荣和特权。[3] 这种尊重和特权还给予外国

---

① ［韩］柳炳华：《国际法》（下册），朴国哲、朴永姬译，中国政法大学出版社 1995 年版，第 193 页。

② ［奥］阿·菲德罗斯等：《国际法》（上），商务印书馆 1981 年版，第 286 页。

③ ［英］詹宁斯等：《奥本海国际法》，王铁崖等译，中国大百科全书出版社 1995 年版，第 469 页。

国家元首到外国以私人身份行事。《奥本海国际法》指出，即使国家元首在外国境内为该国政府所正式知悉，如果该外国国家元首是进行私人访问的，他的地位在国际法上可能是不确定的，因为他被认为无权对当地国家的权利和管辖享有任何豁免。但是，不论什么时候，外国国家元首在某种程度上是代表他的国家的，即使他以私人身份逗留国外，一国也会像他以正式身份出现时享有同样的豁免权和不可侵犯权。

规定了国家元首、政府首脑、外交代表享有接受国刑事豁免的公约，如《1961 年维也纳外交关系公约》第 31 条第 1 款前段明确规定，外交代表对接受国之刑事管辖享有豁免。该公约第 37 条第 1 款规定，外交代表与其构成同一户口之家属，如非接受国国民，也享有接受国的刑事豁免。1969 年《联合国特别使团公约》第 21 条也规定了国家元首、政府首脑、外交部部长和其他高级人员享有豁免；该公约第 31 条规定特别使团中的派遣国代表和外交人员应豁免接受国的刑事管辖。

（二）治外法权说

治外法权说认为，外交代表处所不应受到接受国法律的管辖，包括发生刑事犯罪，都不应由接受国管辖，而应该由派出国进行管辖。外交使节的不可侵犯性来源于法理上虚拟外交世界是派遣国家元首的化身（代表），因而神圣不可侵犯。另一法理上的拟制是外交代表机关及其人员享有"治外法权"，因为在大部分事项上，对待外交使节必须虚拟他并不在驻在国领土之内。① 有学者认为，这是将过去外国的治外法权引申到外交特权与豁免权上予以适用的观点。这种观点是将使馆视为派遣国领土的延伸，将外交官看作处在接受国之外。这在法律上是毫无根据的虚构，近年来已没有人支持这种观点。② 将使领馆作为派遣国领土的延伸，甚至称之为派遣国的"飞地"，这种观点确实已经过时。但依然有学者认为，对使馆及外交代表之寓所的不可侵犯权，以及在使馆及外交代表之寓所内所发生之事时，接受国并无管辖权，从某种意义上说，治外法权理论符合其适用。③

从现代法治文明的角度，治外法权说显然已经过时。接受国对外国代表和使馆领域内发生的事项不受侵犯，与刑事豁免无关，仅仅是派遣国和接受国互相给予对方的一种权利，而不是接受国被剥夺了管辖权。驻外使馆不再被视为一国飞地，而依然是属于驻在国领土。基于尊重派遣国和外交官、方便派遣国使馆履行职务的需要，驻在国不对外国使馆内发生的事务进行干涉；但并不能以此论证驻在国对该国领域内的外国使馆发生的犯罪行为无权管辖。相反，发生了对外国使馆进行冲击等侵犯使馆利益的犯罪，都是交由使馆的驻在国进行管辖。

---

① 张汇文：《概述外交特权与豁免》，载《社会科学》1979 年第 4 期。

② ［韩］柳炳华：《国际法》（下册），朴国哲、朴永姬译，中国政法大学出版社 1995 年版，第 193 页。

③ 龙友香：《论外交特权与豁免》，载《哈尔滨学院学报》2006 年第 5 期。

（三）职务需要说

该学说认为，给予外交代表豁免，是外交代表执行职务的需要。具体来说，外交代表要不受干涉和独立执行职务，必须享有豁免。而且外交代表所享有的豁免，仅仅是与其行使的职务有关，即只有在外交代表行使与外交职务行为时，才享有豁免。《维也纳外交关系公约》第 37 条第 3 款规定，使馆事务职员如非接受国国民且不在该国永久居留者，就其执行公务之行为享有豁免。该公约第 39 条第 1 款规定，凡享有外交特权和豁免之人，自其进入接受国国境前往就任之时起享有外交特权和豁免，其已在该国境内者，自其委派通知外交部或另经商定之其他部之时开始享有。《维也纳领事关系公约》第 43 条第 1 款规定，领事官员及领馆雇员对其为执行领事职务而实施之行为不受接受国司法或行政机关之管辖。换言之，对外交代表和领事官员的豁免，与其履行职务行为相关。诚如《维也纳外交关系公约》和《维也纳领事关系公约》两部公约的"序言"都提到的，给予外交代表外交特权和豁免的目的不在于给予个人以利益，而在于确保代表国家之使馆能有效执行职务。

而内国刑法中，豁免的理论基础同样是代表说和职务需要说。国家元首享有的豁免就源于代表说。而其他享有豁免的，其理论基础源于职务需要说。例如，议会议员因为商议国是的需要，必须享有言论豁免，否则无法就国家大政方针畅所欲言，集思广益；辩护律师在法庭上发表的辩护、代理意见不受法律追究。

二、刑事豁免权的限制

刑事豁免权是一项权利，理应存在边界。

（一）外交人员的豁免限制

如前所述，外交代表的豁免来源于对国家的代表。因此，当外交代表不再代表国家时，其享有的豁免从该外交代表离境之时或者听任其离境之合理期间终了之时停止。如果遭遇到武装冲突，阻碍了该外交代表离境的，其豁免延续到其离境为止。如果外交代表属于接受国的国民，或者在接受国永久居留，仅仅就其执行职务的公务行为享有豁免权。

其他按照履行职务需要说享有豁免权的其他人员，包括使馆中除外交代表之外的行政、技术人员和服务人员，领事官员及领馆雇员。如果上述人员的行为不属于履行职务的公务行为，不享有豁免。

《维也纳领事关系公约》第 5 条规定了领事职务，但该公约第 43 条所规定的"为执行领事职务而实施之行为"并不明确。但显然，该公约第 43 条"为执行领事职务而实施之行为"和第 71 条第 1 款规定的"为执行职务而实施之公务行为"不同。因此，可以将

"为执行领事职务而实施之行为"进一步区分为"为执行职务而实施之公务行为"和"为执行职务而实施的非公务行为"。① 学界将此种"非公务行为"称为"附带行为"或"辅助行为"。② 而"附带行为"或"辅助行为"是否享有豁免权，判断的标准就是能否与领事官员所执行的"公务行为"有紧密关系。

（二）非外交人员的豁免限制

国内法对作为一国代表的国家元首给予了刑事豁免。一方面是对国家元首给予的尊荣；另一方面，也认为国家元首的行为就是国家行为。从内国刑法的角度，凡是实施法律行为、履行职务行为、执行上级命令行为，阻却违法，也就是不成立犯罪。但是，内国刑法上的阻却违法行为，在国际刑法层面有不同理解。如实施法律行为、履行职务行为、执行上级命令行为，所触犯的属于四种核心国际犯罪，那么，都不具备违法阻却性。即使实施该行为的行为人具有官方身份，或者具有内国刑法上的合法化事由，都应该承担刑事责任。按照国际法理论，国家行为应予豁免，因此国家行为也是正当的。但危害国际社会根本利益、侵犯国际社会基本秩序的核心国际犯罪行为，不属于正当行为，也就不再属于国家行为，应该承担刑事责任。

1948 年 12 月 9 日通过的《防止及惩治灭绝种族公约》规定，不论发生于平时或战时的灭绝种族行为，均系国际法上的一种罪行。该公约第 4 条规定了行为人的官方身份无关原则。换言之，即使国家元首等实施的灭绝种族行为，也不会被认为属于国家行为，而应该被视为国际犯罪行为，不再享有豁免权。

1973 年 11 月 30 日通过的《禁止并惩治种族隔离罪行国际公约》第 3 条规定，任何个人、组织或机构的官员、国家代表，实施或参与实施了种族隔离行为的，都应该承担刑事责任。

1984 年 12 月 10 日通过的《禁止酷刑和其他残忍、不人道或有辱人格的待遇或处罚公约》第 2 条第 3 款规定，上级官员或政府当局的命令不得作为实行酷刑的理由。换言之，执行上级命令或政府当局的命令而实施酷刑的，不能阻却其违法性，应该承担刑事责任。

（三）刑事豁免权的放弃

豁免既然是一项权利，当然可以放弃。按照《维也纳外交关系公约》第 32 条第 1 款的规定，享有外交豁免之人享有的管辖豁免，由派遣国放弃。刑事豁免权的放弃，包括明示放弃和默示放弃。

明示放弃，是指派遣国放弃对外交代表或其他外交人员、领事官员的豁免权。外交代

---

① 史新祥：《论国家官员外国刑事属事豁免权》，载《国际法研究》2020 年第 2 期。

② Bhagevatula S. Murty, The International Law of Diplomacy: the Diplomatic Instrument and World Public Order, New Haven: New Haven Press, 1989, p. 435. 转引自史新祥：《论国家官员外国刑事属事豁免权》，载《国际法研究》2020 年第 2 期。

表或其他外交人员、领事官员享有的豁免权，被派出国明示放弃之后，接受国可以对被放弃豁免的外交代表或其他外交人员、领事官员恢复行使司法管辖。

默示放弃，是指派遣国没有明示放弃豁免，但享有豁免的外交代表、其他外交人员、领事官员主动提起刑事诉讼后，对于主诉直接相关的反诉主张不得主张管辖豁免。例如，对接受国国民提出追诉其故意伤害罪的控告，对方针对故意伤害行为提出侮辱罪之反诉，不得再主张豁免。享有豁免权，却认为无罪，而直接出席庭审应诉的，亦默认为是放弃了豁免。

放弃了豁免权的外交代表在接受国的行为，受到接受国的刑事管辖；或者会受到刑事管辖。

第五节 刑法适用冲突及对策

一、刑法效力范围冲突的起因

为了解决国际犯罪的刑事管辖权问题，前面论述了国际公约所规定的国际刑事法院的管辖权与各国刑法适用的一些原则，目的是不使国际犯罪者逃避惩罚，但是也产生了刑法效力的冲突问题。按照普遍管辖原则对国际犯罪进行刑事审判时往往会出现刑法适用的冲突。因为，按照普遍管辖的原则，不仅犯罪地国有权对在其领域内实施的国际犯罪适用本国追究其刑事责任，国际犯罪分子的国籍国有权对其适用刑法审理，受害国也有权对其适用本国追究其刑事责任，而且在其领域内发现犯罪人的国家也有权对其适用本国刑法审理。如果有刑法效力的各国同时主张对同一国际犯罪的刑事管辖权，在两个以上国家之间就会出现究竟适用哪个国家刑法作为审判依据的问题。这就是对同一个犯罪案件，不论是根据什么刑法效力原则均会出现几个国家都可以适用本国刑法的情况。例如，甲国公民在乙国劫持丙国的国民，甲国刑法根据积极的属人原则具有刑法效力，乙国刑法根据属地原则也具有刑法效力，丙国刑法根据国民保护原则同样具有刑法效力。有时即使在采取同一管辖权原则下，也会发生刑法效力的冲突。例如罪犯从甲国走私毒品到乙国贩卖，犯罪行为地在甲国，犯罪结果地在乙国，甲乙两国都可以根据领土原则，提出对此案具有刑事管辖权。

刑法效力冲突的妥善解决，对与顺利进行司法协助，正确解决国际犯罪案件，避免造成国家间的争端有重要意义。但是由于国际社会与国际犯罪的复杂性，在多种管辖权原则并存和并行的管辖体制情况下，要完全消除刑法效力的冲突是极其困难的。我们的任务只能是研究和分析如何减少和避免不必要的冲突以及如何在国际司法协助中处理好这种冲突。

二、解决刑法效力冲突的途径与形式

从国际实践来看，解决刑法效力冲突的途径与形式有以下几种：

（一）通过单边体制解决刑法效力的冲突

所谓单边体制，指国家通过各种有效措施自我限制行使刑事管辖权以及阻止他国过分管辖请求的实现。

（二）通过多边体制解决刑事管辖权的冲突

所谓多边体制，即指由国际社会在几个国家对同一个国际犯罪案件享有刑事管辖权时，又处于没有解决刑事管辖权冲突的现成公约或条约的情况下，由有管辖权的国家进行双边或多边协商解决冲突的规则与办法。

（三）通过签订公约或条约解决刑法效力的冲突

国际社会为解决刑法效力的冲突，曾签订了一些国际公约或条约。例如，为了减少各国关于海上船舶碰撞事件的刑事管辖权冲突，1952 年 5 月在布鲁塞尔签订了《统一船舶碰撞或其他航行事故中刑事管辖权方面若干规定的国际公约》。该公约规定，遇有船舶碰撞或其他涉及船长或船舶服务的人员的刑事或纪律责任的航行事故时，只能向船旗国的司法或行政当局提出刑事或纪律诉讼，任何其他国家的当局都不得逮捕或扣留船舶，甚至为了询问的目的也不行。

（四）由常设国际法院解决刑法效力的冲突

常设国际法院于 1922 年 2 月 15 日在海牙正式宣告成立，它的职权主要是诉讼管辖权与咨询管辖权。其中，各种条约与协定规定的解释与适用发生争端，应提交国际法院解决者，国际法院都有权受理。

三、解决刑法效力冲突的规则

（一）实行优先适用原则

优先效力原则是指当多个国家对同一国际犯罪案件都具有刑法效力，发生刑法效力冲突，应按照一定的原则确定刑法效力的原则。

为了解决这个问题，有关国际公约应当对适用刑法的顺序作出明确规定，以便当两个以上国家同时主张对同一国际犯罪的适用本国刑法时确定哪个国家刑法具有优先适用权利。享有优先适用权的国家，当罪犯在其实际控制之下时，可以径直对其进行起诉；被指控的罪犯不在其实际控制之下时，可以请求罪犯所在地国将其引渡给本国以便起诉，被请求国应当根据有关国际公约的规定首先考虑将被指控的罪犯引渡给享有优先效力权的国家。只有当享有优先效力权的国家放弃管辖时，其他国家才可以依次提出引渡罪犯的请求，对其进行起诉和审判。

确立优先适用原则对于解决国际犯罪的刑法效力冲突，及时有效地制裁国际犯罪，是非常必要的。然而，令人遗憾的是，现有的国际刑法规范中并没有对之作出明确的规定，一些国家和一些国际法学者也不承认优先适用原则的存在，他们认为，在目前的国际环境下，确立优先适用的原则是不实际的，也是难以实行的。因为，优先适用的实现在很大程度上取决于引渡的畅通，要想确立优先适用的原则并保障其实施，就必须有一套具体的制度保障当国际犯罪发生时罪犯能够被及时地引渡到享有优先适用权的国家。而目前国际上通行的引渡规则是，如果请求国与被请求国之间没有双边或多边含有对等义务条款的引渡条约，被请求国一般将人犯不予引渡。从遵守条约义务的角度来看，这种观点无可厚非。因为没有双边或者多边含有对等义务条款的引渡条约，就不存在条约义务（即引渡义务）。但是从同国际犯罪作斗争的需要来讲，确立优先适用原则的必要性是国际社会所公认的。既然必要，世界各国就应当像规定普遍管辖原则那样在引渡国际犯罪的问题上作出必要的让步，以使优先适用原则得以确立和奉行。这正是国际社会应当共同努力的一个方面。事实上，从现有国际刑法规范对有权管辖国家的规定方式上，也可以看出刑法适用顺序的排列。例如本章第二部分所引诸条款，对国际犯罪的刑事管辖权几乎都是在同一条中分别几款予以规定的。

关于这些规定，有些学者认为，它们所确立的是并行适用体系，而无优先可言，因为这些国际公约都没有排除缔约各国依本国法行使的任何刑事管辖。但是在我们看来，这些国际公约对管辖权的规定方式即分别不同情况在同一条文中予以规定本身就含有顺序上的先后，不排除依本国法行使的任何刑事管辖权并不意味着依本国法进行的刑事管辖在任何情况下都是允许的。例如《东京公约》，虽然第 3 条第 3 款中明确规定本公约不排除依本国法行使的任何刑事管辖权，但是该公约第 4 条紧接着明文规定，"非登记国的缔约国不得为对机上犯罪行使刑事管辖权而干预飞行中的航空器，但下列情况除外……"这显然意味着，非登记国的缔约国对于航空器上犯罪的刑事管辖权虽然没有排除，但必须受公约规定的条件的限制。缺乏公约规定的条件，非登记国就不得干预飞行中的航空器，因而也谈不上对航空器上的犯罪行使刑事管辖权，所以我们认为，上述公约关于管辖的规定，实际上包含着管辖的先后顺序，排在最前面的国家应当享有优先适用的权力。

从有关国际公约的规定中可以看出，对各种国际犯罪，首先享有管辖权的总是犯罪地国。当犯罪全部或部分地发生在本国领土内或悬挂本国国旗的船只或在本国登记的飞机上时，该国就享有首先对这类犯罪有刑法适用的权力。这就是属地管辖优先原则。其次，根据犯罪的不同情况，有些公约把根据属人管辖原则取得的刑法适用权排列第二，而把根据保护管辖原则取得的刑法适用权排列第三；有些公约则恰好相反，根据属人管辖原则取得的刑法适用权，主要是罪犯为其国民的国家；当罪犯属于无国籍人时，罪犯的永久居所地国便据以获得对其进行刑法适用的权利。根据保护管辖原则取得的刑法效力权，主要是受害人为其国民的国家，也包括受害者为其国家本身的国家，甚至包括受害者在其领土内经常居住的国家。当犯罪是通过对受害人的迫害而侵犯另一国家或公民的利益时，受侵犯的国家亦可根据保护管辖原则取得对其进行管辖的权利。最后一个享有管辖权的国家是上述国家以外的在本国领域内发现被控实施了国际犯罪的人的国家。这是在按照其他管辖原则不能获得管辖权的场合按照普遍管辖原则获得的刑事管辖权。享有这种管辖权的国家，只有当享有优先适用权的国家没有提出引渡的请求或者按照本国法律不能将罪犯引渡给请求国时，才应当对在本国领土内发现的国际罪犯有刑法适用权。

按照优先适用原则处在同一管辖序列的国家如果在同一国际犯罪案件中不只一个，那就会出现并行管辖的情况。在并行管辖的情况下，由哪个国家实际进行管辖，有关国际公约也应当予以明确规定。这种规定应当从最有利于起诉和审判的顺利进行设计。在属地管辖序列中，罪犯国籍国的犯罪地国应当优于其他犯罪地国实行管辖，主要犯罪地国应当优于次要犯罪地图实行管辖。在属人管辖序列中，罪犯的国籍国应当优于其永久居地国，主犯的国籍国应当优于从犯的国籍国（当共同犯罪中罪犯不属同一国家时）。

综上所述，我们认为，国际公约在规定国际犯罪时，对国际犯罪的刑事管辖权应当按照下列顺序来解决刑法效力冲突问题：（1）犯罪全部或局部发生在其领土上的缔约国；（2）刑事被告人为其国民的缔约国；（3）受害人为其国民的缔约国；（4）在其领土上发现刑事被告的任何其他缔约国。

因为领土原则是最基本的管辖原则。采取领土原则也是对一国主权的尊重。其他原则如属人原则、保护原则、普遍原则只能依次作为属地原则的补充。

同时，有关国际公约中也应当明确规定，在其领土内发现被指控犯有国际罪行的人的国家，应当首先将罪犯引渡给享有优先适用权并要求引渡的国家，此等义务不应受双边引渡条约的有无及其内容的限制。当几个国家对同一国际犯罪案件具有刑事管辖权时，司法权应由哪国行使，即发生刑事管辖权冲突时，应按什么原则、规则解决这种冲突？根据国际实践，可以采取以下规则来解决：

第一，对于在陆地上的犯罪，应该由犯罪地国家优先适用刑法追究其刑事责任。例如，1973 年 12 月 3 日联合国第 28 次大会第 2187 次全体会议通过的《关于侦查、逮捕、引渡和惩治战争罪犯和危害人类罪犯的国际合作原则》第 2 条规定，各国有权审判其本国国民所犯战争罪和危害人类罪。第 5 条则规定，一般原则是，有证据证明犯有战争罪和危害人类罪的人应在犯罪地国家受审，如经判定有罪，由犯罪地国家加以惩治。为此，各国应在引渡此类罪犯的问题上合作。

第二，对于航空器和船舶上的犯罪，应该由航空器或船舶的登记国优先适用刑法追究其刑事责任。关于航空器上的犯罪，是登记国享有优先适用权，还是降落国享有优先适用权？海牙会议对此展开过讨论。波兰、苏联与加纳合并提案，认为航空器登记国应优先享有管辖权。但有人认为，在没有确立强制性引渡犯人制度的情况下，管辖权优先制度不可能生效。后来这项提案遭到否决。关于公海上的刑事管辖权，虽然 1982 年《海洋法公约》第 97 条对公海上的碰撞案件采取了属人优先权，但在双重管辖的案件，一般是船旗国享有优先适用权。

（二）实行专属适用原则

国际社会通过一系列有关的国际条约和协定规定专属适用以控制并解决刑法效力的冲突。例如，1940 年关于国际刑法的蒙得维的亚条约明确规定，在公海上应由船旗国行使刑事管辖权。荷花案判决后，有关条约又规定限制对在公海上发生碰撞案件中的担负责任的人行使共同管辖权。1952 年在布鲁塞尔签订的《统一船舶碰撞或其他航行事故中刑事管辖权方面若干规定的国际公约》对专属管辖权也做了规定。

（三）实行一事不再理原则

一事不再理原则是指同一犯罪不受二次惩罚。这一原则在许多国家国内法中得到肯定，有的学者主张可适用于解决刑事管辖权冲突。但有些国家不承认这一原则的国际适用。1966 年签订的《公民及政治权利国际盟约》第 14 条第 7 款规定，任何人依一国法律及刑事程序经终局判决判定有罪或无罪开释者，不得就同一罪名再予审判或科刑。1987 年 5 月 25 日，欧洲理事会成员国缔结了关于适用一事不再理规则的协定，以解决理事会成员国间存在的一罪二罚问题。

我们认为一事不再理原则可以作为一种防止刑事管辖权冲突的途径，但对这一原则的适用，应通过国际协定加以明确规定，以统一认识，地域性协定只能在地域范围之内适用。

（四）实行被请求国的自由裁量权

几个国家就同一犯罪案件提出刑事管辖权或司法协助请求时，除条约明文规定的以外，通常是由被请求国行使自由裁量权加以决定。例如 1990 年联合国预防犯罪和罪犯待遇大会通过的引渡模式协定规定，当几个国家就同一罪犯提出引渡请求时，除条约明确规定外，由被请求国自由裁量决定。

第二章　上合组织刑法概述

区域刑法（Regional Criminal Law）是一个实际存在的法律现象，而不是一个想象的虚拟。[1] 为地区经济利益或社会秩序而结盟的超国家组织之间，同样会存在打击和预防破坏地区共同经济利益或社会秩序的刑法规范。"欧盟刑法"在欧洲已经成为一种显学。我国学者研究上合组织，尚未提到"区域刑法"的角度。而上合组织作为打击和预防三股势力的超国家组织，在中国"一带一路"倡议下，也开始大力发展区域性共同的经济利益。只要有了共同的经济利益，也就会出现区域性刑法规范。这就是中国学者必须研究的"区域刑法"。

第一节　区域刑法概述

一、区域刑法的形成

地理位置相邻、具有相同的治理目标的国家间会在立法、司法上采取统一措施，促进区域安全、区域经济发展和区域社会秩序稳定。例如，《欧洲联盟条约》（又称《马斯特里赫特条约》）整合欧洲经济货币联盟和欧洲政治联盟，将两者都并入欧洲联盟中，将欧盟从区域性经济共同体整合到区域政治实体，开启了欧盟政治、经济一体化。为了维护共同的经济利益、社会秩序和区域安全，欧盟司法一体化也就顺理成章了，这就是欧盟刑法形成的过程。而上海合作组织成员国都面临着打击和预防分裂主义、恐怖主义和极端主义犯罪的问题。上合组织地区分裂主义、恐怖主义和极端主义犯罪分子往往以国家的国境或边境为保护，在一国实施犯罪后，穿越国境或边境逃往另一国家逃避法律制裁；甚至利用其他国家作为犯罪的后方基地。因此，对于分裂主义、恐怖主义和极端主义犯罪，有必要在区域国家间展开合作，共同打击，方可取得成效。因此，上合组织成员国决定在打击"三股势力"方面进行法律合作。

在区域刑法的形成过程中，必须具备下列条件：

---

[1]　赵永琛：《区域刑法论》，法律出版社2002年版，第1页。

（一）地理位置相邻

只有地理位置相邻的国家间，才具有共同的区域安全、区域秩序的需要。所谓地理位置相邻，包括整个洲，例如，美洲刑法；也可能仅仅包括一个洲的部分区域，如上海合作组织所在地区。上海合作组织成员国仅仅包括中国、俄罗斯、哈萨克斯坦、吉尔吉斯斯坦、塔吉克斯坦、乌兹别克斯坦、印度和巴基斯坦，它们所在的领域无法用一个确切的地区来进行命名。如果地理位置不相邻，即使存在维护区域安全、区域秩序的共同需要，而只能通过国家间的条约协商。例如，北大西洋公约组织这种纯军事同盟组织，但由于地理位置并不相邻，并没有维护区域共同非军事安全、区域共同秩序的需要，也就不会存在运用区域国家间的力量共同打击区域共同犯罪的动力。

（二）有共同的目的

共同的目的来自共同面临的忧患，抑或是共同的发展目标。区域国家可能在经济发展、社会治安或非军事安全等方面存在共同的担忧。上合组织国家是为了共同打击"三股势力"犯罪的需要而组建的区域性组织。因此，上合组织国家间和欧盟成员间国为了共同的目的，组建区域性国际组织，通过签署多边条约或国家间条约的方式，共同打击和预防犯罪而形成的刑事法律规范，就是区域刑法。

欧盟是为了发展经济和政治一体化而组建的区域性国际组织。为了创造欧洲国家共同市场，取消成员国之间的关税，促进成员国间劳动力、商品、资金和服务的自由流通，1965年4月8日，《布鲁塞尔条约》决定将"欧洲煤钢共同体""欧洲经济共同体""欧洲原子能共同体"整合成"欧洲经济共同体"。1991年12月11日，欧洲共同体马斯特里赫特会议决定建立"欧洲经济货币联盟"和"欧洲政治联盟"后，欧洲联盟成立，由原来的纯区域性经济组织发展为政治经济性组织。因为共同的经济利益的需要，当然就存在为维护经济发展的社会安全和社会秩序的需要，也因此而产生了打击破坏区域性经济发展、社会安全和社会秩序的刑事法律规范。

（三）区域国家间存在一定的互信

上合组织的前身"上海五国机制"就是为了解决中国和相邻的俄罗斯联邦、哈萨克斯坦共和国、吉尔吉斯共和国和塔吉克斯坦共和国国境划分而进行磋商的一种会晤机制。由于"上海五国"之间的军事互信，成功解决了国境划分的问题，而决定将"上海五国机制"提升为地区全面合作机制，在乌兹别克斯坦加入后，创建了"上海合作组织"。

东南亚国家联盟虽然与中国、日本和韩国地理位置相邻，但东盟国家坚持与各大国平衡发展关系，坚持以东盟为中心，拒绝地区大国的加入。因此，东盟拒绝中国、美国、日本和韩国加入东盟，但东盟依然通过"10+1""10+3""10+8"机制与中国就政治、经济、安全和文化领域进行合作。

土耳其一直积极申请加入欧洲国家联盟。但欧盟认为，土耳其难以满足加入欧盟的"成员国标准"① 所规定的三个条件，即"保障民主、法治、人权以及尊重和保护少数民族的稳定制度；运行良好的市场经济和应对欧盟竞争及市场压力的能力；承担和有效履行成员国义务的能力，包括遵守政治、经济和货币联盟的目标"，因此，土耳其一直未能加入欧洲国家联盟。

二、区域刑法的特征

区域刑法并不是指区域组织制定了对所有国家都适用的刑法规范。而是如同国际刑法一样，由区域组织进行协调，对侵犯区域核心利益和基本秩序行为规定了犯罪，展开区域组织刑事司法合作，由各个国家间签署刑事司法条约，共同追究上述犯罪行为人的刑事责任。因此区域刑法既有国际刑法的特征，又具有条约法的特征。②

（一）区域刑法的法源由区域组织国家间多边公约、区域组织国家间的双边条约和成员国国内法律法规组成

例如，欧盟法律主要是包括《欧洲联盟条约》以及规定非法移民、申根信息系统 II、刑事事务司法合作、战争犯罪、司法和安全方面的协定、警务合作、反恐怖主义、预防和保护、与有组织犯罪斗争、犯罪预防、武装冲突、计算机犯罪、劫持人质、环境犯罪、与毒品做斗争等方面的公约、条约、规则、决议和指令等法律性规范。③ 同时，也包括欧盟成员国之间就欧盟法律法规所签署的双边条约以及根据欧盟法律法规对国内法进行的修改。上海合作组织的法律渊源的组成亦是如此。有关于成立上海合作组织层面的《上海合作组织成立宣言》《打击恐怖主义、分裂主义和极端主义上海公约》，也有《上海合作组织反恐怖主义公约》《上海合作组织反极端主义公约》；也有上海合作组织成员国之间的合作条约。例如，中国分别与俄罗斯、哈萨克斯坦、塔吉克斯坦、吉尔吉斯共和国、乌兹别克斯坦和巴基斯坦伊斯兰共和国之间签署了打击恐怖主义、分裂主义和极端主义的双边条约。

（二）区域刑法属于软法规范，不能直接适用，也不具有强制性

即使是司法一体化程度比较高的欧盟，依然属于政府间国际组织，并没有建立联合政府，目前也并没有超越国家司法主权的刑事法院。既然每个成员国都拥有司法主权，区域刑法也就不具有超越国家主权的强制力。区域刑法只能通过区域政府间组织成员国的转制

---

① 参见 https：//european-union. europa. eu/principles-countries-history/joining-eu＿en，2023 年 3 月 3 日最后访问。

② 赵永琛：《区域刑法论》，法律出版社 2002 年版，"引言"第 1 页。

③ 关于欧盟目前生效的法律法规参见欧盟法律网站：https：//eur-lex. europa. eu/browse/summaries. html，2023 年 3 月 4 日最后访问。

或者被吸收到国内法律中，才能在成员国得到执行或适用。区域刑法并不能强制成员国对区域刑法进行转制成国内法律；反而成员国可以审议或全民公决的方式反对区域政府间组织所拟定的条约。例如，2004年6月16日所通过、同年10月29日欧盟成员国领导人签署的《欧盟宪法条约》，在2005年1月获得了欧洲议会批准；但法国和荷兰两个欧盟成员国分别通过全民公决的方式否决了该条约，致使《欧盟宪法条约》未能获得所有成员国一致同意。2007年10月19日通过的《里斯本条约》取代了被搁浅的《欧盟宪法条约》。

印度是唯一没有与中国签署打击恐怖主义、分裂主义和极端主义犯罪双边条约和引渡条约的上海合作组织成员国；而且印度法律属于英美法系。按照英美法系的"条约前置主义"要求，没有双边引渡条约，中国和印度之间不能共同打击恐怖主义、分裂主义和极端主义犯罪，也无法相互提供打击"三股势力"犯罪的刑事司法合作。

（三）区域刑法适用的局限性

一方面，区域刑法并不像国家刑法一样，调整社会生活的各个领域，而只能调整符合区域国家间组织设立宗旨的事务。例如，上海合作组织成立的宗旨就是共同打击恐怖主义、分裂主义和极端主义，因此，上海合作组织到目前为止仅仅就打击"三股势力"犯罪签署了相关的多边条约。但是，区域组织的共同关切并不是一成不变的。上海合作组织认识到，毒品犯罪为"三股势力"犯罪提供了犯罪资金，如果不切断"三股势力"犯罪的资金来源，就不能取得打击"三股势力"犯罪的成功，因此，从最初的共同打击"三股势力"犯罪发展到包括合作打击非法贩运麻醉药品和精神药物及其前体。最后，上海合作组织于2010年6月11日签署的《上海合作组织成员国政府间合作打击犯罪协定》将上合组织成员国之间的警务合作的范围扩大到包括有组织犯罪在内的所有犯罪。另一方面，即使区域刑法在后，也只能通过国家间的合作来共同完成。虽然存在"条约必遵守原则"，每个国家都应该承担所签署和缔结的条约的义务，但承担条约义务并不意味着必须无条件执行，而应该由每个成员国按照国内法独立判断是否进行打击犯罪方面的刑事司法合作。

三、上合组织刑法的形成过程

中亚国家是"三股势力"窝藏的重要地方之一。因为中国边境管理比西北境外周边国家的边境管理严格规范得多，或者说限于中国严密的边境管理制度和社会管控水平，"三股势力"境内活动空间被挤压而被迫到境外发展组织，决定了中国反恐进程必定是以外向式为主的，必须通过地区合作来完成。[1]

无论是颜色革命、暴乱骚动、恐怖主义还是毒品犯罪、能源之争、军事基地的建立，

---

[1] 张杰：《反恐国际警务合作——以上海合作组织地区合作为视角》，中国政法大学出版社2013年版，第93页。

凡涉及地区安全、秩序的事件，都可在此找到实证。"这里是上合组织的成员国及观察员，同时作为世界上最贫穷的居住地区之一，吸引了世界上最富有、最强大、发展最快的国家（美国、俄罗斯、中国）的注意。是什么赋予这一地缘如此的吸引力？正如中亚人自己调侃：天将之塑成贫瘠之地，却遗忘在了欧亚大陆通道上，神让这片土地上忽变贫穷与饥饿，又抛给了它大麻、石油和恐怖主义。21世纪全世界都在为之挣扎、震动、苦恼的三物被它占尽，且在此持续数年而不散。"①

上海合作组织是哈萨克斯坦共和国、中华人民共和国、吉尔吉斯共和国、俄罗斯联邦、塔吉克斯坦共和国、乌兹别克斯坦共和国于2001年6月15日在中国上海宣布成立的永久性政府间国际组织。它的前身是"上海五国"机制。

"上海五国"机制最初是从中国与俄罗斯、哈萨克斯坦、吉尔吉斯斯坦、塔吉克斯坦四国加强边境地区的信任和裁军开始发展起来的。冷战结束后，国际和地区形势发生了很大变化，和平与发展成为时代潮流。苏联解体之后，中亚地区哈萨克斯坦、吉尔吉斯斯坦、乌兹别克斯坦、塔吉克斯坦和土库曼斯坦相继独立。然而，冷战后，中亚五国因独立所形成的"权力真空"、其本身所富有的石油资源和所处的重要战略地位，使大国和其他因素纷纷插手中亚，展开了为实现各自的政治、经济、安全战略等利益的争夺。该地区长期蛰伏的民族问题、宗教问题日趋紧张，民族、宗教极端主义势力日增。这种情况也发生在中国新疆地区和俄罗斯联邦的车臣地区。在境外势力的推动下，一些分裂主义分子试图将新疆从我国分离出去；在俄罗斯联邦，车臣共和国试图从俄罗斯联邦分离出去的努力就从来没有停止过。各种外部的，来自土耳其、伊朗的泛突厥主义、泛伊斯兰主义和伊斯兰宗教激进主义思想的渗透，以及来自沙特阿拉伯、阿富汗的恐怖主义的影响，加之自身不良的政治、经济状况，使得民族分裂主义、宗教极端主义和暴力恐怖主义形成的"三股势力"在中亚五国、俄罗斯以及我国新疆地区活动猖獗，恐怖主义、分裂主义和极端主义逐渐合流，并在中亚地区和中国新疆地区、俄罗斯联邦的高加索地区实施犯罪，公然挑战各国政府，危及公共安全乃至国家安全。上合组织就是在这种背景下成立的。上合组织成立的宗旨就是以该组织为纽带平台，各成员国之间进行打击恐怖主义、分裂主义和极端主义的合作。

1996年和1997年，中、俄、哈、吉、塔五国元首分别在上海和莫斯科举行会晤，签署《关于在边境地区加强军事领域信任的协定》和《关于在边境地区相互裁减军事力量的协定》，由此启动了日后被称为"上海五国"的重要历史进程。此后这一年度会晤形式被固定下来，轮流在五国举行。从1998年至2000年，"上海五国"峰会先后在阿拉木图、

---

① 张杰：《反恐国际警务合作——以上海合作组织地区合作为视角》，中国政法大学出版社2013年版，第2页。

比什凯克、杜尚别召开（杜尚别会晤时，乌兹别克斯坦总统卡里莫夫应邀以主席国客人身份与会）。会晤内容也由加强边境地区信任逐步扩大到在政治、安全、外交、经贸、人文等各个领域开展全面互利合作。除元首会晤外，又相继建立起外交、国防、执法与安全、经济、文化、交通、紧急救灾、边防、监察及国家协调员等定期会晤机制。

进入 21 世纪，经济全球化进程进一步发展，科学技术突飞猛进。世界各国都在加快区域合作的步伐，以更有效地把握和平与发展的历史机遇，抵御各种风险与挑战。与此同时，恐怖主义、分裂主义、极端主义势力在中亚地区的活动日益猖獗，严重威胁各国的安全与稳定，影响地区和平与发展。中国、俄罗斯及中亚国家既肩负保障本地区安全与稳定、维护世界和平的重要使命，也面临发展自身经济、实现民族振兴的艰巨任务。唯有进一步深化彼此间睦邻友好的合作关系，才能更有效地捍卫自身利益，实现共同发展与繁荣的目标。基于上述原因，"上海五国"诞生五周年之际，2001 年 6 月 15 日，"上海五国"成员国元首和乌兹别克斯坦总统在该机制发源地上海举行会晤，一致决定将"上海五国"机制提升到更高层次，使之成为六国在新形势下发展合作的重要依托和坚实基础。为此六国元首签署《上海合作组织成立宣言》，宣告一个崭新的区域合作组织——上海合作组织的诞生。在会议上还签署了《打击恐怖主义、分裂主义和极端主义上海公约》。

2002 年 6 月 7 日，上海合作组织成员国元首第二次会晤在俄罗斯圣彼得堡市举行。六国元首签署《上海合作组织宪章》，其中对上海合作组织的宗旨、原则、合作方向等作出了明确规定。宪章的签署为新组织奠定了坚实的国际法基础。2004 年 1 月 15 日，上海合作组织秘书处的成立仪式在北京举行。秘书处的成立标志着上海合作组织的初创阶段正式宣告结束。上海合作组织从此进入一个全新的发展时期。

上海合作组织的最高决策机构是成员国元首理事会。该理事会每年举行一次会议，就该组织的所有重大问题作出决定和指示。上海合作组织成员国政府首脑理事会每年举行一次例会，重点研究组织框架内多边合作的战略与优先方向，制定经济合作等领域的原则，解决其迫切问题，并批准该组织年度预算。在元首和政府首脑理事会之下，还分别设有外长、经济、交通、文化、国防、执法安全、监察、民政、边防等年度定期会晤机制。上海合作组织的基层协调机制是成员国国家协调员理事会。

上海合作组织有两个常设机构，分别是秘书处（北京）和地区反恐怖机构（塔什干）。秘书长和反恐怖机构执委会主任均由元首理事会任命，任期三年。

第二节　上海合作组织应对"三股势力"的努力

法律渊源，是指法律法规的表现形式。上海合作组织刑法的法律渊源，则是指规定打击和预防区域犯罪的法律法规，具体包括上海合作组织层面的多边条约、上海合作组织成员国之间所签署的双边条约，以及成员国相关国内法律法规。

一、上海合作组织层面的法律渊源

上海合作组织层面的法律渊源，是指从上海合作组织层面所规定的打击恐怖主义、分裂主义和极端主义犯罪的法律法规。具体包括：

（1）《上海合作组织宪章》。《上海合作组织宪章》是上合组织建立的法律依据，因此，它应该是上合组织开展刑事事务法律合作的立法授权渊源。

（2）《打击恐怖主义、分裂主义和极端主义上海公约》《上海合作组织反恐怖主义公约》《上海合作组织反极端主义公约》是上合组织开展打击"三股势力"犯罪的具体法律渊源。

（3）《上海合作组织成员国关于合作打击非法贩运麻醉药品、精神药物及其前体的协议》是上海合作组织打击毒品犯罪的具体法律渊源。

（4）《上海合作组织成员国政府间合作打击犯罪协定》是上海合作组织成员国对发生在上海合作组织成员国领域的犯罪，特别是有组织犯罪进行警务合作的法律渊源。

二、上海合作组织成员国之间合作的法律渊源

上海合作组织成员国之间合作的法律渊源主要是指其之间所签署的含有刑事法律规范的双边条约。以我国为例，与我国签署了打击"三股势力"犯罪的双边条约有：

（1）中国和吉尔吉斯共和国关于打击恐怖主义、分裂主义和极端主义的合作协定。

（2）中国和哈萨克斯坦共和国关于打击恐怖主义、分裂主义和极端主义的合作协定。

（3）中国和塔吉克斯坦共和国关于打击恐怖主义、分裂主义和极端主义的合作协定。

（4）中国和乌兹别克斯坦共和国关于打击恐怖主义、分裂主义和极端主义的合作协定。

（5）中国和俄罗斯联邦共和国关于打击恐怖主义、分裂主义和极端主义的合作协定。

（6）中国和巴基斯坦伊斯兰共和国关于打击恐怖主义、分裂主义和极端主义的合作协定。

中印之间没有签署双边引渡条约，也没有签署履行《上海公约》义务的打击"三股势力"犯罪的条约。2006 年 11 月 21 日两国元首签署的《中印联合宣言》同意中印双方共同打击恐怖主义、分离主义和极端主义，切断恐怖主义与有组织犯罪、非法武器和毒品走私之间的联系。

三、成员国国家层面的法律渊源

如前所述，区域刑法是一种软法规范，而不具备强制性。区域刑法只能通过转制成内

国刑法才能在成员国得到实施。而这种实施包括在某个具体成员国国内实施，也包括成员国之间就区域刑法所规定的内容进行刑事事务法律合作。因此，国内法律包括实体法、程序法和法律合作法。

（一）实体法

中国履行《上海公约》《上海合作组织反恐怖主义公约》《上海合作组织反极端主义公约》《上海合作组织成员国政府间合作打击犯罪协定》《上海合作组织成员国关于合作打击非法贩运麻醉药品、精神药物及其前体的协议》等条约义务的国内实体法包括《中华人民共和国刑法》及其修正案，以及 2020 年 6 月 30 日公布施行的《中华人民共和国香港特别行政区维护国家安全法》。该法补充了刑法有关分裂国家罪和恐怖活动罪的罪刑规范。

（二）程序法

《中华人民共和国刑事诉讼法》是中国履行上海合作组织成员国条约义务、打击"三股势力"犯罪和其他犯罪的国内程序性法律。

（三）法律合作法

法律合作法，是指国家间开展刑事司法协助或刑事法律事务法律合作方面的法律。我国与外国进行刑事司法协助和刑事法律合作方面的法律包括《国际刑事司法协助法》《引渡法》以及国家间双边引渡条约、国际刑事司法协助条约。

第三节　恐怖主义犯罪

一直以来，上合组织各成员国都面临恐怖主义犯罪的困扰。以我国为例，以"东突"为代表的恐怖势力自 20 世纪 90 年代开始，对新疆及中亚地区的中国利益目标不断袭扰，造成了一定的人员伤亡和经济损失。代表性案件包括 2002 年"东突厥斯坦解放组织"在吉尔吉斯枪杀我驻吉大使馆一等秘书王建平案件和 2009 年"世界维吾尔人代表大会"煽动乌鲁木齐"7·5"暴力恐怖事件等。有确凿证据证明，"东突"恐怖势力与"基地"国际恐怖组织等有着直接且密切的联系，是国际恐怖势力的组成部分。2013 年天安门"10·28"案件标志着"东突"恐怖活动犯罪开始向新疆以外区域蔓延。2014 年云南昆明火车站"3·1"案件和后续发生在广州、沈阳、南阳等地的案件表明，以"伊斯兰国"为代表的国际恐怖势力发起的"圣战"号召，对中国境内人员及局部社会安全形势的影响不容低估。①

事实上，全球各个国家和地区都面临着恐怖袭击的威胁。以欧洲为例，近年来该地区

---

① 曹雪飞：《反恐警务国际合作的原则与步骤——从新安全观角度推进"一带一路"建设》，载《公安学刊——浙江警察学院学报》2015 年第 6 期。

发生的一系列恐怖袭击事件，如瑞典首都斯德哥尔摩的卡车冲撞人群、德国柏林的卡车冲撞圣诞集市以及英国伦敦的汽车冲撞人等恐怖袭击事件，犹如附骨之疽，极难清除，反而呈现蔓延态势。尽管恐怖主义在上合组织区域乃至全球造成的危害已毋庸置疑，对恐怖主义犯罪进行准确认定、精确打击却是个世界难题。为保障反恐的全面性和有效性，上合组织在承认相关国际公约中认定的恐怖主义犯罪的同时，更是在相关条约中直接界定恐怖主义。

一、上合组织对恐怖主义犯罪特征的认定

上合组织对恐怖主义的认定采用的方式包括两方面：一方面，承认有关国际公约中所认定的恐怖主义犯罪；另一方面，在上合组织的相关条约中直接界定恐怖主义。

（一）上合组织承认的其他国际公约所认定的恐怖主义

本书对上合组织承认的其他国际公约所认定的恐怖主义进行了细致梳理，具体包括以下十个方面：

1. 1970 年 12 月 16 日在海牙签署的《关于制止非法劫持航空器的公约》

该公约规定，在飞行中的航空器内的任何人用暴力或用暴力威胁，或用任何其他恐吓方式，非法劫持或控制航空器的行为，包括上述行为的未遂行为或共犯行为，都是劫持航空器行为，该行为被认定为恐怖主义犯罪行为。

2. 1971 年 9 月 23 日在蒙特利尔签署的《关于制止危害民用航空安全的非法行为的公约》所规定的恐怖主义行为

任何人如果非法地和故意地从事下述行为，即是犯有罪行：

（1）对飞行中的航空器内的人从事暴力行为，如该行为将会危及该航空器的安全；

（2）破坏使用中的航空器或对该航空器造成损坏，使其不能飞行或将会危及其飞行安全；

（3）用任何方法在使用中的航空器内放置或使别人放置一种将会破坏该航空器或对其造成损坏使其不能飞行或对其造成损坏而将会危及其飞行安全的装置或物质；

（4）破坏或损坏航行设备或妨碍其工作，如任何此种行为将会危及飞行中航空器的安全；

（5）传送明知是虚假的情报，从而危及飞行中的航空器的安全。

上述行为，包括上述行为的未遂行为或共犯行为也是危害民用航空安全的犯罪行为，属于恐怖主义犯罪行为。

3. 1973 年 12 月 14 日联合国大会通过的《关于防止和惩处侵害应受国际保护人员包括外交代表的罪行的公约》

该公约首先界定了"应受国际保护人员"的范围。按照该公约的规定,"应受国际保护人员"是指一国元首包括依关系国宪法行使国家元首职责的一个集体机构的任何成员、或政府首长、或外交部部长,当他在外国境内时,以及他的随行家属;同时也包括在侵害其本人或其办公用馆舍、私人寓所或其交通工具的罪行发生的时间或地点,按照国际法应受特别保护,以免其人身、自由或尊严受到任何攻击的一国的任何代表或官员或政府间性质的国际组织的任何官员或其他代理人,以及与其构成同一户口的家属。因此,不得故意地对国际受保护人员行使下列行为:

(1)对应受国际保护人员进行谋杀、绑架、或其他侵害其人身或自由的行为;

(2)对应受国际保护人员的公用馆舍、私人寓所或交通工具进行暴力攻击,因而可能危及其人身或自由;

(3)威胁进行任何这类攻击;

(4)进行任何这类攻击未遂;

(5)参与任何这类攻击为从犯。

上述行为成立侵害应受国际保护人员罪;而侵害应受国际保护人员罪属于恐怖主义犯罪。

4.1979年12月17日联合国大会通过的《反对劫持人质国际公约》

根据该公约的规定,任何人劫持或扣押并以杀死、伤害或继续扣押另一个人(以下称"人质")为威胁,以强迫第三方,即某个国家、某个国际政府间组织、某个自然人或法人或某一群人,作出或不作出某种行为,作为释放人质的明示或暗示条件,即为犯本公约意义范围内的劫持人质罪行。上述行为的未遂行为或共犯行为都成立劫持人质罪,属于恐怖主义犯罪。

5.1980年3月3日在维也纳通过、经2005年7月8日修正的《核材料和核设施实物保护公约》

按照《核材料和核设施实物保护公约》第7条的规定,故意地实施下列行为也属恐怖主义犯罪:

(1)未经合法授权,收受、拥有、使用、转移、变更、处理或散布核材料,引起或可能引起任何人死亡或重伤或重大财产损害;

(2)偷窃或抢劫核材料;

(3)盗取或以欺骗手段取得核材料;

(4)以武力威胁或使用武力或任何其他恐吓手段勒索核材料;

(5)威胁使用核材料引起任何人死亡或重伤或重大财产损害,或偷窃或抢劫核材料迫使一个自然人或法人、国际组织或国家作出或不作出某种行为。

上述（1）、（2）和（3）的未遂行为和上述（1）至（5）的共犯行为都成立犯罪，属于恐怖主义犯罪。

6. 1988 年 2 月 24 日在蒙特利尔签署的作为对《关于制止危害民用航空安全的非法行为的公约》补充的《制止在为国际民用航空服务的机场上的非法暴力行为的议定书》

该议定书规定，任何人使用任何装置、物质或武器非法并故意地在为国际民用航空服务的机场上，对任何人实施导致或可能导致其严重伤害或死亡的暴力行为；或破坏或严重损坏为国际民用航空服务的机场的设施或降停在机场的飞机，或妨碍机场的营运，危害或可能危害机场安全的行为，属于恐怖主义犯罪。

7. 1988 年 3 月 10 日在罗马签署的《制止危及海上航行安全非法行为公约》

该公约第 3 条规定：

（1）任何人如非法并故意从事下列活动，则构成犯罪：

a. 以武力或武力威胁或任何其他恐吓形式夺取或控制船舶；

b. 对船上人员施用暴力，而该行为有可能危及船舶航行安全；

c. 毁坏船舶或对船舶或其货物造成有可能危及船舶航行安全的损坏；

d. 以任何手段把某种装置或物质放置或使之放置于船上，而该装置或物质有可能毁坏船舶或对船舶或其货物造成损坏而危及或有可能危及船舶航行安全；

e. 毁坏或严重损坏海上导航设施或严重干扰其运行，而此种行为有可能危及船舶的航行安全；

f. 传递其明知是虚假的情报，从而危及船舶的航行安全；

g. 因从事（a）至（f）项所述的任何罪行或从事该类罪行未遂而伤害或杀害任何人。

（2）任何人如从事下列活动，亦构成犯罪：

a. 从事第 1 款所述的任何罪行未遂；或

b. 唆使任何人从事第 1 款所述的任何罪行或是从事该罪行者的同谋；或

c. 无论国内法对威胁是否规定了条件，以从事第 1 款（b）项、（c）项和（e）项所述的任何罪行相威胁，旨在迫使某自然人或法人从事或不从事任何行为，而该威胁有可能危及船舶的航行安全。

8. 1988 年 3 月 10 日在罗马签署的《制止危及大陆架固定平台安全非法行为议定书》

该议定书第 2 条规定：

（1）任何人如非法并故意从事下列活动，则构成犯罪：

a. 以武力或武力威胁或任何其他恐吓形式夺取或控制固定平台；

b. 对固定平台上的人员施用暴力，而该行为有可能危及固定平台的安全；

c. 毁坏固定平台或对固定平台造成可能危及其安全的损坏；

d. 以任何手段将可能毁坏固定平台或危及其安全的装置或物质放置或使之放置于固定平台上；

e. 因从事 a 项至 d 项所述的任何罪行或从事该类罪行未遂而伤害或杀害任何人。

（2）任何人如从事下列活动，亦构成犯罪：

a. 从事第 1 款所述的任何罪行未遂；

b. 唆使任何人从事任何该类罪行或是从事该类罪行者的同谋；

c. 无论国内法对威胁是否规定了条件，以从事第 1 款 b 项和 c 项所述的任何罪行相威胁，旨在迫使某自然人或法人从事或不从事某种行为，而该威胁有可能危及该固定平台的安全。

9. 1997 年 12 月 15 日联合国大会通过的《制止恐怖主义爆炸事件的国际公约》

该公约第 2 条规定：

（1）本公约所称的犯罪，是指任何人非法和故意在公用场所、国家或政府设施、公共交通系统或基础设施，或是向针对公用场所、国家或政府设施、公共交通系统或基础设施投掷、放置、发射或引爆爆炸性或其他致死装置：

a. 故意致人死亡或重伤；

b. 故意对这类场所、设施或系统造成巨大毁损，从而带来或可能带来重大经济损失。

（2）任何人如企图实施本条第 1 款所述罪行，也构成犯罪。

（3）任何人如有以下行为，也构成犯罪：

a. 以共犯身份参加本条第 1 款或第 2 款所述罪行；

b. 组织或指使他人实施本条第 1 款或第 2 款所述罪行；

c. 以任何其他方式，出力协助为共同目的行事的一群人实施本条第 1 款或第 2 款所列的一种或多种罪行；这种出力协助应是蓄意而为，或是目的在于促进该群人的一般犯罪活动或意图，或是在出力时知道该群人实施所涉的一种或多种罪行的意图。

10. 1999 年 12 月 9 日联合国大会通过的《制止向恐怖主义提供资助的国际公约》

该公约第 2 条规定：

（1）本公约所称的犯罪，是指任何人以任何手段，直接或间接地非法和故意地提供或募集资金，其意图是将全部或部分资金用于，或者明知全部或部分资金将用于实施：

a. 属附件所列条约之一的范围并经其定义为犯罪的一项行为；

b. 意图致使平民或在武装冲突情势中未积极参与敌对行动的任何其他人死亡或重伤的任何其他行为，如这些行为因其性质或相关情况旨在恐吓人口，或迫使一国政府或一个国际组织采取或不采取任何行动。

（2）a. 非附件所列条约缔约国的国家在交存其批准书、接受书或加入书时得声明，对该缔约国适用本公约时，应视该条约为不属第 1 款 a 项所述附件所开列的条约之一。一旦该条约对该缔约国生效，此声明即告无效，而该缔约国应就此通知保存人；

b. 如一国不再是附件所列某一条约之缔约国，得按本条的规定，就该条约发表一项声明。

（3）就一项行为构成第 1 款所述罪行而言，有关资金无须实际用于实施第 1 款 a 项或 b 项所述的罪行。

（4）任何人如试图实施本条第 1 款所述罪行，也构成犯罪。

（5）任何人如有以下行为，也构成犯罪：

a. 以共犯身份参加本条第 1 款或第 4 款所述罪行；

b. 组织或指使他人实施本条第 1 款或第 4 款所述罪行；

c. 协助以共同目的行事的一伙人实施本条第 1 款或第 4 款所列的一种或多种罪行；这种协助应当是故意的，或是为了促进该团伙犯罪活动或犯罪目的，而此种活动或目的涉及实施本条第 1 款所述的罪行；或明知该团伙意图实施本条第 1 款所述的一项罪行。

（二）上合组织直接界定的恐怖主义

《上海公约》第 1 条所界定的恐怖主义，是指致使平民或武装冲突情况下未积极参与军事行动的任何其他人员死亡或对其造成重大人身伤害、对物质目标造成重大损失的任何其他行为，以及组织、策划、共谋、教唆上述活动的行为，而此类行为因其性质或背景可认定为恐吓居民、破坏公共安全或强制政权机关或国际组织以实施或不实施某种行为，并且是依各方国内法应追究刑事责任的任何行为。

《上海合作组织反恐怖主义公约》①（以下简称《上合反恐公约》）中将恐怖主义界定为指通过实施或威胁实施暴力和（或）其他犯罪活动，危害国家、社会与个人利益，影响政权机关或国际组织决策，使人们产生恐惧的暴力意识形态和实践。相应地，该公约将恐怖主义行为界定为，影响政权机关或国际组织决策，实现政治、宗教、意识形态及其他目的而实施的恐吓居民、危害人员生命和健康，造成巨大财产损失或生态灾难及其他严重后果等行为，以及为上述目的而威胁实施上述活动的行为。

对比《上海公约》和《上合反恐公约》，可以看出上合组织有关恐怖主义和恐怖主义行为定义的变化，反映了上合组织所一贯秉持的全面反恐的理念。

《上海公约》中所界定的恐怖主义的被害人的范围，仅限对平民或武装冲突情况下未积极参与军事行为的任何其他人员；而《上合反恐公约》中将恐怖主义的被害人扩大至任何人，包括平民和政府工作人员，也包括武装人员和非武装人员。

---

① 《上海合作组织反恐怖主义公约（中文本）》，http：//www.npc.gov.cn/wxzl/gongbao/ 2015-02/ 27/ content_1932688.htm，2022 年 6 月 1 日最后访问。

《上海公约》中界定的恐怖主义是从行为属性方面入手，需要从行为的性质或背景可认定为恐吓居民、破坏公共安全或强制政权机关或国际组织以实施或不实施某种行为。而《上合反恐公约》直接从行为的目的来界定恐怖主义犯罪。《上合反恐公约》将恐怖主义犯罪的目的界定为影响政权机关或国际组织决策，实现政治、宗教、意识形态及其他目的。

《上海公约》对恐怖主义犯罪的结果，局限于人员死亡或对其造成重大人身伤害、对物质目标造成重大损失。而《上合反恐公约》将恐怖主义犯罪的结果扩大为恐吓居民、危害人员生命和健康，造成巨大财产损失或生态灾难及其他严重后果。《上合反恐公约》第一次将生态灾难作为恐怖主义犯罪的危害结果。

《上海公约》对恐怖主义犯罪的认定采用了成员国法律优先原则，即上合组织认定的恐怖主义犯罪必须是成员国国内法律已经界定为犯罪的行为。如果成员国法律没有将《上海公约》中界定的恐怖主义行为规定为犯罪，那么对该成员国而言，该行为不属于恐怖主义犯罪。这种规定必然会导致上合打击恐怖主义的效果；同时，还会削弱《上海公约》的法律地位。从"条约必遵守原则"的角度，成员国必须按照《上海公约》修改本国法律，将《上海公约》中规定为恐怖主义犯罪、而本国法律尚未规定为犯罪的行为进行本国立法。《上合反恐公约》第一次将生态灾难作为恐怖主义犯罪的危害结果，表明了上合组织已经认识到了恐怖主义犯罪行为对生态环境的危害。但《上合反恐公约》并没有将成员国法律优先原则作为认定恐怖主义行为的成立条件，换言之，即使成员国尚未将相关行为认定为恐怖主义犯罪，只要上合组织在《上合反恐公约》中已经确认该行为属于恐怖主义行为，那么成员国按照"条约必遵守原则"，就应该启动国内立法程序，将该行为规定为犯罪行为。

二、上合组织打击恐怖主义犯罪面临的问题

（一）恐怖组织发展的新趋势

首先，上海合作组织地区的恐怖主义组织发展得到了外部势力的支持。从理论上来讲，恐怖活动的实施离不开资金、武器装备和信仰恐怖主义思想三个要素。有了外部势力的支持，恐怖组织可以获得大量资金，得到区域外地区大国的武器装备支持，加之存在传播恐怖主义思想的存在，对上海合作组织地区的恐怖主义活动的打击成效相对比较困难。

其次，恐怖主义组织发展越来越立体化。不仅存在恐怖主义组织，也存在独狼式恐怖主义分子。前者隶属于一个恐怖主义组织，在组织的安排和精心策划下实施恐怖活动；后者不隶属于任何一个恐怖组织，但信奉恐怖组织的教义，愿意按照恐怖组织的教义，效仿恐怖组织发动恐怖袭击。

最后，恐怖主义组织利用互联网组织恐怖活动。一方面，恐怖主义组织利用互联网宣传恐怖主义思想。互联网联通世界，也因此成为恐怖主义组织宣传、散布恐怖主义信息的工具和手段。另一方面，恐怖主义组织利用互联网，特别是暗网筹集资金、获取武器装备。

（二）上海合作组织打击恐怖主义犯罪面临挑战

一般可以将恐怖主义划分为国际恐怖主义和国内恐怖主义。凡是国际公约中规定的恐怖主义都属于国际恐怖主义。每个国家都不会冒天下之大不韪而公开支持这种类型的恐怖主义组织。而国内恐怖主义，是指不属于国际公约所规定的恐怖主义组织所实施的恐怖活动或者宣扬恐怖主义思想的行为。而这一类恐怖主义犯罪往往被区域外地区大国包装成少数民族的斗士、持不同政见者公开给予支持和庇护。这也给上海合作组织地区打击恐怖主义犯罪造成了困难。

上海合作组织常设反恐机构难以应付恐怖主义犯罪的挑战。预防和打击恐怖主义活动，不仅仅需要事后的刑事司法合作，更需要的是事前的信息共享。恐怖主义犯罪分子或恐怖组织利用国界或疆界作为逃避打击的天然屏障。因此，获悉恐怖组织或恐怖主义分子意图实施恐怖袭击的计划或信息，提前做好防范，能最大限度减少人民生命财产损失。因此，需要地区性常设反恐机构全面搜集恐怖组织或恐怖主义分子的信息，并及时分发给上海合作组织成员国。但目前为止，最大的问题就是恐怖组织、隶属于恐怖组织的恐怖分子、独狼式恐怖分子以及他们发动恐怖活动的信息，难以搜集。首先，因为这些信息本身就非常隐秘，难以搜集。其次，即使是国内机关，在搜集恐怖组织或恐怖主义分子的信息时，也是各自为战。既有警察机关搜集恐怖主义信息，也有军队搜集恐怖主义信息，还有国家安全机关也同时在搜集恐怖主义信息。这些所搜集到的信息并没有统一的机构进行整理、分析。最后，上海合作组织并没有搭建一个类似申根信息系统 II 这样的国家间信息交流系统，也就导致上海合作组织成员国所搜集到的信息并没有被及时分发给其他成员国；成员国之间的反恐信息也无法进行有效共享。

上海合作组织采用的是成员国之间合作模式，因此，它并不是一个超国家组织，即使成员国之间签署了合作打击和预防恐怖主义犯罪的条约，导致了成员国之间的反恐合作依然属于国际刑事事务合法范畴，必须遵循法定的程序，必然会导致反恐效率的降低。如果区域国家间建立了司法互信，可以采取用逮捕证取代刑事司法请求书的方式，提高反恐合作方面的效率。

第四节　分裂主义犯罪

一、上合组织对分裂主义犯罪特征的认定

《上海公约》第 1 条第 1 款第 2 项界定了分裂主义的定义。按照该公约的规定，分裂主义，是指旨在破坏国家领土完整，包括把国家领土的一部分分裂出去或分解国家而使用暴力，以及策划、准备、共谋和教唆从事上述活动的行为，并且是依据各方国内法应追究刑事责任的任何行为。从以上的规定中，我们可以了解上合组织对分裂主义特征的界定。

（一）分裂主义行为方式表现为使用暴力行为

《上海公约》中仅仅将使用暴力行为作为分裂主义的犯罪行为方式。这种行为方式不包括使用暴力相威胁的方式，也不包括其他的诸如造谣等方式。当然，这里的使用暴力仅仅是针对实行行为而言。按照《上海公约》的规定，策划、准备、共谋和教唆使用暴力分裂国家的行为也属于分裂主义行为。

将暴力行为作为分裂主义行为的方式，是区分国内分裂国家犯罪和上合组织规定的分裂主义的一个重要特征。《中华人民共和国刑法》第 103 条规定了分裂国家罪，但对分裂国家的行为方式并没有明确规定。有学者将分裂国家的行为归纳为割据一方，另立政府、对抗中央人民政府领导或者破坏民族团结、制造民族分裂、意图脱离我国多民族的同一国家的行为。[①] 照此解释，我国刑法所规定的分裂国家行为，实际上是包括使用暴力行为分裂国家，还包括非暴力方式分裂国家的行为。例如，另立中央的方式也属于分裂国家的方式。但是，如果没有使用暴力方式，仅仅宣布独立，不服从中央政府领导的行为，不属于上合组织所认定的分裂主义行为。从这个意义上讲，我国《反分裂国家法》中的分裂行为和《上海公约》中的分裂主义不是同一概念。我国《反分裂国家法》中的分裂行为，是指台独势力以任何名义、任何方式将台湾从中国分裂出去的行为。而《上海公约》中的分裂主义多指与上合组织成员国边境地区的分裂行为。

（二）分裂主义的目的是破坏国家领土完整分裂主义

分裂主义包括将国家领土的一部分分割出去或分解国家。换言之，分裂主义的目的是针对国家领土安全，而不应该包括领土之外的政权安全等。如果是以颠覆国家政权为目的的行为，不应该属于上合组织所界定的分裂主义。

当然，《上海公约》所界定的分裂主义仅仅针对领土完整。但如果是通过颠覆政权的方式来破坏领土完整的行为，可以纳入上合组织所认定的分裂主义。其原因在于颠覆政权

---

① 黎宏：《刑法学》，法律出版社 2012 年版，第 418 页。

是手段，最终的目的是破坏领土完整。如果单纯地颠覆国家政权，而不寻求破坏国家领土完整的，不谋求将一部分国土从原来的国家分裂出去的行为，只是内国刑法中的颠覆国家政权犯罪行为，不属于上合组织所规定的分裂主义。

二、上合组织打击分裂主义犯罪面临的问题

依据前述有关分裂主义的界定，我们是否会认为上合组织所认定的分裂主义的范围过于狭窄呢？本书认为不会。理由在于：首先，上合组织将分裂国家行为中最核心的、最恶劣的行为规定为犯罪，是基于上合组织的宗旨决定的。上合组织成立的目的，就是建立边境地区军事互信，因此最核心的分裂主义就是指武装叛乱行为或暴乱行为。而针对武装叛乱分子或暴乱分子，只能通过军事手段进行清剿，用普通的司法行为无法达到应有的效果。也就是在这个意义上，上合组织不能将所有的分裂国家、颠覆政权行为规定为分裂主义行为，而仅仅将需要通过军事行动清剿的武装叛乱或暴乱行为规定为分裂主义。其次，其他分裂主义的犯罪行为虽未被纳入上合组织的规定，但可以通过一国国内司法程序解决，即通过追究刑事责任的方式来遏制和打击，而不需要动用军事力量进行清剿。最后，从联合国相关人权公约的角度看，针对一国政权的犯罪行为，属于因不同的政治观点而产生的行为，按照"政治犯不提供刑事司法协助"的原则，上合组织也不适合将这些行为纳入《上海公约》规定的分裂主义行为中。

分裂主义犯罪本身属于政治犯，这一点是毋庸置疑的。因为分裂主义的重要特征，就在于其目的是破坏国家领土的完整。因此，分裂主义政治犯的性质，决定了分裂主义犯罪的国际性。这种国际性表现为：

其一，一国的分裂主义分子是另一个国家或民族的独立英雄。从犯罪的性质上看，除非是已经组建了一支反政府武装，并割据了一定的领土作为犯罪基地，否则，只能以相邻边境的外国作为训练或休养基地，偶尔潜回国内实施暴力分裂国家领土的犯罪行为。因此，打击分裂主义需要各国之间开展通力合作包括警务合作，从而使分裂势力在他国边境没有训练或休养的空间。

其二，分裂主义犯罪分子容易得到其他国家的资助和支持。就犯罪侦查而言，依靠一个国家单独来打击分裂主义犯罪，困难重重。就犯罪行为实施而言，如果分裂主义分子没有其他国家或组织的资助，本身也难以为继。因而，切断分裂主义的外来资助，将使分裂主义犯罪丧失财力支持及人力支持，最终成为秋后的蚂蚱。

其三，分裂主义的国际性还包括分裂主义犯罪分子一般都前往国外接受恐怖主义圣战组织训练，提高技能；参加恐怖主义组织所进行的圣战，积累经验；并最终潜回国内实施分裂主义犯罪。禁止本国有分裂主义倾向的人前往外国接受培训，或者直接将前往国外接

受分裂主义培训的行为作为犯罪处理，将有利于使分裂主义的人力资源枯竭，避免有新的犯罪分子加入分裂主义组织；切断其外来资助，有效阻止分裂主义组织获取外界的财力支持。管控武器、爆炸物的生产和制造，避免武器、爆炸物等落入分裂主义犯罪分子手中。这些措施都能有效打击和预防恐怖主义犯罪。

因此，在打击分裂主义犯罪时，需要注意将上合组织所认定的分裂主义和国内法上的分裂主义进行区分，在上合组织所界定的分裂主义犯罪范围内进行警务合作，而对国内立法中的分裂主义犯罪，需要在谨慎评估之后再开展区域警务合作。

第五节 极端主义犯罪

反对宗教极端主义，这是上合组织重要且长期的合作领域。近些年，"三股势力"在上合组织所在地区内呈扩大趋势，尽管各国均采取措施严厉打击，但瓦哈比、萨拉菲、乌伊运等恐怖极端势力的成员总体不断增多。实践表明，宗教极端主义是"三股势力"的主要思想根源，也是"三股势力"发展传播的主要途径和工具。

一、上合组织对极端主义犯罪特征的认定

《上海公约》认为，极端主义是指旨在使用暴力夺取政权、执掌政权或改变国家宪法体制，通过暴力手段侵犯公共安全，包括为达到上述目的，组织或参加非法武装团伙，并且依各方国内法应追究刑事责任的任何行为。

《中华人民共和国刑法修正案（九）》（以下简称《刑法修正案（九）》）引入了"极端主义"的概念，但对极端主义概念的界定却付之阙如；而我国与巴基斯坦伊斯兰共和国所签署的双边条约规定：极端主义，是指根据双方各自国内法构成犯罪的极端行为，包括旨在使用暴力危害国家安全和公共安全的任何行为，以及为达到上述目的组织或参加非法武装团伙，并且此类行为根据双方各自国内法也构成犯罪。① 我国《反恐怖主义法》（草案）规定：极端主义，是指歪曲宗教教义和宣扬宗教极端，以及其他崇尚暴力、仇视社会、反对人类等极端的思想、言论和行为。② 而这个内国法关于极端主义的定义，却在该法律正式通过时被删除了，且没有说明删除的具体原因。本书认为，中国和巴基斯坦伊斯兰共和国所签署的双边条约中对极端主义的规定采用了同义反复的定义方式，即极端主义是指构成犯罪的极端行为。而何为极端行为，该条约并没有进一步规定。而我国的《反

---

① 《中华人民共和国政府和巴基斯坦伊斯兰共和国政府关于打击恐怖主义、分裂主义和极端主义的合作协定》第 2 条第 1 款第 3 项。

② 参见《中华人民共和国反恐怖主义法》（草案）第 10 条第 6 款的规定。该规定在正式通过的《中华人民共和国反恐怖主义法》中已经被删除，原因不详。

恐怖主义法》（草案）中对极端主义的规定偏重于对宗教极端主义的规定，而忽略了对政治极端主义的涵摄。这可能是被正式颁布的《反恐怖主义法》所删除的原因。通过上面的对比，可以得出结论：上合组织所定义的极端主义概念是一个中规中矩的极端主义概念。我们可以从定义中理解极端主义犯罪的特征。

首先，极端主义犯罪采用暴力方式。一般而言，极端主义可以分为政治极端主义和宗教极端主义。然而，这种所谓的政治极端主义和宗教极端主义仅仅是一个标签，这个标签是用来指代那种片面看待问题、采信极端的思想或主张，通过偏激的方式来推行自己片面、激进的主张的人或宗教团体。不是所有的极端主义者都是犯罪分子，只有那种采用暴力夺取政权、执掌政权或改变国家宪法体制，通过暴力手段侵犯公共安全的极端主义者才能成立极端主义犯罪。仅仅具有政治极端主义或宗教极端主义思想的人，不能称之为极端主义犯罪分子。

其次，极端主义犯罪分子的目的就在于夺取政权、执掌政权或改变国家宪法体制。换言之，极端主义犯罪分子包括夺取政权、执掌政权或改变国家宪法体制三种犯罪目的。只要具备这三种目的之一的，采用暴力侵犯公共安全的，便可认定为极端主义。这三种目的的区别在于：夺取政权，是指使用暴力从合法政府手中攫取政权。而执掌政权，是指合法行使政权的组织使用暴力推行其极端主义主张，侵犯公共安全。改变国家宪法体制，是指通过暴力方法改变国家宪法所规定的国家权力分配、政权形式和对公民权利的配置。无论如何，极端主义所针对的政权应该包括整个国家政权或地方政权。

最后，在夺取政权、执掌政权或改变宪法体制过程中，极端主义使用暴力侵犯了公共安全。这种使用暴力危害公共安全的行为，包括使用暴力危害公共安全的方法夺取政权；或者在执掌政权过程中使用了侵犯公共安全的暴力行为；或者采用暴力危害公共安全的方法谋求改变国家宪法体制。

二、上合组织打击极端主义犯罪面临的问题

（一）如何区分宗教极端主义和宗教激进主义

如前所述，极端主义分为政治极端主义和宗教极端主义。政治极端主义的例子就是希特勒法西斯政权采用暴力推行其法西斯的思想。然而，在现代社会中，很难将一个国家或政府采用极端的方法来推行其政策的方式认定为政治极端主义。同时，对宗教极端主义的认定也是困难重重。

其一，采用了极端主义的宗教教义思想团体是宗教团体还是伪宗教团体？学术界和宗教界对此问题存在争议。从法律合作角度，应认为信奉宗教激进主义思想的团体为宗教团体，即应严格区分正常的宗教激进主义者和宗教极端主义犯罪分子。因为不将宗教极端主

义和原有的宗教挂钩，无法寻找破解其极端宗教教义的方法；也无法对原有的宗教团体形成压力或承担应有的责任，出现了宗教极端主义犯罪事件，原有的宗教团体一句"他们信仰的不是宗教，而是邪教"，就可以将责任全部推卸干净，这不利于运用宗教教义辨析的方法来挽救信仰了错误宗教教义的人。

其二，如何界定正确的宗教思想或宗教激进主义？从法律合作的角度来说，不需要进行区分。因为正确的宗教思想或宗教激进主义都属于宗教信仰的一部分，与犯罪或社会治安无涉。法律合作中需要关注和打击的是，以侵害公共安全为目的使用暴力夺取政权、执掌政权或谋求改变国际宪法体制的行为。换言之，无论其信仰的是宗教还是邪教，只要使用了侵害公共安全的暴力夺取政权、执掌政权或谋求改变国际宪法体制的，都是极端主义犯罪行为。犯罪与身份无关，与宗教无关，仅仅与行为人的主观故意和客观行为有关。宗教信徒身份并不具有刑事豁免的效力。

（二）军事或司法打击极端主义的局限性

由于极端主义和极端的政治主张或宗教观念交织在一起的，仅仅依靠军事打击或刑罚惩罚，是难以奏效的；甚至还可能会引发不明真相的群众同情。在上合组织所在的地区，极端主义可能更多地是指与宗教有关的宗教极端主义。这些宗教极端主义犯罪分子以宗教为掩护，以维护宗教昔日的荣光为口号，蛊惑教众，甚至诱骗不明真相的群众。因此，消除宗教极端主义的思想基础是一个釜底抽薪的做法。但仅仅依靠军队或司法工作者，恐怕难以胜任这项工作，必须将宗教界组织起来，由宗教界出面澄清宗教极端主义犯罪分子所宣扬的其宗教教义中的错误，使宗教极端主义者丧失理论制高点。

打击宗教极端是世界难题，也是一个长期工程，不可能在短期内彻底根除。之前，上合组织反恐合作的重点是打击暴恐犯罪，而对宗教极端思想的传播等活动关注不足。换句话说，比较重视刑事司法和防务安全领域的反恐，忽视了宣传、教育、文化等领域的反恐。为深化反恐合作，反对宗教极端，今后上合组织需防范和打击相结合，统筹强力部门和社会部门，增加人文领域合作的反宗教极端内容，共同挖掘和繁荣传统文化，加强宗教交流，弘扬正气。①

与此同时，我们也必须认识到极端主义者，特别是宗教极端主义者，都是因为对现实生活不满，而迫使他们去寻找解决对生活不满的方法。宗教极端主义者错误认为，只要按照宗教最初的教义生活，他们就能恢复昔日的荣光。对于不遵守他们提出的按照最初的宗教教义安排自己生活的信众或其他群众，就使用暴力方法迫使他人遵守最初的宗教教义。因此，消除极端主义者对现实生活的不满，也是预防极端主义犯罪的一个重要方面。

---

① 李进峰、吴宏伟、李伟主编：《上海合作组织发展报告（2014）》，社会科学文献出版社 2014年版，第18~19页。

第六节 上海合作组织打击"三股势力"犯罪的努力

一、"三股势力"犯罪发展趋势

（一）"三股势力"犯罪形成合流共生关系

按照上合组织的认定，恐怖主义、分裂主义和极端主义犯罪是存在区别的。但同时我们也应当看到，在上合组织所在地区"三股势力"已经开始合流，单一的恐怖主义、分裂主义或极端主义已经非常罕见，更多的是分裂主义分子和极端主义分子混同，而他们往往都使用恐怖主义方法来实现他们分裂或推行其所主张的生活方式。也就是说，尽管"三股势力"犯罪各自表现形式有所不同，但本质并无根本差异，对"三股势力"犯罪分子来说，他们都是披着宗教的外衣，打着传播宗教教义的名义，散布恐怖主义、分裂主义和极端主义思想，采用恐怖主义手段，达到最终分裂的目的。

正如我国学者许建英在梳理了"东突"的历史和现状之后所指出的，"东突"问题就是在泛突厥主义和泛伊斯兰主义思潮影响下，"东突"势力杜撰"东突"分裂主义理论，吸收宗教极端主义思想和暴力恐怖主义思想，长期实施分裂中国新疆行为的问题。进入20世纪90年代后，"东突"问题发生了重要的变化，呈现出新态势，其分裂手段蜕变为恐怖主义手段，分裂思想极端化，宗教极端思想对人们日常生活侵蚀严重。①

恐怖主义、分裂主义和极端主义融合的趋势不仅仅存在于中亚地区，同样存在于世界各地。

（二）"三股势力"犯罪国际化趋势明显

上合组织地区的"三股势力"既有原生性的恐怖主义、分裂主义和极端主义，更多地是输入性恐怖主义、分裂主义和极端主义。

我们试以"东突"为例，解读"三股势力"的原生性与输入性的特点。"东突厥斯坦"一词是从公元6—7世纪的"突厥斯坦"一词分化出来的新名词。一开始，"东突厥斯坦"一词纯粹是从地理意义上使用，用来指代中国新疆南部，后来又进一步泛指我国整个新疆地区。在泛突厥主义和泛伊斯兰主义思潮的影响下，"东突厥斯坦"一词被政治化，并成为一个臆造的邦国，奠定了"东突"分裂主义的核心。新疆分裂主义势力将其与"东突厥斯坦"相结合，将"泛伊斯兰主义"和"泛突厥主义"分别作为"认同"和"民族"区分标识，用作进行分裂活动、动员普通群众的核心，建构起"东突"分裂主义

---

① 参见许建英：《"东突"问题的历史与现状述论》，载《新疆师范大学学报（哲学社会科学版）》2016年11月第37卷第6期。

理论体系。中华人民共和国成立后，"东突"问题依然存在，特别是在20世纪80年代之后，"东突"问题沉渣泛起，来势凶猛，越演越烈。"东突"制造了1980年阿克苏"4·9事件"等多起恐怖袭击事件。20世纪80年代后，境外伊斯兰复兴运动崛起，宗教极端主义活跃，开始影响渗透至新疆地区，刺激境内的"东突"势力。境内的"东突"势力与南亚、中亚地区的国际恐怖主义组织相勾结，输入暴力恐怖主义思想，使其成为"东突"分裂主义的新手段。

上合地区"三股势力"的国际化还表现为，成员国支持恐怖主义、分裂主义和极端主义的人出国接受境外国际恐怖主义组织的培训，参加境外恐怖主义组织发动的圣战，然后再潜回国内，实施恐怖主义、分裂主义和极端主义犯罪。2015年7月10日，中国警方从泰国遭返回国109名偷渡人员和组织偷渡团伙成员。经查，这些偷渡者主要来自我国新疆地区，这些偷渡人员准备前往土耳其，或借道土耳其前往叙利亚、伊拉克参加"圣战"。这些偷渡者一旦遇到阻拦，偷渡人员往往会就地进行"圣战"。如果偷渡者顺利进入叙利亚或伊拉克参加"圣战"，经过培训后，又会被派遣回中国发展，培训恐怖分子，制造暴恐事件。①

面对上合组织"三股势力"犯罪的国际化趋势，上合组织地区相应的军事或司法应对策略也应尽可能发挥其国际化或地区化的优势。

一方面，我们应认识到上合组织地区反恐是国际反恐的重要一环。因为上合组织对于整个地区安全和平稳定的维护是缔造整个世界安全、和平不可分割的一部分。上合组织对于打击恐怖主义以及保障国家之间的相互协调，及时提供了一个全球治理的合作模式。而恐怖主义早已成为人类公敌，在这种状况下，上合组织针对恐怖主义犯罪组织的打击，无论是中国、俄罗斯还是其他成员国，无疑都会从中获益。

另一方面，上合组织地区反"三股势力"犯罪，在实施策略和方案上，也应积极寻求国际社会的支持。

首先，决定打击"三股势力"犯罪顺利与否的前提，在于上合组织成员国间情报信息交流的畅通。互联网时代，没有信息将寸步难行。反"三股势力"警务合作的一项重要工作就是搜集、分析和共享"三股势力"犯罪的信息。这种搜集和分析信息的工作，不仅由上合组织成员国来进行，还需要得到上合组织以外其他相关国家、国际组织的支持。

其次，打击"三股势力"，就需要切断人、财、物流向"三股势力"组织或个人的渠道。成员国需要进行拦截、堵截，这项工作也需要得到其他国家的支持，需要它们将本国向上合地区恐怖主义组织、分裂主义组织或极端主义组织提供财力和物力支持的人绳之以

---

① 参见新闻报道：《109人偷渡出境欲参加圣战被遭返》，http：//www.lc123.net/p/2015-07-12/282890.html，2022年9月18日最后访问。

法；将宣扬恐怖主义、分裂主义和极端主义思想的个人或团体绳之以法，将出境参加"圣战"的人绳之以法。

最后，在打击恐怖主义、分裂主义和极端主义的战场上，需要各个国家通力合作，立场一致，形成合力。各国都不应借口民族问题、宗教问题或人权问题，对恐怖主义、分裂主义和极端主义犯罪放任自流，甚至提供支持。恐怖主义、分裂主义和极端主义犯罪属于践踏人类最基本价值的犯罪行为，理应共同打击。

二、上合组织打击"三股势力"犯罪所作的努力

为共同打击包括网络恐怖主义在内的恐怖主义、分裂主义和极端主义，应对紧急事态，共同应对上合组织地区所面临的安全威胁与挑战，自上合组织成立以来，一直为维护综合安全、深化成员国间的对话与合作而不断努力。

（一）完善立法及地区反恐机构职能

为保障本组织区域内安全，上合组织不断完善地区反恐怖机构的职能与运作。2017 年6 月9 日，在上合组织阿斯塔纳峰会上各成员国签署了《上海合作组织反极端主义公约》，该公约旨在巩固上合组织全体成员国安全，提高主管部门的合作效率，完善该领域相关立法，对上合组织成员国在打击"三股势力"领域开展合作具有里程碑意义。其也将与《上海公约》《上合组织反恐怖主义公约》《上合组织成员国打击恐怖主义、分裂主义和极端主义 2016 年至 2018 年合作纲要》以及《联合国全球反恐战略》、联合国安理会相关决议等联合国有关文件一道，巩固应对新威胁和新挑战领域的国际法律基础。

2017 年 6 月 9 日举行的阿斯塔纳元首理事会会议上，上合组织成员国欢迎俄罗斯在 2005 年联合国安理会关于呼吁各国对教唆恐怖主义追究刑事责任的第 1624 号决议基础上，提出关于打击恐怖主义意识形态的安理会决议草案。上合组织各成员国将继续推动尽快通过联合国关于打击国际恐怖主义的全面公约，并在考虑各成员国利益基础上推动批准联合国反恐领域的 19 份综合性法律文件。成员国对恐怖组织获取大规模杀伤性武器，特别是生化物质被用于恐怖主义目的等威胁持续上升表示关切，支持关于制定打击化学和生物恐怖主义行为国际公约的倡议。成员国将遵循《关于合作查明和切断在上合组织成员国境内参与恐怖主义、分裂主义和极端主义活动人员渗透渠道的协定》（2006 年）和《上合组织成员国边防合作协定》（2015 年）规定，继续通过实施有效边境管控，交换涉恐人员情报、伪造及被窃身份证件信息，对跨国恐怖犯罪开展联合调查等方式，共同防范外国恐怖分子或恐怖组织活动和潜入潜出。①

---

① 前十次反恐军演相关资料源于上海合作组织研究网，http：//studysco. cass. cn/shzl/aqfw/201308/ t20130828_396840. html，2022 年 3 月 8 日最后访问。

（二）打击恐怖主义与极端主义并举

如今，上合组织各成员国都已认识到，打击恐怖主义必须打击恐怖主义思想传播及宣传，包括公开为恐怖主义辩解和教唆实施恐怖袭击。为此，上合组织加大力度抵御导致恐怖主义等各种极端主义激进表现形式的社会极端化，特别是青年人极端化，预防宗教、种族、意识形态和政治极端主义及民族和种族歧视行为、仇外思想。在开展执法和司法机关合作的同时，重点加强国家在打击恐怖主义、分裂主义与极端主义问题上的主导作用，自觉并负责任地吸收本国境内依法从事活动的传统宗教组织、教育、科学、媒体、社会和非政府机构参与。

（三）全面开创并推动联合反恐演习

上合组织致力于用军事力量威慑恐怖主义犯罪，并持续推动"和平使命"反恐军演。截至目前，上合组织已组织了约 20 次联合反恐军事演习。

保障地区安全的上合组织是区域反恐合作的重要平台，而主要成员国中俄两国的反恐合作是区域安全保障的重要力量。①

（四）开创网络反恐演习

以往上合组织成员国围绕反恐开展的演习多是针对传统恐怖活动采用暗杀、爆炸、劫持人质、劫机等手段，其使用的工具多是简单微型的，如小刀、小型自动步枪或塑料炸药等。近年来，恐怖分子充分利用高科技手段进行恐怖主义活动。他们不仅拥有移动电话和无线电设备，还有加密传真机、高性能解码器、大型电脑主机等高科技设备，能够通过网络实施各种恐怖活动，进行恐怖主义宣传。特别是近年来，国际恐怖组织网上活动频繁，经常利用互联网发布恐怖视频、传播极端思想、招募人员，对地区安全与稳定带来极大威胁。根据《上海合作组织成员国打击恐怖主义、分裂主义和极端主义 2013 年至 2015 年合作纲要》，上合组织地区反恐怖机构理事会于 2013 年 9 月 20 日成立网络专家组，致力于加强上合组织成员国在打击"三股势力"网上活动领域的务实合作。为进一步增进互信，加强网络反恐领域的执法合作，上合组织地区反恐怖机构理事会于 2015 年 4 月 10 日通过了第 386 号决议，决定在中国厦门举行网络反恐演习。2015 年 10 月 14 日，上合组织"厦门-2015"网络反恐演习成功举行。这也是上合组织首次举行针对互联网上恐怖主义活动的联合演习。

此次演习的主要目的，是完善上海合作组织成员国主管机关查明和阻止利用互联网从事恐怖主义、分裂主义和极端主义活动领域的合作机制；交流各成员国主管机关在打击利用互联网从事恐怖主义、分裂主义和极端主义活动中的法律程序、组织和技术能力以及工

①　转引自韩俊俊、李思其：《上合组织：加强情报交流与网络反恐势在必行》，载《祖国》2015 年第 23 期。

作流程。此次演习的模拟设计是某国际恐怖组织大肆在上合组织各成员国的网站、论坛和社交网络中发布恐怖主义、分裂主义和极端主义煽动信息，刺激潜伏在各成员国境内的极端分子实施暴恐活动。为铲除网络恐怖活动威胁，保障地区安全，上合组织地区反恐怖机构执委会启动了联合网络反恐行动，协调各国发现、清除网上恐怖煽动信息，依法打击潜伏在各成员国境内的恐怖组织成员。演习中，上合组织各成员国主管机关在地区反恐怖机构执委会的组织协调下，通过联合行动，及时发现了恐怖组织在互联网各个网站和社交平台上发布的宣传煽动信息，按照本国法律规定和流程处置了本国网站上的恐怖信息，查明了信息发布者的身份信息和活动地点，并对其实施了抓捕，最终消除了网络恐怖威胁。①

（五）保障网络信息安全的合作

上合组织成员国将继续在《上合组织成员国保障国际信息安全政府间合作协定》（2009 年）基础上切实加强合作，打击在网络信息空间传播恐怖主义、分裂主义和极端主义及为其开脱的行为。为此，成员国将在双边、多边层面同有关国家、国际或地区组织，包括联合国相关机构开展协调。成员国支持在联合国框架内制定网络空间负责任国家行为的普遍规范、原则和准则，认为 2015 年 1 月以上合组织成员国名义将《信息安全国际行为准则》修订稿作为联合国正式文件散发是朝此方向迈出的重要一步。成员国将继续深化打击信息通信领域犯罪合作，呼吁在联合国主导协调下，制定相关国际法律文书。

（六）切断"三股势力"犯罪资金、物资及装备来源和渠道

上海合作组织成员国将继续合作打击个人及法人招募、训练、使用恐怖分子，打击公开教唆参与恐怖活动或为恐怖活动辩解，打击为恐怖活动融资。成员国重申决心设置可靠屏障，切断恐怖主义一切资金及物资、装备来源和渠道。成员国表示，愿意开展情报交流，在本国法律中将恐怖活动入刑，呼吁全面执行联合国安理会第 2199 号和第 2253 号决议及国际反洗钱金融行动特别工作组（FATF）标准。同时，上合组织也认识到腐败会威胁国家和地区安全，其各种表现形式将导致国家治理效率低下，对投资吸引力产生消极影响，阻碍经济社会持续发展。因此，成员国愿在反腐败领域开展全面国际合作，包括进行经验和信息交流，在主管部门间开展切实合作。

---

① 《上合组织首次网络反恐演习在中国厦门成功举行》，载新华网：http://news.xinhuanet.com/legal/2015-10/14/ c_128317880.htm，2022 年 3 月 8 日最后访问。

第三章　国际刑法学总论

第一节　国际刑法学的概述

一、国际刑法学的概念

随着社会经济的不断发展和国际间人员流动的日益频繁，国际犯罪所造成的危害越来越严重，也越来越为各国政府、国际社会和理论界所关注。然而学界对"国际犯罪"一词的含义却依然众说纷纭。一般而言，国内外学者大多在以下两种意义上使用这一概念。

1. 将含有国际因素的犯罪视为国际犯罪

日本法学家山手治之认为，国际犯罪一词，一般有三种意义：（1）犯人及其罪行涉及几个国家时，从单纯的涉外性（国际性）犯罪的意义来说，称为国际犯罪。……为惩罚罪犯而谋求国际合作，可以通过国际刑警组织进行国际司法协助。（2）海盗行为、买卖奴隶、贩卖毒品等行为称为国际犯罪。为防止和惩处这些行为，有时采取联合行动。（3）上述两种行为以及被断定为侵犯了国际社会一般权益的某种行为，以国际社会的名义交由国际法院加以惩处时，从严格意义上讲，可以称之为国际犯罪。①

国际刑警组织总秘书处编著的《国际刑警组织五十年》一书指出："国际犯罪这一名称只是一般常用语言的一种习惯表达，指的不外是那种已列入这国或那国法律中的犯罪行为，只不过这些罪行具有相当多的国际特点罢了。""实际上，许多国家碰到的每种犯罪行为，只要其犯罪的方式，或者是参与犯罪的人物及其同谋者具有国际性，均可视之为国际犯罪。"②

美国著名国际刑法学家 M. C. 巴西奥尼教授认为："每种禁止性行为均有两个必具其一的要件——国际性要件或跨国要件，换言之，上述行为必须达到危害国际社会的程度，

---

① ［日］山手治之：《国际法词典》，世界知识出版社 1985 年版，第 489 页。
② 国际刑事警察组织总秘书处编：《国际刑警组织五十年》，安天柱译，群众出版社 1983 年版，第 3 页。

或必须侵害多国利益，其才能构成国际犯罪。"① 国内学者中亦有持此种观点的人。如有学者认为："国际犯罪案件应主要是依据犯罪空间上的涉外性来区分，只有当主体和行为涉及两个以上国家或地区时，因牵涉到不同国家的法律和管辖权，才具有完全的国际性质而成为国际犯罪。"② 在规定国际犯罪的部分公约中也有类似表述："本公约不适用于罪行仅在一国境内实施、被指控的罪行和被害人均为该国国民、被指控的罪犯在该国境内被发现，并且没有其他国家具有本公约行使管辖权的基础的情况……"③

我们认为，将含有国际因素或跨国因素的犯罪视为国际犯罪的观点揭示了打击和预防国际犯罪需要开展国家间的刑事司法合作的必要性。因为某种犯罪具有国际性或跨国性，就表明了仅仅依靠一国国内的刑事司法机关是无法及时追究犯罪者的刑事责任的。有关国际公约进行上述表述的目的也是将不需要国际刑事司法协助一国能自行追究犯罪者刑事责任的犯罪行为和需要开展国际刑事司法协助才能追究犯罪者刑事责任的犯罪行为相区别。国际犯罪具有国际性或跨国性仅仅是国际犯罪外在的表现形式，外在的表现形式并不能作为国际犯罪的本质特征。例如，偷越国边境的犯罪、走私犯罪是肯定具有跨国性的，但是，国际社会并没有将一般的偷越国边境的犯罪行为和走私犯罪行为作为国际犯罪来处理。

在我们看来，这些观点实际上将国际犯罪、跨国犯罪以及有涉外性质的国内犯罪混为一谈。用部分犯罪的外在形式来界定全部国际犯罪的内涵，在定义方法上是不规范的，定义内容也是不准确的，也不利于司法实践中惩治和防范国际犯罪。

2. 将违反国际社会所公认的国际刑法规范的行为视为国际犯罪

1989 年在维也纳召开的国际刑法学协会第 14 届大会的决议指出，狭义的国际犯罪应定义为经国际社会根据普遍接受的国际法规则予以公认的罪行。有学者认为国际犯罪是指违反国际社会所公认的国际刑法规范，严重危害国际社会共同利益的不法行为。④ 亦有学者认为国际犯罪是指国际刑法规定的，对国际社会具有危害性并应受到刑事处罚的行为。⑤

---

① ［美］M. C. 巴西奥尼：《传统国际刑法的刑事特征》，载《国外法学》1988 年第 5 期。"国际性要件"是指对人类和平和安全的直接或间接的威胁，或被视为违背普世良知的行为；"跨国性要件"，是指危及一个以上国家公共安全和经济利益且其犯罪超越一国界限的行为，或涉及不止一国的公民（不管是受害人或罪犯），或越界犯罪。Bassiouni, A Draft International Criminal Code and Draft Statute for an International Criminal Tribunal, Martinus Nijhaff Publishers, 1987, p. 36.

② 马进保：《国际犯罪与国际刑事司法协助》，法律出版社 1999 年版，第 16 页。

③ 《关于制止恐怖主义爆炸事件的公约》第 3 条和《制止向恐怖主义提供资助的国际公约》第 3 条均有类似规定。

④ 陆晓光主编：《国际刑法概论》，中国政法大学出版社 1991 年版，第 47 页。

⑤ 林欣主编：《国际刑法问题研究》，中国人民大学出版社 2000 年版，第 17 页。

我们认为,国际犯罪的概念应该揭示国际犯罪的基本特征。国际犯罪有以下三项基本特征:

首先,国际犯罪是严重危害国际社会共同利益的行为。这是国际犯罪的本质特征,是区分国际犯罪与非国际犯罪的根本标准。所谓严重危害国际社会共同利益的行为,是指危害了国际社会的和平与安全,破坏国际社会正常的公共秩序,侵害人类的尊严、生存与发展等涉及国际社会共同利益的行为。"某种犯罪行为严重危害国际社会的共同利益,受到国际社会的普遍谴责与关注,认为需要采取协调一致的行为和刑事措施才能解决此类问题,这是国际社会公认其为国际犯罪的根本原因。"① 行为危害国际社会共同利益必须达到严重程度,才能被认为是国际犯罪。一般的违反国际法规的行为,虽然也侵害了国际社会的共同利益,但未达到严重程度,就不能认定为犯罪,而只能界定为国际不法行为。

其次,国际犯罪是违反国际刑法规范的行为(或者说是国际刑法规范禁止的行为)。这是国际犯罪的法律特征,是危害国际社会共同利益的特征在法律上的表现。国际刑法规范包括成文法和习惯法两类。成文的国际刑法规范散见于浩瀚的国际公约之中。习惯国际法表现为不成文法,即各国在与国际犯罪做斗争中,对反复出现的事实以默示协议的方式予以评价,逐渐形成具有法律约束力的不成文的国际刑法规范。②

最后,国际犯罪是应当承担刑事责任的行为。这一特征是由国际犯罪的本质特征和法律特征所决定的。有学者认为国际刑法没有真正贯彻"罪刑法定原则",而只是"罪行法定",所以不能认为国际犯罪是应当承担刑事责任的行为。这是一种误解。在我们看来,国际刑法毫无疑问也是遵循了"罪刑法定原则"的,只不过其具体的表现形式多种多样。现存的国际刑法规范一般只是宣布某种严重国际不法行为是国际犯罪,应当禁止,而具体的惩罚措施由缔约国或参加国国内刑法予以规定;有的国际公约规定了"或起诉或引渡"原则;亦有国际刑法规范直接规定国际犯罪适用的具体刑罚。1998年7月在意大利罗马全权外交代表大会上通过的《国际刑事法院规约》就直接规定了国际犯罪适用的刑罚范围。这一切都说明了国际犯罪是应当承担刑事责任的行为。

3. 将《国际刑法法院规约》所规定的四种基本犯罪作为国际犯罪

《国际刑事法院规约》将灭绝种族罪、危害人类罪、战争罪和侵略罪作为国际刑事法院所管辖的犯罪,因此,德国、意大利等国家部分学者将这四种犯罪视为国际犯罪在专著中进行研究。

我们认为,这种将国际刑事法院所直接管辖的罪名作为国际犯罪的分类是科学的。综

---

① 林欣主编:《国际刑法问题研究》,中国人民大学出版社2000年版,第19页。
② 有关国际习惯法能成为国际刑法渊源的论述请参见陆晓光主编:《国际刑法概论》,中国政法大学出版社1991年版,第15~17页。

上研究，我们认为，国际犯罪是指严重危害国际社会的共同利益，违反国际刑法规范，应当承担刑事责任的行为。

二、国际犯罪与非国际犯罪的关系

要正确理解国际犯罪的概念，我们还应严格区分国际犯罪与非国际犯罪的关系。正如前文指出的，那种认为具有涉外因素的犯罪就是国际犯罪的观点实际上混淆了国际犯罪与非国际犯罪的关系。涉外因素的犯罪①包括国际犯罪、跨国犯罪、在本国犯罪后逃往外国和在外国犯罪后潜回本国四种情况的犯罪。后两种情况实际上属于国内犯罪。因此，有必要具体探讨国际犯罪与跨国犯罪、涉外性国内犯罪的关系。

（一）国际犯罪与跨国犯罪的关系

跨国犯罪是指犯罪行为人实施的，其犯罪行为和犯罪结果涉及两个以上国家或地区，或当事人（包括犯罪嫌疑人和被害人）涉及两个以上的国家或地区的犯罪。两者的关系可以从其犯罪行为的外部形式和内部结构两个层面来阐述。在外部形式上，跨国犯罪的犯罪行为或结果必然直接涉及不同的主权国家；但国际犯罪的犯罪行为或结果却不一定直接涉及不同的主权国家。在内部结构层面，一方面，两者侵犯的利益不同。国际犯罪所侵犯的利益是国际社会的共同利益，而跨国犯罪所侵犯的利益是两个及以上的当事国或者地区之间的利益。另一方面，判断两者成立的标准不同。由于国际犯罪、跨国犯罪所侵犯的利益不同，判断其成立的标准亦不同。判断行为是否构成国际犯罪是从行为的内在属性（行为所侵犯的客体）上判断的。行为是否国际犯罪，主要是判断其行为所侵犯的客体是否危害诸如国际社会的和平与安全、国际社会正常的公共秩序、人类尊严及生存与发展等国际社会的共同利益。判断行为是否属跨国犯罪则是从行为的外部特征上进行把握的，即主要是判断其危害行为或危害结果是否涉及两个以上的国家（或者地区）。

（二）国际犯罪与国内犯罪（包括需要开展刑事司法协助的涉外性国内犯罪）的关系

所谓国内犯罪是指违反主权国家刑法、应承担刑事责任的行为。国际犯罪与国内犯罪的关系同样可以从犯罪行为的外部形式和内部结构两个层面来阐述。在外部形式层面，两者的差异表现为：国际犯罪触犯的是国际刑法（包括国际公约、习惯国际法）；而国内犯罪触犯的只能是一个主权国家的刑法。在内部结构层面的区别表现为：一方面，两者侵犯的利益不同。国际犯罪侵犯的是国际社会的共同利益；而国内犯罪侵犯的是该主权国家的法律秩序。一般来说，侵犯国际社会共同利益的行为也是侵犯各国权益的行为，但某种被

---

① 本书作者所理解的涉外因素指犯罪行为（包括预备行为、实行行为，共同犯罪的部分行为）、结果涉及不同的国家或地区，或者罪犯已逃往国外或者属于非本国国民，被侵害的法益涉及不同的国家或国家公民。

世界上绝大部分国家所普遍禁止的国际犯罪，却可能被个别国家认为是合法行为。① 另一方面，判断国际犯罪和国内犯罪成立的标准不同。由于国际犯罪和国内犯罪所侵犯的利益不同，判断各自成立标准亦不同。详言之，判断某种行为是否成立国际犯罪，主要是判断其行为危害的国际社会共同利益的重要性程度，而对这种利益的重要性程度的评价取决于国际社会的一致意见至少是受到绝大多数国家认同的意见。判断一种行为是否成立国内犯罪，主要是判断该行为侵犯该国刑法所保护的法益的社会危害性是否达到应当追究刑事责任的程度，至于如何评价这种行为的社会危害性程度，则取决于一个国家的立法机关及司法当局。

第二节 国际犯罪的犯罪构成

一、国际犯罪的犯罪构成概述

不同文化背景的学者对同一事物有不同的解读。由于两大法系学者们的视角不同，对国际犯罪的犯罪构成的理解亦见仁见智。美国国际刑法学家巴西奥尼教授在他的《国际刑法典草案和国际刑事法庭规约草案》总则部分第6条中指出，构成国际犯罪一般"应包括四个要件：实质要件、心理要件、因果要件和危害"②。实际上，他只是以英美法系刑事法学者的角度描述了国际犯罪构成的要件，对国际犯罪构成概念的含义并未给予论述。苏联刑法学家特拉依宁则从大陆法系刑法学者的角度对犯罪构成理论进行了比较系统深入的研究，但他没有涉及有关国际犯罪构成的一般概念，只在论述反人类罪这类国际犯罪时指出："反人类罪的构成既然包含在国际法文件中，那么就可以更确切地说它是国际文件中规定的这种罪的诸因素的总和……因此，反人类罪的构成在国际法方面，可以确定为《国际军事法庭规约》第6条所规定的诸因素的总和。"特拉依宁对反人类罪构成概念的表述是描述性的，因此不能作为国际犯罪构成概念的一般定义。

我国学者们对国际犯罪构成的概念进行了广泛深入的研究，提出了许多精彩的见解。主要观点如下：

有的学者认为："国际犯罪构成就是国际法刑事方面的规范或惯例所规定的，或国际社会所公认的，决定某一国际不法行为的国际危害性及其严重程度而为该行为构成国际犯

---

① 林欣主编：《国际刑法问题研究》，中国人民大学出版社 2000 年版，第 20 页。

② Bassiouni, A Draft International Criminal Code and Draft Statute for an International Criminal Tribunal, Martinus Nijhoff Publishers, 1987, pp. 100-101.

罪所必需的一切客观和主观要件的总和。"①

另有学者指出："国际犯罪构成是指国际刑法规范所规定的，说明某种行为严重危害了国际社会的共同利益，而为成立国际犯罪必须具备的各种条件的统一体。"②

也有学者认为："国际犯罪就是国际法刑事方面的规范和惯例所规定的，或国际社会所公认的，决定某一具体国际不法行为的国际危害性及其严重程度而为该行为构成国际犯罪所必需的一切客观要件和主观要件的有机总和。"③

部分学者认为："国际犯罪构成是指国际刑法规定的，决定某一具体行为的国际危害性及其程序，而为该行为构成国际犯罪所必须具备的一切客观要件和主观要件的有机总和。"④

以上学者的观点各有千秋，其中不乏可借鉴之处。我们认为，由于国际刑法具有巴西奥尼教授所提到的"双重人格"，故在定义国际犯罪构成时不妨借鉴我国刑法学者对"犯罪构成"概念的研究成果。据此可以认为，国际犯罪构成是指国际刑法规定的，说明某一国际不法行为的国际危害性及其程度而为该行为构成国际犯罪所必需的一切主客观要件的有机统一体。其特征如下：

第一，国际犯罪构成是构成国际犯罪所必需的一切客观要件和主观要件。换言之，国际犯罪构成必须包括构成国际犯罪的一切客观要件（包括客体、行为、结果）与主观要件（包括主体、主观罪过）；缺少任何客观要件或主观要件的行为，即只有客观的侵害事实而行为人没有主观罪过或者行为人只有主观罪过而没有客观侵害事实，均不构成国际犯罪。

第二，国际犯罪构成要件只能是那些对侵害国际社会根本利益和基本秩序具有决定意义而为该行为成立国际犯罪所必需的主客观要素。详言之，国际犯罪构成由对侵犯国际社会根本利益和基本秩序的主客观要素组成；而且是否具备这种组成国际犯罪构成的主客观要素是区分一般国际不法行为和国际犯罪行为、一般内国犯罪行为和国际犯罪行为的法律标准。

第三，国际犯罪是严重侵犯国际社会的根本利益和基本秩序的行为。巴西奥尼教授所编撰的《国际刑法学》（第3版）一书中将国际犯罪分为5大类：（1）反和平和侵略罪；"二战"后的《欧洲国际军事法庭宪章》和《远东国际军事法庭宪章》将此类国际犯罪规定为反和平罪，而《国际刑事法院规约》将此类行为定义为侵略罪。（2）战争罪、反人类罪和灭绝种族罪。"二战"后的《欧洲国际军事法庭宪章》和《远东国际军事法庭宪

① 刘亚平：《国际刑法学》，中国政法大学出版社 1992 年版，第 135～136 页。
② 陆晓光主编：《国际刑法概论》，中国政法大学出版社 1991 年版，第 52 页。
③ 黄肇炯：《国际刑法概论》，四川大学出版社 1992 年版，第 69 页。
④ 邵沙平：《现代国际刑法教程》，武汉大学出版社 1994 年版，第 94 页。

章》将违反人道主义法的国际犯罪，包括灭绝种族行为规定为反人类罪；而《国际刑事法院规约》将违反国际人道法的国际犯罪定义为危害人类罪，将灭绝种族行为按灭绝种族罪惩治。（3）侵犯基本人权犯罪，具体包括蓄奴罪、与奴役关联的活动、贩卖性奴罪。（4）恐怖—暴力犯罪，具体包括国际恐怖主义犯罪、作为恐怖—暴力形式的劫持人质和绑架、资助恐怖主义犯罪行为、海盗、危及海上航行安全非法行为、危及大陆架固定平台安全非法行为和危及民用航空安全的犯罪。（5）侵犯社会秩序犯罪，具体包括涉麻醉药品和精神药物犯罪、跨国有组织犯罪、（《联合国反腐败公约》中规定的）腐败犯罪、对文物的犯罪和破坏环境的犯罪。

二、国际犯罪构成的共同要件

学界对国际犯罪构成的共同要件的学说主要有三种：二要件说、三要件说、四要件说①。理论上，按照内国刑法学的理论构建国际刑法犯罪构成理论是可行的，但完全照搬刑法学犯罪构成理论也可能存在问题。首先，国际犯罪不是一个单一的行为犯罪模式，而是类似于内国刑法中的类罪名，因此，国际刑法中的犯罪构成应该是一个类罪名的犯罪构成，而不是一个单一的犯罪构成。其次，国际刑法中的犯罪构成是英美法系犯罪构成理论和大陆法系犯罪构成理论的糅合，按照单一的大陆法系刑法犯罪构成理论难以全面描述国际犯罪的成立条件。最后，国际犯罪具有自己独有的特点，即侵犯了国际社会的根本利益和基本秩序，而不是仅仅侵犯了一国刑法所规定的法益。而这种对国际社会根本利益和基本秩序的国际犯罪构成，也应该包括这一特征。

因此，本书将国际犯罪的犯罪构成分为行为具有侵犯国际社会根本利益和基本秩序的外部情势要件、行为与结果的客观要件、行为人的罪过心理的主观要件和国际犯罪主体要件四类要件。

（一）国际犯罪的外部情势要件

国际犯罪的外部情势要件，是指证明国际犯罪所侵犯的、行为侵害并且已经侵犯的国际社会的根本利益和基本秩序的外部情势。

（二）国际犯罪构成的客观方面要件

国际犯罪构成的客观方面要件，是指国际刑法规定的，说明行为对国际社会根本利益的严重侵害性，而为成立国际犯罪必须具备的诸客观事实特征②。国际犯罪构成的客观方面要件，是国际犯罪活动的客观外在表现。说明国际犯罪构成客观方面要件的事实特征包

---

① 有关国际犯罪构成的共同要件的"二要件说"、"三要件说"和"四要件说"的具体内容请参见甘雨沛、高格：《国际刑法新体系》，北京大学出版社2000年版，"第七章 国际犯罪构成"。

② 关于国际犯罪构成的客观方面要件参见《国际刑事法院规约》第6条对灭绝种族罪、第7条对危害人类罪、第8条对战争罪、第8bis条对侵略罪以及《犯罪要件》中的相关规定。

括危害行为、危害结果。

（三）国际犯罪主体要件

国际犯罪主体，是指国际刑法规定的，实施了严重危害国际社会行为并能承担刑事责任者。简言之，国际犯罪的主体是指实施了国际犯罪行为的个人。在"二战"后的纽伦堡审判和东京审判中，国际犯罪主体还包括犯罪组织。但随后的国际刑事司法实践中，都将犯罪主体限定为个人。

（四）国际犯罪构成的主观要件

国际犯罪构成的主观要件，是指国际刑法所规定的，国际犯罪行为者对其实施的危害国际社会共同利益的行为及其结果上所具有罪过心理状态。

第三节　国际犯罪的外部情势要件

国际犯罪的外部情势要件，是指证明国际犯罪所侵犯的、行为侵害并且已经侵犯的国际社会的根本利益和基本秩序的外部情势。在《犯罪要件》关于灭绝种族罪的构成要件中，都有一个"形式为是在明显针对该团体采取一系列类似行为的情况下发生的，或者是本身足以造成这种消灭的行为"的规定，有论者将其归纳为背景要件（contextual element）。巴西奥尼教授曾经在教科书中使用了"outside circumstance"一语，故本书将其称为外部情势要件。

一、国际犯罪的外部情势要件的概述

首先，外部情势不属于客观方面要件、主观方面要件和主体要件。例如，作为灭绝种族罪的外部情势，"广泛或有系统地杀害受国际保护团体成员"中的"广泛或有系统地"，即不同于行为的实施方式，也不属于行为实施的结果，而是说明行为区别于内国刑法中的犯罪行为。一方面，全部或局部意味着灭绝种族行为不是基于种族歧视目的的单一暴力犯罪；另一方面，全部或局部也不需要行为人杀害整个受保护团体成员，而是要求存在相对多的数目。科斯蒂奇案的上诉法庭认为，确定能满足"全部或部分"这一要求的目标（受保护团体成员）是否足够多涉及许多因素。不仅仅应该考虑目标成员的数目，还应该考虑整个受保护团体的大小。一定数量的目标成员，如果对整个团体具有突出地位，或者对团体的存亡有重要意义，则一定比例的目标也符合灭绝种族罪的"局部"要求。[1] 因此，单纯被害人的数量或在团体中所占的比例并不是对灭绝种族具体行为的描述，也不属于行为的直接结果的范围或严重程度，而仅仅是说明灭绝行为或结果对被灭绝种族的可能

---

[1]　Prosecutor v. Krstic, note 26, para. 12. Also note 7, 26 Feb. , 2007, para. 198.

性的属性。灭绝种族罪的外部情势说明对受保护团体具有被灭绝的可能性。外部情势要件也不属于犯罪主体要件。例如，侵略罪的外部情势是由能够有效控制或指挥一个国家的政治或军事行为的人发动的侵略的情形。首先，外部情势是由适格主体发动的侵略情形。即使《国际刑事法院规约》第 8 bis 条规定的有效控制或指挥一个国家的政治或军事行为的人，属于国际犯罪中的主体要件，但侵略罪的外部情势不仅仅是针对主体的规定，而是有适格主体发动的侵略的情形作为整个外部情势。因此，外部情势要件不属于主体要件。

其次，国际刑事司法实践也承认外部情势要件的存在。卢旺达问题国际法庭在审理阿卡耶苏案件中，提出了一个有关灭绝种族罪的认定是否需要存在灭绝种族的外部情势的问题。审判庭指出，在 1994 年卢旺达确实存在着灭绝种族的事实并不能影响本法庭对此案的判决。审判庭似乎是将存在灭绝种族的背景与灭绝种族罪的认定脱钩。这种存在灭绝种族罪发生的背景并不是认定灭绝种族罪的前提条件，但如果不存在全部或有局部地杀害受保护团体成员的行为，则不能认定个案是国际犯罪；反过来讲，如果存在有全部或者局部杀害受保护团体成员的行为，则本身就可以认定为灭绝种族罪的行为。仅仅在个人实施的杀人案件中，如果没有认识到存在全部或者局部地杀害受保护团体成员，并将自己杀害该团体成员的行为作为其一部分的心理，则不能成立灭绝种族罪。因此，在阿卡耶苏案件的心理认定中，审判庭反而需要认定行为人必须认识到存在灭绝种族罪的外部情势，才能认定个体行为人存在灭绝种族的心理要件。这一点也在前南问题国际刑事法庭对杰利西奇案中得到证明。前南问题国际刑事法庭认为，在广泛或者有系统地对某一特定团体实施暴力的情况下，行为人明知犯罪，不容置疑，他有针对性地选择了受害人。[1] 审判庭明确指出，灭绝种族罪的心理要件表明被告是作为一个毁灭该团体广泛计划的一部分而实施的犯罪。[2]

最后，外部情势要件外部情势，是指犯罪行为、结果发生的时间、地点、范围和程度等因素。灭绝种族罪的外部情势要件包括全部或者局部灭绝受保护团体。这是对灭绝种族行为的范围和结果程度的表述。灭绝种族罪的外部情势表明灭绝受保护团体成员的行为不是孤立的、单独的杀害行为，而是属于针对受保护团体的灭绝行为。危害人类罪的外部情势是广泛或者有系统地针对平民人口实施攻击；因此，也属于对行为的范围和结果的严重程度的描述。而战争罪的外部情势是发生了国际武装冲突或者非国际性武装冲突时有计划或政策的一部分所实施的犯罪的情形。战争罪的外部情势包括对犯罪发生时间的描述。但这种描述不仅仅是针对时间的描述，还将战争罪和武装冲突联系起来，而将非武装冲突期

---

① Prosecutor v. Goran Jelisic, Case No. IT-95-10-T, Judgement, 14 December 1999（Jelisic Trial Judgement），p. 66.

② Prosecutor v. Goran Jelisic, Case No. IT-95-10-T, Judgement, 14 December 1999（Jelisic Trial Judgement），p. 98.

间所发生的行为或结果排除在国际犯罪之外。例如战争罪中包括故意使身体或健康遭受重大痛苦或严重伤害。如果该行为不是发生在武装冲突下，不能被认定为战争罪。同时，战争罪的外部情势还包括对行为的范围和结果严重程度的描述。例如，"有计划或政策的一部分"表明了实施违反战争法或习惯战争法行为的范围和结果的严重程度。同时，战争罪中的非国际性武装冲突的外部情势还限定了国际犯罪发生的地点，即一国内。如果发生了跨越一国国境的武装冲突，则不属于非国际性武装冲突下的战争犯罪。

二、国际犯罪外部情势要件的意义

首先，外部情势能体现国际犯罪行为对国际社会的根本利益和基本秩序的侵犯。无论是大陆法系的犯罪构成理论还是英美法系的犯罪成立条件中都不包括法益这个犯罪构成要件。大陆法系和英美法系刑法理论中是通过行为本身的属性，即对刑法所保护的法益侵害的可能性来界定行为。而国际刑法中的行为，特别是具体行为，是无法体现对国际社会根本利益和基本秩序的侵犯的，而只能通过行为的外部情势来体现对国际社会根本利益和基本秩序的侵犯。例如，只有存在全部或局部杀害国际保护团体成员的行为，才能侵犯国际社会的根本利益和基本秩序，否则，仅仅属于一般故意杀人犯罪行为。

其次，外部情势能区分国际犯罪和内国刑法中的犯罪。灭绝种族罪中的故意杀害受保护团体成员的行为，在内国刑法中所侵犯的法益就是他人的生命权。但是，如果是在全部或局部消灭某一民族、族裔、种族或宗教团体的外部情势下，就构成国际犯罪。故意杀人行为，如果是广泛或者有系统地实施杀害平民人口的外部情势下，则构成危害人类罪；而该行为如果不具备广泛或者有系统地攻击平民人口的外部情势下，则属于普通的故意杀人罪，而不属于国际犯罪。而战争罪的外部情势就是发生了国际性武装冲突或非国际性武装冲突。侵略罪的外部情势则发生了一个国家侵犯另一国主权、领土完整或者政治独立的局势。如果没有发生国家层面的侵犯另一国主权、领土完整或者政治独立的局势，则不成立侵略罪，而可能属于边境冲突或者国际不法行为。

最后，外部情势的存在需要国际社会合作惩治侵犯国际社会根本利益和基本秩序的国际犯罪。下述四种情况都无法依赖一国单独追诉犯罪者的刑事责任，其原因在于上述行为在内国刑法中属于国家主权行为，是合法性事由，阻却违法：出现了全部或局部杀害受国际保护的团体成员的灭绝种族行为；出现了系统或广泛的针对平民人口的攻击的危害人类行为时；在国际性武装冲突或非国际性武装冲突违反了战争法或习惯战争法时；发生了侵略行为时。因此，必须要国际社会合作，通过常设国际刑事法院或者特设国际刑事法庭对灭绝种族罪、危害人类罪、战争罪或侵略罪负有责任的国家元首、政府首脑或军队领导人追诉其刑事责任。

第四节 国际犯罪的客观方面要件

国际犯罪构成的客观方面要件，是指国际刑法规定的，说明行为对国际社会根本利益的严重侵害性，而为成立国际犯罪必须具备的诸客观事实特征。一般来说，国际犯罪的客观方面要件包括国际危害行为、国际危害结果，以及国际危害行为与国际危害结果之间的客观归责。

一、国际危害行为

国际危害行为是一切国际犯罪构成所不可缺少的要件。虽然危害行为都是指在意志支配下实施的危害社会的身体动静，但国际刑法中的危害行为不同于内国刑法中的危害行为。

首先，国际危害行为是在意志支配下实施的危害国际社会的身体动静。国际危害行为侵犯的是国际社会的根本利益和基本秩序；只有达到了危害国际社会根本利益和基本秩序的行为才可能属于国际危害行为。

其次，国际危害行为包括多种样态的行为。大陆法系刑法理论中的危害行为是指实行行为，而其他行为通过形态进行修正，例如，未遂行为、共犯行为。而国际刑法中的危害行为则将实行行为、未遂行为、共犯行为都作为危害行为，而不需要通过形态进行修正。例如，《国际刑事法院规约》第 25 条第 3 款第 1 项规定，单独、伙同他人、通过不论是否负刑事责任的另一人实施犯罪，即包括大陆刑法理论中的单个人实施犯罪、共同正犯、间接正犯等行为样态。而该条第 3 款第 2、3、4 项规定了命令行为、唆使行为、引诱行为、帮助行为、教唆行为、协助行为、未遂行为、支助行为的危害行为的样态。而这些行为样态都是作为与实施行为相当的行为，都可以作为国际危害行为的实行行为。其原因在于《国际刑事法院规约》第 25 条规定的个人刑事责任原则中规定了个人作为国际犯罪的主体，而且排斥了组织作为国际犯罪的主体，那么就导致了所有的共犯行为只能作为实行行为来对待。当然，在"二战"之后的纽伦堡审判和东京审判中，都承认犯罪组织的存在，因此，在《欧洲国际军事法庭宪章》第 7 条规定，凡参与拟订或执行旨在犯有危害和平罪、战争罪和违反人道罪罪行之一的共同计划或密谋的领导者、组织者、发起者和同谋者，他们对为执行此类计划而犯罪的任何个人的一切行为均负有责任。即对其领导的组织成员所犯一切罪行，视为犯罪组织的组织者、领导者、发起者和同谋者的行为。

最后，作为国际犯罪构成客观要件的危害行为，表现为作为与不作为两种形式。作为是以积极的动作实施国际刑法所禁止的行为，不作为主要针对军事指挥官或其他上级责任设置。巴西奥尼指出："……不作为发生在下列场合：有权作为并明知要求作为的事实的主管人士不采取合理措施，去防止或制止犯罪的实施，不逮捕、不起诉或不惩罚已经犯有或可能犯有罪行的人。个人的不作为是有意识地不按现有法律义务实施一定的行为。"①《国际刑事法院规约》第 28 条规定的指挥官和其他上级责任原则中，将军事指挥官或军事指挥官有效行事的人，如果未对在其有效指挥和控制下的部队，或在其有效管辖和控制下的部队适当行使控制，知道或者由于当时的情况理应知道，部队正在实施或嘉奖实施犯罪；或者未能采取其权力范围内的一切必要而合理的措施，防止或制止这些犯罪的实施，或报请主管当局就此事进行调查或起诉的，军事指挥官应因此而承担刑事责任。对于其他上级人员，如果未对其有效管辖或控制的下级人员适当行使控制，当知道其下级人员正在实施或即将实施涉及上级人员负责或控制的活动犯罪，或故意不理会明确反映这一情况的情报，并且该上级人员未能采取在其权力范围内的一切必要而合理的措施，防止或制止这些犯罪的实施，或报请主管当局就此事进行调查或起诉。

由此可见，国际刑法上的不作为和内国刑法中的不作为是存在区别的。首先，国际刑法中和内国刑法中的不作为都需要行为人负有作为义务。只不过国际刑法和内国刑法中的作为义务来源不同。国际刑法中的作为义务来源于军事指挥官或其他上级人员在其有效管辖或控制权力下有预防、制止、或事后报请主管当局对所管辖或控制的下级人员的犯罪进行调查或起诉的义务。而内国刑法中的不作为义务来源对危险来源的支配负有监督义务、对法益的危险发生领域的支配产生的保护义务。其次，不作为行为主体不同。国际刑法中的不作为主体仅仅局限于军事指挥官或其他上级人员，而且要求该军事指挥官或其他上级人员对下级具有有效管辖或控制。而内国刑法中的不作为行为人就是具有监督地位或保证人地位的人员。最后，国际刑法和内国刑法中的不作为行为内容不同。内国刑法中的不作为是指有能力履行义务而未能采取防止结果发生的行为。但国际刑法的不作为包括军事指挥官或其他上级人员未能在其权力范围内采取必要和合理的措施来事先预防、事中制止或事后报请主管当局调查或起诉的行为。

二、国际危害结果

危害结果是绝大多数犯罪构成所必需的要件。作为国际犯罪构成客观要件的危害结果，是指国际犯罪行为给国际社会根本利益所造成的具体侵害的客观事实。如果国际刑法规定，要求某种作为或不作为只有发生危害结果才构成国际犯罪，这种危害结果就是国际犯罪构成的客观方面要件。国际犯罪构成的客观要件，必须是国际刑法规定的客观事实特

---

① Bassiouni, A Draft International Criminal Code and Draft Statute for an International Criminal Tribunal, Martinus Nijhoff Publishers, 1987, p. 92.

征，而且这些事实特征又是构成国际犯罪必不可少的要件，否则就不是国际犯罪构成的客观方面要件。

内国刑法中的危害结果包括危险，那么国际刑法中的危害结果是否包括危险，是一个值得研究的问题。在内国刑法学理论中，学者张明楷教授认为危害结果包括对法益侵害的状态，即行为给刑法所保护的法益的现实侵害事实与现实危险状态。① 但是内国刑法中将危险状态作为结果，存在隐患。虽然现实危险状态是一种客观事实，将现实危险状态作为危害结果难免对于犯罪未遂形态认定造成困扰。未遂行为一样会给刑法所保护的法益造成威胁，这种威胁当然可以理解为对法益的现实的危险状态。但刑法学通说认为，危害行为造成了危害结果的，应该认定为犯罪既遂。因此，将对法益的现实危险状态作为结果，将难以区分犯罪未遂、犯罪中止和犯罪既遂。

《国际刑事法院规约》一般都是将国际犯罪的危害结果限定为现实侵害事实。例如，危害人类罪中的谋杀，灭绝，奴役，驱逐出境或强行迁移人口，违反国际法基本原则的监禁或以凄然方式严重剥夺人身自由，酷刑，强奸、性奴役、强迫卖淫、强迫怀孕、强迫绝育或严重程度相当的任何其他形式的性暴力，与其他国际犯罪相结合的政治性迫害，强迫人员失踪，种族隔离，故意造成重大痛苦或对人体或身心健康造成严重伤害的其他不人道行为 11 种行为所造成的危害结果都属于对受国际保护团体的现实侵害事实。但在灭绝种族罪中的"故意使该团体处于某种生活状态下，毁灭其全部或局部生命"中使受保护团体处于某种毁灭其全部或局部生命的生活状态，从字面意义上看，不属于现实法益侵害事实，应该属于对法益的现实危险状态。"处于某种毁灭其全部或局部生命的生活状态"，通常是指对受国际保护的团体不提供足够的食物或处于疾病状态下不提供足够的药品的行为而造成该团体可能会因为得不到足够的食物而饿死；或者得不到足够的药品而病死；或者使受国际保护的团体处于无法生存的恶劣的生活环境中。只要没有提供足够的食物、药品或使之处于恶劣的生活环境中，受保护团体全部或局部死亡的状态就已经存在。但该行为并不要求受国际保护的团体全部或局部毁灭的现实侵害事实出现，就已经成立灭绝种族罪。如前所述，国际刑法中本身就没有完成形态和未完成形态之分。因此，在国际刑法中，将危害行为所形成的现实危险状态作为危害结果却不会造成混乱。

而且我们还必须认识到，国际犯罪罪名属于类罪名，每个罪名下面包括很多种具体危害行为，每个具体的危害行为所造成具体危害结果各异。而这些具体的危害行为之所以能纳入类罪名中，就是因为这些类罪名都会造成相同的最终结果。以灭绝种族罪为例，灭绝种族罪的具体行为包括杀害受保护团体成员的行为；致使受保护团体成员在身体上或精神上遭受严重伤害的行为；故意使受保护团体处于某种生活状态下，毁灭其全部或局部的生

---

① 张明楷：《刑法学》（上），法律出版社 2021 年版，第 213 页。

命的行为；强制施行办法，意图防止该团体成员生育的行为；强迫转移受保护团体的儿童至另一团体的行为。上述具体行为都有具体的危害结果。例如，杀害受保护团体成员的行为的具体危害结果是受保护团体成员丧失生命；致使受保护团体成员在身体上或精神上遭受严重伤害的行为的具体危害结果是该团体成员身体或精神上受到伤害；故意使受保护团体处于某种生活状态下，毁灭其全部或局部的生命的行为的危害结果就是使该团体成员的生命处于被毁灭状态；强制施行办法，意图防止该团体成员生育的行为的危害结果就是该团体内部成员无法生育；强迫转移受保护团体的儿童至另一团体的行为的危害结果就是该团体儿童被转移到其他团体的事实。这些具体的危害结果都表明灭绝种族罪的具体危害行为会从肉体上（《国际刑事法院规约》第 6 条第 1 项、第 3 项所规定的行为造成的危害结果）、身体上或精神上（《国际刑事法院规约》第 6 条第 2 项所规定的行为造成的危害结果）、文化上（《国际刑事法院规约》第 6 条第 5 项所规定的行为造成的危害结果）被灭绝；或者种族繁衍（《国际刑事法院规约》第 6 条第 4 项所规定的行为造成的危害结果）被终止。而无论是肉体上、身体上或精神上、文化上被灭绝，或者种族繁衍被终止，其最终结果就是受保护团体种族被灭绝。

第五节　国际犯罪的心理要件

心理要件也是国际犯罪构成的共同要件，仅仅有客观上的行为，而不具备心理要件则不能成立国际犯罪。《国际刑事法院规约》第 30 条规定了国际犯罪的心理要件。按照该条的规定，国际犯罪除了另有规定，只有当行为人在故意和明知的情况下实施犯罪的物质要件，该行为人才对国际刑事法院管辖的四种核心国际犯罪负刑事责任，并受到处罚。从《国际刑事法院规约》第 30 条的规定可以看出国际犯罪构成的心理要件和内国刑法学理论中的犯罪主观方面存在差异。大陆法系的犯罪主观方面包括犯罪故意和犯罪过失，英美法系中的心理要件包括故意、轻率和过失。[1] 而国际犯罪构成中的心理要件除了故意和明知之外，是否还存在其他心理要件尚需要进一步明确；甚至可以说，需要明确的是《国际刑事法院规约》第 30 条所规定的"另有规定"的含义。即从整个《国际刑事法院规约》所规定的犯罪罪状中找出除故意和明知之外的心理要件的规定。

一、故意和明知的理解

按照《国际刑事法院规约》第 30 条的规定，仅当行为人故意或明知实施国际犯罪的

---

[1]　CMV Clarkson ＆HM Keating：Criminal Law, Fifth Edition, London Sweet ＆ Maxwell, 2003, pp. 119-177.

客观方面要件时才能对行为承担刑事责任并受到刑罚惩罚。具体包括：

（一）故意

按照《国际刑事法院规约》第30条的规定，所谓故意，包括行为人有意从事该行为，或者行为人有意造成该结果或者意识到事态的一般发展会产生该结果。

按照内国刑法理论，一般认为犯罪故意应该包括认识因素和意志因素。而国际刑法中的故意，则包含对行为或结果的任择性的意志因素。具体包括：第一种情况，行为人有意从事特定行为。从表面上看，仅仅行为人有意从事行为，表现对行为实施的意志因素，而未能说明行为人对行为的认识因素，比如未能说明行为人是否认识行为的社会性质、行为产生结果的可能性和行为所产生的结果的社会意义等。国际刑法中的未遂形态和完成形态的行为都是作为实行行为予以规定的，因此危害结果并不是所有国际犯罪的共同要件。国际刑法中犯罪构成的危害行为并不都必然造成危害结果。因此，仅仅要求行为人有意从事危害行为，则足以满足故意这个心理要件。即使危害行为造成了危害结果，但考虑到国际犯罪并等同于内国刑法中的普通犯罪，而且实施国际犯罪的主体也不同于内国刑法中的一般犯罪主体。从行为所侵害的国际社会根本利益和基本秩序上看，从行为本身的严重性质、行为造成结果的盖然性以及行为所造成结果的严重社会危害性等角度，实施国际犯罪的主体应该是有认识的。换言之，国际犯罪的行为人有意实施国际犯罪的物质性要件时，他对危害行为的性质、危害行为造成结果的可能性以及危害行为造成的危害结果的社会意义都是有认识的，加之他有意从事该行为，那么就满足了国际犯罪心理要件中的故意。

就结果而言，如果行为人有意造成该危害结果，或者意识到事态的一般发展会产生该危害结果的，也具备了国际犯罪中的故意的心理要件。从字面意思上看，似乎并不要求行为人对行为有认识，但如前文所述，行为人有意造成了该危害结果，则表明行为人认识到了行为的性质，行为造成结果的可能性，并追求该结果的产生，则意味着国际刑法对结果的故意的认识依然坚持了认识因素和意志因素并存。这一点从结果的故意的第二种形式得到佐证。按照《国际刑事法院规约》的规定，对结果的故意还包括行为人意识到事态的一般发展会产生某种结果时，具备故意这个心理要件。首先从认识因素上，行为人意识到事态的发展会产生某种结果。表明行为人对事态、事态的一般发展、事态一般发展会产生危害结果皆有认识。从意志因素上看，并没有说明行为人有意造成该行为，但结合事态的一般发展结果就产生的认识，如果继续实施行为，则意味着也放任或容忍结果的产生。

（二）明知

按照《国际刑事法院规约》第30条第3款的规定，明知也属于国际犯罪的心理要件内容之一。明知，是指意识到存在某种情况，或者事态的一般发展会产生某种结果。

按照《国际刑事法院规约》《犯罪要件》的规定，灭绝种族罪中的"强迫儿童转移"

行为成立犯罪的心理要件包括行为人知道或应该知道所转移的人为不满 18 周岁的儿童。同样类似的规定也出现在《国际刑事法院规约》规定的战争罪第 8 条第 2 款第 2 项第 26 目的 "利用或征募儿童" 中，要求行为人必须具备 "知道或应当知道" 所征募的对象属于不满 15 周岁的儿童。换言之，国际刑法中的 "明知" 可以解释为 "已经知道" 和 "应当知道"。

对另有规定的理解，必须结合《国际刑事法院规约》中对灭绝种族罪、危害人类罪、战争罪和侵略罪所规定的犯罪构成来理解。一般来说，"故意" "故意的" "故意地" "蓄意的" "蓄意地" "恣意地（wantonly）" 等词在国际犯罪的犯罪构成的理解，应该结合具体案件决定。

二、"另有规定" 的理解

学者们对 "故意" "故意的" "故意地" "蓄意的" "蓄意地" 等用语的理解，应该没有争议，都将其理解为心理要件中的 "故意"。但也有学者认为，"恣意地" 属于《国际刑事法院规约》第 30 条所规定的 "另有规定" 的心理要件。

从一般意义上理解，"恣意地" 可以被理解为对行为的肆无忌惮，一般理解为行为人追求结果发生；同时也可能体现行为人对结果出现的毫不在意或者漠不关心。对结果的毫不在意可以解释为容忍结果的发生，依然属于故意。如果是对结果出现的漠不关心，则可能表明行为人对结果存在轻率的心理。轻率是英美法系刑法中规定行为成立犯罪的心理之一。所谓轻率，是指行为人预见到结果发生的可能性，在非正当化或不理性地接受这种结果发生的风险的心理。[1] 因此，按照英美刑法中关于轻率的定义，当一个人在武装冲突中，没有军事上的必要，非法和恣意地广泛破坏和侵占财产时，该行为人对非法和恣意破坏财产行为造成的财产损害结果，存在轻率的犯罪心理。而其中 "恣意地" 能否理解为超出故意或明知之外的心理？从《犯罪要件》对《国际刑事法院规约》第 8 条第 2 款第 1 项第 4 目的解释来看，行为人必须知道确定本行为所针对的财产受保护地位的事实，并且认识到破坏或侵占没有军事上的必要性，也必须知道据以确定存在武装冲突的事实情况。"恣意地" 和 "广泛地" 并列，甚至可以得出结论："恣意地" 属于对行为情状的描述，而不是作为对心理要件的规定。一方面，在国际武装冲突下，破坏和侵占受保护财产是一种危害行为，但并不能直接等同于战争犯罪行为，行为人必须对其行为在具备对财产受保护地位的事实存在认识，也认识到这种破坏或侵占该财产没有军事上的必要性，并且知道国际性武装冲突存在的事实，而实施了对受保护财产的破坏和侵占行为，那么实施这种破坏和侵占行为的心理要件内容就是 "故意"。从另一个方面来说，国际犯罪的心理要件中

---

① CMV Clarkson & HM Keating, Criminal Law, Fifth edition, Thomson Sweet&Maxwell, 2003, p. 145.

的"故意"区分为两个，一个是对行为的故意，一个是对结果的故意。而在具备对受保护财产的受保护地位、军事上不具备必要性和对武装冲突存在的事实有认识之后，广泛地和恣意地实施破坏或侵占行为，本身就已经成立犯罪，而不需要出现受保护的财产受到侵占或破坏的结果。在国际性武装冲突期间，对受保护财产广泛地、恣意地破坏或侵占，按照事态一般发展会产生受保护财产被破坏或被侵占的结果。因此，"恣意地"并不是用来说明行为人实施破坏或侵占行为时的心理，而是说明行为人实施破坏或侵占行为时的方式或情状。因此，仅仅从"恣意地"这个用语不能得出《国际刑事法院规约》的心理要件包括轻率的结论。

按照国际刑法的法律渊源来说，习惯国际刑法也是国际刑法的法律渊源。那么，《国际刑事法院规约》第30条的"另有规定"是仅仅指《国际刑事法院规约》的另有规定还是所有的国际刑法的另有规定？如果是前者，可以明确的是，《国际刑事法院规约》中没有规定故意和明知以外的心理要件。如果是后者，根据《国际刑事法院规约》第21条第1款的规定，国际刑事法院适用的国际刑法包括《国际刑事法院规约》《犯罪要件》外，视情况适用可予适用的条约即国际法原则和规则，包括武装冲突国际法规确定的原则。因此，《国际刑事法院规约》第30条规定的"另有规定"应该包括《国际刑事法院规约》《犯罪要件》和其他国际刑法渊源。例如，《犯罪要件》将灭绝种族罪中的强迫儿童转移和战争罪中的利用或征募儿童的行为人对"儿童"的认识的心理要件"明知"就解释为"知道或应当知道"。

综上所述，目前尚未发现在《国际刑事法院规约》《犯罪要件》中发现存在故意、明知之外的心理要件。

三、心理要件的推断

心理要件是存在于行为人内心的心理活动，难以客观认识，但是，依然可以通过相关事实和情节进行推断（《犯罪要件》"导言"第3条）。广义的通过相关事实和情节进行推断，可以适用于国际刑法中的所有心理要件的确定。然而，很多事实或情节本身就是行为人心理的外在表现，因此，不需要进行推断，而仅仅需要认定。对于"故意"心理要件中"有意从事行为"或"有意造成结果"本身就是一种表露心理的事实，不需要进行推断就能了解行为人的心理。对于"故意"或"明知"中的"事态的一般发展会产生某种结果"本身就是一种经验，也不需要进行额外的推断去确定行为人的心理。对于"明知"中的"已经知道"本身就是一种反映行为人心理的事实，不需要进行推理。反而是"明知"中的"应该知道"必须通过事实推定来确定。而这种推理，应该属于狭义的事实推定，即这种通过事实或情节推断犯罪行为的主观心理的方法所谓事实推定，是指将已经明确的事实或情节，结合社会的经验法则，按照逻辑进行推理得出行为人心理的一种方法。因此，事实推定有三个重要的组成部分：基础事实或情节、经验法则和逻辑推理。一般来说，这种事实推断常用于"应当知道"这个心理要件的推断。

例如，根据《国际刑事法院规约》第 28 条第 1 款第 1 项第 1 目的规定，军事指挥官或以军事指挥官身份有效行事的人对其有效指挥和控制下的部队实施的种族灭绝罪、危害人类罪、战争罪或侵略罪承担刑事责任。此处要求军事指挥官或以军事指挥官身份有效行事的人对部队实施的灭绝种族行为、危害人类行为、违反战争法或习惯战争法的行为或侵略行为应该有认识，即事实上的已经知道和规范上的应该知道。所谓事实上的已经知道，包括下级报告部队实施了有关犯罪行为的事实；包括作为指挥官通过指挥体系或组织架构已经获取了相关信息的事实。而这些事实都是有公文往来、有档案记载的，因此，属于客观事实。而"理应知道"（与"应当知道"或"应该知道"意思通用）则是从规范角度认定：军事指挥官或以军事指挥官身份有效行事的人对部队具有有效管辖和控制下；军队是一个纪律严明的组织，下级理应向上级报告即将进行的军事计划或正在进行的军事行动；即使下级不报告，军事指挥机关应该有能力主动掌握所有有效管辖和控制的下级的行动，特别是像灭绝种族、危害人类、违反战争法或习惯战争法、侵略行为这样的大规模的军事行动。综合以上事实，可以认定军事指挥官或以军事指挥官身份行事的人，理应对下级部队所实施的犯罪有认识，甚至可以说，不可能对下级部队所实施的犯罪行为没有认识。当然，作为事实推断，或者称之为事实推定，是可以从事实层面或逻辑推理层面进行抗辩。如果抗辩成立，则结论自然就不成立。例如，军事指挥官或以军事指挥官身份行事的人，只要能有证据证明自己对部队没有有效管辖和控制，则自然也就不存在对部队所实施的犯罪行为有认识的事实，即军事指挥官或以军事指挥官行事的人对部队的犯罪行为没有认识，不应为此承担刑事责任。

第六节　国际犯罪主体

一、国际犯罪主体的范围

国际刑学中的国际犯罪主体存在变化。"二战"后的《欧洲国际军事法庭宪章》第 10 条规定，如某一集团或组织被法庭宣布为犯罪组织，任何签字国的国家主管当局均有权将从属于某一此类犯罪组织的人员交付其国家法庭、军事法庭或占领区法庭提出诉讼。换言之，在纽伦堡审判中，欧洲国际军事法庭是承认个人和组织都是国际犯罪的主体。欧洲国际军事法庭确认德国政治领袖集团、秘密警察和保安勤务处、党卫队被宣布为犯罪组织。

但 1946 年 12 月 11 日联合国大会第 95（2）号决议通过的《纽伦堡原则》规定，从事构成国际法的犯罪行为的人承担个人责任，并因而应受惩罚。换言之，欧洲国际军事法庭确认国际犯罪的主体包括个人和组织。而《纽伦堡原则》则仅仅确认个人作为国际犯罪的主体。此后的前南问题国际刑庭、卢旺达国际法庭、国际刑事法院都将个人作为国际犯罪的主体，组织已经不再是国际犯罪的主体。

《国际刑事法院规约》第 25 条规定了个人刑事责任原则，即国际犯罪的主体是单个自然人，并且不管该个人所实施的属于单独的犯罪实行行为行为人，还是参与行为行为人；无论是完成形态行为行为人，还是未遂形态行为行为人都属于国际犯罪的主体，而不需要通过修正国际犯罪构成而获得国际犯罪主体身份。

其中，行为人的官方身份与国际犯罪主体无关。换言之，即使作为国家元首、政府首脑、政府成员或议会议员、选任代表或政府官员的官方身份，都不能作为排除行为人作为国际犯罪主体的理由。

军事指挥官或以军事指挥官身份行事的人，对其有效管辖和控制的下级行为作为国际犯罪主体承担刑事责任；其他上级人员对自己有效管辖或控制下的下级人员未能适当行使控制的犯罪行为作为国际犯罪主体承担刑事责任。

国际犯罪主体必须在行为时年满 18 周岁，这是关于国际犯罪主体年龄的规定。按照《国际刑事法院规约》第 31 条的规定，患有精神病或精神不健全，因为丧失判断其行为的不法性或性质的能力，或者控制其行为以符合法律规定的能力的人不负刑事责任；醉酒的人因而丧失判断其行为的不法性或性质的能力，或控制其行为以符合法律规定的能力，不能承担刑事责任；除非属于原因上自由行为，即该人在某种情况下有意识地进入醉态，明知自己进入醉态后，有可能从事构成本法院管辖权内的犯罪的行为，或者该人不顾可能发生这种情形的危险，应该承担刑事责任。"不负刑事责任"可以理解为成立犯罪，但不负刑事责任，也可以理解为不成立犯罪。按照内国刑法学理论，应该是理解为上述行为人的行为具有构成要件符合性和违法性，但不具备有责性，因此不构成犯罪。前一种理解显然是错误的。凡犯罪应该承担刑事责任，虽然刑事责任的实现方式包括免于刑事处罚。不受刑事处罚和不承担刑事责任显然不能等同。后一种理解符合内国刑法学理论。如果行为人的行为不构成国际犯罪，那么相应地，行为人也就不能成为国际犯罪的主体。

二、国际犯罪主体的争议问题

但从理论研究的角度需要对国际犯罪的主体问题进行探讨，就不能回避刑法学界争议历时已久的两个问题：第一个问题是将个人与法人作为国际犯罪主体是否违背国际法原理？另一个问题是国家是否国际犯罪主体？

（一）个人与法人能否成为国际犯罪主体？

需要解释的是，此处的个人仅指自然人；此处的法人概念是一个宽泛的概念，是指一切依照一定的结构组织起来的，为追求某种社会目的或行使某种职能的组织或机构。

我们认为，个人和法人成为国际犯罪的主体是符合国际法的。那种认为个人与法人作为国际犯罪主体就违背了国际法原理的观点的理由很简单：国际法的主体只能是主权国家，不包括个人和法人。这种观点忽视了国际刑法的"双重人格"，一方面国际刑法是主权国家通过一定形式制定的惩治国际犯罪的规范；另一方面制定国际刑法是为了国际社会能够广泛开展刑事事务国际法律合作，共同打击和预防国际犯罪。因为很多时候，仅仅依靠一个主权国家是不能胜任打击和预防国际犯罪的工作的。国际法也不仅仅是调整国家间关系的法律规范，同时主权国家间缔结的条约或协定也调整不同国家间个人或法人的利益。

国际刑法立法规定与国际刑事司法实践充分说明，个人、法人作为国际犯罪主体是有充分法理根据；在追究其刑事责任层面也是切实可行的。例如《禁止并惩治种族隔离罪行国际公约》第 1 条第 2 款规定："本公约缔约国宣布：凡是种族隔离罪行的组织、机构或个人即为犯罪。"《防止及惩治灭绝种族罪公约》第 4 条规定："凡犯灭绝种族罪或有第 3 条所列其他行为之一者，无论其为依宪法负责的统治者、公务员或私人，均应惩治之。"作为国际刑事司法实践典范的纽伦堡军事法庭的判决书也明确指出："有人主张：国际法涉及的是主权国家的行动，而并没有对于个人规定刑罚；其次，如果涉及的行为是国家的行为，那么，执行此种行为的人不负个人责任，而受到国家主权理论的保护。本法庭认为这些主张应予驳斥。违犯国际法的罪行是人作出来的，而不是由抽象的实体作出来的，也只有处罚犯有这样罪行的个人，国际法的规定才能执行。"① 这一判决肯定了个人应当成为国际犯罪的主体，也贯彻执行了纽伦堡国际军事法庭宪章的规定。该宪章规定，凡犯破坏和平罪、战争罪与反人类罪者，应负个人责任；不论是国家元首还是政府的负责官员，都不应当成为免除责任或减轻刑罚的理由。各国对战争罪犯和其他国际犯罪的审判也是将个人作为国际犯罪主体的，这也从事实上否定了哪种个人与法人不能成为国际犯罪主体的观点。

（二）国家能否成为国际犯罪的主体？

理论上国家也是一种组织或机构，只不过是一种特殊的组织或机构。形式逻辑上国家也能成为国际犯罪的主体。但问题不是这么简单。在一个国家由代表人民（国家）意志的机构制定的刑法典可以将组织和机构作为犯罪主体规定，但国家本身却不会成为犯罪主

---

① International Military Tribunal（Nuremberg）Judgement and Serterces American Journal of International Law, 41, 1947, p. 175.

体。法律规范中采用的是规范逻辑，而不是形式逻辑。不能用形式逻辑规律来推导法律的含义。再则，法律学是一门科学，注重规范研究；但法律在很大程度上是一种经验或艺术，注重其实践操作效果。实践操作效果不好的法律只能束之高阁，不能满足司法实践的需要。

国家能否成为国际犯罪的主体问题在学界和国际刑法立法活动中都存在截然不同的观点。

有学者从理论结合实际的角度对国家能否成为国际犯罪主体问题分析后，认为国家是可以成为并能够成为国际犯罪的主体的。首先，国家如同法人一样，具备国际犯罪的意识和实施国际犯罪的行为及其具有承担刑事责任的能力。至于国家自身的特点决定它不能适用徒刑与死刑，但不是说不能承担其他刑事责任的形式，对国家还可以适用罚金刑、没收财产刑，还可以采取强制占领、管制等强制措施。该论者认为不能既承认国家能实行国际犯罪行为，又不承认它是国际犯罪主体可以承担国际刑事责任，这是自相矛盾的。其次，从国际刑法规定看，有的也是包含国家是国际犯罪主体的规定的。例如，联合国国际法委员会1979年提出的《关于国家责任的条文草案》中，规定了国家如果严重违背维护国际和平与安全、维护各国人民的自决权利、保护人类和维护并保全人类环境四方面的国际义务，应该承担刑事责任。在联合国国际法委员会1951年讨论通过的《危害人类和平与安全治罪法草案》中，争论焦点是应否规定国家的刑事责任问题，中国站在广大的第三世界国家一边主张应规定国家的国际刑事责任。[1] 最后，该论者认为从国际刑事司法实践来看，也说明国家可以成为国际犯罪的主体。例如，第一次世界大战后设立的调查破坏战争规则罪行特别委员会曾在其作出的一项报告中指出："德国及其同盟国违反明确制定的规范以及不容争辩的惯例和人道主义的明显要求，犯下了无数的滔天罪行。""不论是俘虏、伤员、妇女或儿童都没有得到这伙作战国的饶恕。为了扑灭反抗，这些国家坚决地到处制造大量惨案。"[2] 有学者认为该报告认为这些国家犯下了罪行，表明了国家是国际犯罪的主体。第二次世界大战后，国际社会不仅审理、判处了战争犯罪分子，而且根据国际协定，对德国与日本国实行了军事占领与军事管制，由同盟国管制委员会在这些国家行使最高权力。这不仅是追究了政治责任，也是追究了国际刑事责任。[3]

另有学者认为："国家是国际法的主体，但是它不是国际犯罪的主体。正如纽伦堡国

① 中国国际法学会主编：《中国国际法年刊》（1984年），中国对外翻译出版公司1984年版，第338页。

② Commission on the Responsibility of the Authors of the War and on Enforcement of Penalties, Report Presented to the Preliminary Peace Conference, reprinted in American Journal of International Law, 14, 1920, p. 15.

③ 甘雨沛、高格：《国际刑法新体系》，北京大学出版社2000年版，第121~122页。

际军事法庭的判决书所指，国家是抽象的实体，作为抽象的实体的国家是没有意识的，根本不具备国际犯罪构成的要素，所以国家不能成为国际犯罪的主体"。"也因为国家是没有意识的，所以它在刑事方面也没有责任能力，无法负担刑事责任……因为负担刑事责任就要接受刑罚的制裁，而刑罚最主要的是徒刑和死刑。这两种刑罚对于抽象实体的国家则无法执行。显而易见，只有自然人（个人）能负担刑事责任，而国家是不能负担刑事责任的。……当然，国家是要对侵略战争负责任的，但是这种责任不是刑事责任，而是政治的责任（被占领和被管制）和赔偿损失的责任。由此可见，国家不是国际犯罪的主体。"①

我们认为，在现阶段，不应当将国家视为国际犯罪主体。首先，从国际刑法的实践层面讲，任何国际刑法规范都是由国家签订或批准的，难以想象主权国家还能容忍一个超越其国家主权的实体存在。其次，从国际刑法的法理层面讲，赔偿损失等能否作为刑事责任的实现形式是存在争议的。再次，从制度设计层面讲，国家应对哪些国际不法行为承担国际刑事责任，及对国家追究刑事责任的刑事诉讼程序、执行制度等问题，现阶段尚未取得圆满的解决。最后，从操作层面来讲，对于一项制度来说，其理性的设计不能确保其理性的运转。在国际风云变幻的今天，一旦在国际刑法中确认国家可以成为国际犯罪主体，恐怕超级大国或世界霸权主义者会以此为借口而随心所欲地武装干涉甚至颠覆其他国家。

第七节　国际犯罪的刑事责任

一、国际犯罪刑事责任的概念与特征

国际犯罪刑事责任，是指国际犯罪行为人对严重违背国际义务从而构成国际犯罪所引起的刑事法律后果的一种应有承担和国际社会对犯有国际罪行的行为人所作的最严厉的否定评价。国际犯罪刑事责任具有如下特征：

（1）国际犯罪刑事责任不是一般法律责任或国内犯罪刑事责任，而是因实施国际犯罪行为所引起的刑事责任。

（2）国际犯罪的刑事责任是行为人实施国际不法行为构成犯罪所引起的刑事法律后果的一种应有承担。国际犯罪行为人严重违背国际义务，构成国际犯罪引起的刑事法律后果是应该承担刑事责任。国际犯罪行为人应当承担的刑事责任，一般是通过给犯罪人以刑罚处罚的方式来实现，如不仅可以剥夺犯罪行为人的财产，还可以剥夺他的人身自由乃至于剥夺生命。

（3）国际犯罪的刑事责任是国际社会依照国际刑事法律规范，对犯有国际罪行的国际

① 林欣：《国际法中的刑事管辖权》，法律出版社1988年版，第150~151页。

犯罪行为人所作的道德、政治的否定评价。国际犯罪行为人构成国际犯罪,严重危害了国际社会的根本利益,应该受到国际社会政治上的否定评价与道德上的严厉谴责。而确定国际犯罪者的刑事责任才是一种否定的价值判断和道德谴责力量的表现。国际社会对国际犯罪者的道德、政治的否定评价与国际犯罪者承担国际犯罪的刑事法律后果这两方面是密切联系、相辅相成的,全面体现了国际犯罪刑事责任的含义,因此不能将这两方面孤立开来或对立起来。

(4)国际犯罪刑事责任的本质是国际犯罪者同国际社会之间的一种刑事法律关系,也就是刑事方面的权利义务关系。由主权国家组成的国际社会,有权为了维护国际社会的根本利益,通过直接模式或间接模式,侦查、起诉、审判追究国际犯罪者的刑事责任;同时国际社会也有义务依照法律规定来侦查、起诉、审判追究国际犯罪者的刑事责任,并且保护国际犯罪者的合法权益。与此相对应的,国际犯罪者有义务向国际社会及其有关刑事司法机构交代自己的罪行,接受其侦查、起诉、审判和制裁;同时也有权要求国际社会及其刑事司法机构按照法律规定来侦查、起诉、审判,确定并实现其应负的刑事责任,并且保护自己的合法利益不受非法侵犯。

二、国际犯罪刑事责任的实现形式

国际犯罪刑事责任的实现形式,是指国际社会确定了行为者的行为符合国际犯罪构成,明确了其国际犯罪行为的危害范围和程度及行为者人身危险性的大小后,强制行为者实际承担体现国际社会对其行为最严厉的谴责和否定评价的各种法律制裁方法。简言之,国际犯罪刑事责任的实现形式,也就是国际犯罪刑事责任外化为具体的法律制裁形式。我们认为国际犯罪刑事责任的实现形式与国际犯罪刑事责任的内容与本质是分不开的,国际刑事责任既然是国际社会对国际犯罪者的一种最严厉的谴责与否定评价以及国际犯罪者应当承担的法律后果,国际犯罪刑事责任的本质是国际社会刑事方面的权利与义务的关系,这种谴责、否定评价与法律后果的集中体现就是法律制裁,国际社会有权利运用这种法律制裁,国际犯罪者有义务接受这种法律制裁。这种对国际犯罪实施的法律制裁形式与国际刑法中实现刑事责任的方式是大体相同的,一般分为两种: 种是刑罚,另 种是非刑罚方法。

刑罚是刑事责任的主要实现形式,因为刑罚与刑事责任有密切关系,刑事责任的存在决定刑罚的存在,刑事责任的大小决定刑罚的轻重,刑罚又是刑事责任的主要体现与犯罪的法律后果。但是刑罚又不是刑事责任的唯一体现,刑事责任还可以通过一些非刑罚方法来体现,例如,通过道歉、赔偿等非刑罚的国际制裁方法。

三、国际刑法的执行模式

国际刑法的执行是国际刑法的重要构成内容，同时又影响和制约着国际刑法的发展方向。国际刑法有两种公认的执行模式：间接执行模式和直接执行模式。目前国际社会通常适用的是间接执行模式，由于它存在难以克服的缺陷，国际社会一直在努力探索创建国际刑法的直接执行模式。但是这种探索之途却充满了荆棘与坎坷。①

（一）间接执行模式及其缺陷

所谓间接执行模式是指国际社会通过多边国际公约规定国际犯罪，并由该公约缔约国的国内系统来实施国际刑法和进行国际制裁。具体而言，国际社会通过订立国际公约的方式，将国际犯罪文字化、公约化、规范化，同时规定受该公约约束的缔约国负有按其国内刑法对公约所规定的国际犯罪起诉的义务，或者接受罪犯引渡要求国的请求，把罪犯引渡给引渡要求国，达到审判和惩治罪犯的目的，即按照国际刑法的"或起诉或引渡"原则，防范罪犯逃避国际社会的法律制裁。

间接执行模式是以不存在国际刑事审判机构，也无统一的国际刑法典的前提下，由各国国内司法系统去完成对国际犯罪的审判与制裁的。因此，间接执行模式符合国家主权原则。由于国际社会通过多边国际公约不干涉和侵犯缔约国或成员国国家主权，易于各国接受，因而对世界大多数国家均具有约束力，也方便各国按照条约开展国际刑事司法协助工作。但是正如有些学者指出的那样，间接执行模式有着难以克服的缺陷：（1）把按条约义务制裁国际犯罪的全部责任赋予各缔约国，而各缔约国执行起来差异性大，对各国遵守条约义务无法规定权威性的监督；（2）没有为各国相互间发生的冲突提供解决办法，而由于各国利益不同，政治、法律制度不同，这种冲突是经常发生的；（3）无法规定被告在国际刑事诉讼中的地位和权利及其保证实施的措施；（4）没有统一的拟定各种具体规范的标准和规则，也没有适用于某种违法行为的统一标准和一般规则；（5）没有国际犯罪对策，使之缺乏预防性；（6）没有一套完整的保证这些规范执行的机构所应遵守的制度；（7）这种规范模式的适用和执行是不稳定的，易受国内政治因素的影响。②

（二）直接执行模式及其面临的问题

正因为国际刑法的间接执行模式本身之弊端，国际社会一直在试图创建一种直接执行模式。所谓直接执行模式是指在超越国家之上，制定一部全球通用的，对各国具有强制约

---

① 2002年国际刑事法院的设立，并不意味着这种探索取得了成功。因为还有许多悬而未决的理论问题和操作问题存在。这些问题的存在对国际刑事法院这种直接执行模式的存续和发展是一种严峻的考验。

② 刘亚平：《国际刑法与国际犯罪》，群众出版社1986年版，第37页；黄肇炯：《国际刑法概论》，四川大学出版社1992年版，第45页。

束力的国际刑法典，并由一个超越国家之上的统一的执行机构——常设国际刑事法院来执行国际刑法典。具体而言，直接执行模式不再适用间接执行模式所适用的"或起诉或引渡"原则，经过国内司法系统对国际犯罪者进行审判与惩罚，而是直接由常设国际刑事法院适用国际刑法典来认定国际犯罪、裁量刑罚。

直接执行模式主要依赖于建立一种新的国际机制，使国际刑法的有关内容不必通过其他国家的法律体系来得到直接的实施。有学者将此种模式称为"国际法庭管理模式"①，也有学者将此种模式称为国际刑法的"直接适用模式"。②这种机制的确定要求建立一些国际上的机构，包括国际刑事调查的机构、国际刑事起诉的机构及国际刑事审判的机构等。这主要是因为现在世界各国相互共存、相互依赖的关系日益密切，国际社会本位观念大大提升，它要求国家主权的合理让渡和必要淡化，任何国家和个人在行使权力或私权时，都必须考虑整个国际社会的共同利益。③ 而国际犯罪具有严重的国际社会危害性，危及国际社会的生存与发展，为了有效地惩治和预防国际犯罪，需要各国将主权的一部分（表现为刑事管辖权）让渡给统一的国际刑事审判机构。但是现阶段时机尚未完全成熟。迄今为止，追究国际犯罪行为人的刑事责任的国际法庭管辖模式主要表现为两种形式：

（1）第二次世界大战结束后，在纽伦堡建立的欧洲国际军事法庭和在东京建立的远东国际军事法庭。这种形式的国际法庭享有独立的逮捕、调查、起诉、裁决、处罚有关犯罪人的权利，而这些权利的行使不必通过一个国家的法律体系来实现。

（2）1993 年 5 月联合国安理会通过第 827 号决议，成立了"起诉应对 1991 年以来在前南斯拉夫境内所犯的严重违反国际人道法行为负责的人的国际法庭"（简称"前南国际法庭"）。1994 年 11 月，联合国安理会又通过第 955 号决议，成立了"起诉在 1994 年期间在卢旺达境内或卢旺达国民在邻国所犯灭绝种族和其他严重违反国际人道法行为的人的国际法庭"（简称"卢旺达国际法庭"）。虽然两个法庭的规约都规定，国际法庭和国内法庭对犯有严重国际人道法行为的人有并行刑事管辖权，但国际法庭应优先于国内法庭，在诉讼程序的任何阶段，国际法庭可根据其法庭规约及《国际法庭诉讼程序和证据规则》正式要求国内法庭服从国际法庭的管辖，④ 但是，这两个国际法庭的管辖范围相当窄，例如，前南国际法庭的任务是起诉应对 1991 年以来在前南斯拉夫境内所犯的严重违反国际

---

①　黄芳：《论实现国际犯罪刑事责任的途径和方式》，载单长宗等主编：《新刑法研究与适用》，人民法院出版社 2000 年版，第 897 页。

②　张智辉：《国际刑法通论》（增补本），中国政法大学出版社 1999 年版，第 252 页。

③　唐雪莲：《国际环境犯罪研究》，载陈兴良主编：《刑事法评论》（第 2 卷），中国政法大学出版社 1998 年版，第 626 页。

④　朱文奇：《国际人道法概论》，台湾建宏出版社 1997 年版，第 85 页。

人道法行为负责的人。也就是说，如果即使是严重违反国际人道法的行为，但只要是发生在 1991 年以前，或发生在前南斯拉夫领土以外，那"前南国际法庭"对此就没有管辖权。同样，卢旺达法庭也只是对在 1994 年发生在卢旺达境内，或卢旺达公民在邻国所犯的严重违反国际人道法的行为具有管辖权①。

值得注意的是，现在已经建立了一种常设性的国际刑事审判机构——国际刑事法院。根据《国际刑事法院规约》设立的国际刑事法院对国内刑事管辖权起补充作用，国际刑事法院的管辖权限于整个国际社会关注的最严重犯罪。根据《国际刑事法院规约》规定，国际刑事法院对下列犯罪具有管辖权：灭绝种族罪、危害人类罪、战争罪、侵略罪。作为一种补充性的国际刑事司法机构，根据《国际刑事法院规约》第 12 条的规定，国际刑事法院行使管辖权的先决条件包括：第一，一国成为《国际刑事法院规约》的缔约国，即接受国际刑事法院对上述犯罪的管辖权。第二，对于第 13 条第 1 项或第 3 (1) 项的情况，如果下列一个或多个国家是《国际刑事法院规约》缔约国或依照第 3 款接受了国际刑事法院管辖权，国际刑事法院即可以行使管辖权：(1) 有关行为在其境内发生的国家；如果犯罪发生在船舶或飞行器上，该船舶或飞行器的注册国；(2) 犯罪被告人的国籍国。第三，如果根据第 13 条第 2 款的规定，需要得到一个非本规约缔约国的国家接受国际刑事法院的管辖权，该国可以向书记官长提交声明，接受国际刑事法院对有关犯罪行使管辖权。该接受国应不拖延并无例外地与国际刑事法院合作。关于国际刑事法院的管辖权的启动，根据《国际刑事法院规约》第 13 条的规定，有以下三种方式：国家缔约方的指控、安理会提起的情势和检察官的指控。

可见，上述几种形式虽然都属于直接执行模式，但各有区别。从目前的情况看，只有在下列两种情况下，国家的刑事司法管辖权才能移转到国际刑事法庭：第一种情况是，国家的司法系统已经瘫痪了，无法正常行使司法管辖权，例如，柬埔寨、索马里、前南斯拉夫、卢旺达内部冲突结束之后出现的情况。第二种情况是，一个具体国家的司法系统不愿意或被人们认为不可能很好地来行使对案件的司法管辖权，在这种情况下，国际刑事法院的检察官必须首先要与该国的首席检察官或检察长接触，确认该国的司法系统确实是不愿意行使起诉或审判的权利或其行使是不能让人们信任的。一旦国际刑事法院已经受理了一个案件，它在审理过程中，必须与有关国家的司法系统密切合作，它不能作为一个超越主权国家的司法机构而存在，也不能够在审理的过程中完全独立于有关国家的司法系统。如果国际刑事法院需要从某一个具体相关的国家获取证据，它应该向有关国家的司法机构要求法律协助。

---

① 朱文奇：《国际人道法概论》，台湾建宏出版社 1997 年版，第 85 页。

从上面两种情况来看，要通过国际法庭管辖模式来实现国际犯罪的刑事责任，还存在许多难以逾越的困难：一是国际法庭的管辖权如何与国家的主权协调的问题；二是如何提高打击国际犯罪的效率问题等。此外，现在国际社会虽然正在为建立国际刑事法院而不断努力，但国际刑事法院的管辖范围也仅仅是为数甚少的几种国际犯罪，从这个意义上讲，间接执行模式有其天然的优势。

第八节 国际刑事法院

一、创建国际刑事法院的历史

1474 年第一个国际性的军事审判庭设立于德国 Breisach，由 28 名法官组成的神圣罗马帝国的法庭审判皮特·冯·哈根布斯。他因作为军事指挥官在执行军事占领行为和残酷对待城市非战争人员而被指控违反教会法和人道法。但直到第一次世界大战结束，才有国际组织确立国际犯罪应负责任的原则。《凡尔赛和约》第 227 条规定将德皇威廉二世交付一个特别国际法庭以起诉他违反国际道德和条约的神圣性；第 228 条同时要求德国将任何犯了战争罪的人移交给同盟国，以便由特别法庭进行审判。但是德皇由于荷兰给予的庇护权和同盟国之间的政治分歧而没有受到审判。由于同盟国的放弃致使拟议中的国际刑事审判流产，而同盟国授权德国设立在莱比锡的最高法院来审理其他战争罪犯，仅有一部分人受到了审判。

早在 20 世纪初，便有国际法学者提出建立国际刑事法院，以便通过超越国家之上的、公正无私的国际司法机构追究国际犯罪者的刑事责任，从而规范国家的行为，使国际社会摆脱大国政治、强权即公理的行为逻辑，逐步实现国际社会的真正法治。1919 年至 1937 年间，国联没有采取任何设立国际刑事法院的努力。1937 年国联通过了反恐公约，其附加议定书中包含成立一个国际刑事法院的法规。但由于没有足够的国家批准（只有印度一个国家批准）而未生效。1937 年后，国联实际上已经名存实亡了。

第二次世界大战后，根据 1945 年 8 月 8 日《伦敦宪章》的规定，同盟国设立国际军事法庭来起诉和惩罚欧洲轴心国主要战争罪犯，其后，在 1946 年 1 月 19 日设立远东国际军事法庭来起诉日本战犯。

1993 年 5 月联合国安理会通过第 827 号决议，成立了"起诉应对 1991 年以来在前南斯拉夫境内所犯的严重违反国际人道法行为负责的人的国际法庭"（简称"前南国际法庭"）。1994 年 11 月，联合国安理会又通过第 955 号决议，成立了"起诉在 1994 年期间在卢旺达境内或卢旺达国民在邻国所犯灭绝种族和其他严重违反国际人道法行为的人的国际法庭"（简称"卢旺达国际法庭"）。

1989 年第 44 届联大决定邀请国际法委员会对设立特设委员会和筹备委员会讨论国际刑事法院规约草案，并决定于 1998 年 6 月在罗马召开外交大会以便通过规约。罗马大会于 1998 年 7 月 17 日以投票表决的形式通过了《国际刑事法院规约》。

2002 年 7 月 1 日，国际刑事法院正式成立。

二、《国际刑事法院规约》内容之争

在荷兰海牙设立常设的国际刑事法院，对受到国际关注的最严重犯罪对个人行使其管辖权，并对国家刑事管辖权起补充作用。但《国际刑事法院规约》从被讨论之时起，就饱受批评。因为其中的部分内容，如在国际刑事法院的管辖权机制、罪行定义和检察官的自行调查权等一些重大问题上分歧较大。《国际刑事法院公约》没有得到中国和美国等国家的支持。

曾参加建立国际刑事法院罗马外交会议的中国代表团团长、外交部部长助理王光亚阐述了中国对《国际刑事法院规约》投反对票的原因：

第一，中国代表团不能接受规约所规定的国际刑事法院的普遍管辖权。规约规定的这种管辖权不是以国家自愿接受法院管辖为基础，而是在不经国家同意的情况下对非缔约国的义务作出规定，违背了国家主权原则，不符合《维也纳条约法公约》的规定。

第二，中国代表团对将国内武装冲突中的战争罪纳入法院的普遍管辖具有严重保留。首先，中国代表团认为，法制健全的国家有能力惩处国内武装冲突中的战争罪，在惩治这类犯罪方面比国际刑事法院占有明显的优势；其次，目前规约有关国内武装冲突中的战争罪的定义，超出了习惯国际法，甚至超出了《日内瓦公约第二附加议定书》的规定。鉴于此，中国一直主张，国家应有权选择接受法院对这一罪行的管辖。目前规约的有关规定虽对选择接受管辖作出了临时安排，但却从原则上否定这一接受管辖的方式，将会使许多国家对法院望而却步。

第三，中国代表团对规约中有关安理会作用的规定持保留意见。侵略罪是一种国家行为，且尚没有法律上的定义，为防止政治上的滥诉，在具体追究个人刑事责任之前由安理会首先判定是否存在侵略行为是必要的，也是基于《联合国宪章》第 39 条的规定。但《国际刑事法院规约》没有对此作出十分明确的规定。另外，《国际刑事法院规约》对安理会为维持国际和平与安全履行职能而要求法院中止运作，规定了 12 个月的期限。这明显不利于安理会履行《联合国宪章》所赋予的职能。

第四，中国代表团对检察官自行调查权有严重保留。规约所规定的检察官自行调查不仅赋予个人、非政府组织、各种机构指控国家公务员和军人的权利，同时也使检察官或法

院因权力过大而可能成为干涉国家内政的工具。此外，检察官的自行调查权不仅会使法院面临来自个人或非政府组织过多的指控，无法使其集中人力或物力来对付国际上最严重的犯罪，同时也会使检察官面对大量指控而需不断作出是否调查与起诉的政治决策，不得不置身于政治的漩涡，从而根本无法做到真正的独立与公正。

第五，中国代表团对反人类罪的定义持保留立场。中国政府认为，根据习惯国际法，反人类罪应发生在战时或与战时有关的非常时期。从目前已有的成文法来看，《纽伦堡宪章》《前南国际法庭规约》均明确规定，此罪适用于战时。但《国际刑事法院规约》在反人类罪定义中删去了"战时"这一重要标准。此外，在反人类罪具体犯罪行为的列举上，远远超过了习惯国际法和现有的成文法。许多列举的行为实际是人权法的内容。中国代表团认为，国际社会要建立的不是人权法院，而是惩治国际上最严重犯罪的刑事法院。增加人权的内容，背离了建立国际刑事法院的真正目的。

美国不能接受规约的主要原因：

第一，《国际刑事法院规约》一旦生效，它所建立的法院的管辖权将延及该条约的非缔约国以及该国的国民。根据这项规定，即使美国不签署、批准条约，美国军队在海外的活动，包括参加维和行动的士兵都有可能面临法院的起诉，甚至法院也可以禁止美国军队在国际范围内活动和从事维和使命。而在这之前，从来没有一个条约强加于非缔约国。国家是国际社会的基本单位，国际法上从未有条约试图强加于非缔约国。即使在联合国，由于每个国家都签署了宪章，即使根据宪章设立的安理会的活动常常同个别国家的意见相左，但是它们也要遵守《联合国宪章》。总之，美国认为这不仅违反了条约法的最基本原则，而且将阻止美国履行同盟的义务，参加多国维和活动，这是不能接受的。

第二，在接受法院管辖之前，《国际刑事法院规约》没能给予国家考察法院实践的机会。美国希望有十年的时间对战争罪和反人类罪选择接受法院的管辖，这样有利于美国接受灭种罪的自动管辖，也有利于更多国家接受规约，同时可使有国际维和责任和安全义务的国家有机会看到法院的运作。并认为《国际刑事法院规约》第124条所确立的双重标准，使非缔约国有可能成为法院管辖的对象的规定，这是《国际刑事法院规约》内在不足的体现，也表明草率的决断必定产生有缺陷的文件。

第三，《国际刑事法院规约》规定，即使没有缔约国的要求，法院的检察官也可以进行调查，这样法院将充斥来自各组织的人们的控告，面临琐碎的、政治上的指控，使法院变成人权法院，从而限制了法院调查最严重犯罪的能力。

中美两国对《罗马规约》的戒备，折射了刑法学家和外交官们对法律解读的"背景"和"目的"的迥异。

三、国际刑事法院的组织结构

(一) 机关

国际刑事法院由院长会议、分庭(上诉庭、审判庭和预审庭)检察官办公室和书记官处四个职能机关组成。

1. 院长会议

院长和第一、第二副院长由法官绝对多数选出,各人任期三年,或者直至其法官任期届满为止,并以较早到期者为准。他们可以连选一次。

院长不在或者回避时,由第一副院长代行院长职务。院长和第一副院长都不在或者回避时,由第二副院长代行院长职务。

院长会议由院长和第一、第二副院长组成,管理国际刑事法院除检察官办公室以外的工作;履行依照本规约赋予院长会议的其他职能。当院长会议履行管理除检察官办公室以外的工作职能时,应就一切共同关注的事项与检察官进行协调,寻求一致意见。

2. 分庭

全体法官应经选举产生。国际刑事法院法官应选择品格高尚、清正廉明,具有本国最高司法职位的任命资格的人。

参加国际刑事法院选举的每一候选人应在刑法和刑事诉讼领域具有公认能力,并因曾担任法官、检察官、律师或其他同类职务,而具有刑事诉讼方面的必要相关经验;或在相关的国际法领域,例如国际人道法和人权法等领域,具有公认能力,并且具有与国际刑事法院司法工作相关的丰富的法律专业经验的资格。凡参加国际刑事法院选举的每一候选人应精通并能流畅使用至少一种国际刑事法院的工作语言①。

缔约国均可以提名候选人参加国际刑事法院的选举。提名根据下列程序之一进行:

(1) 有关国家最高司法职位候选人的提名程序;或

(2)《国际法院规约》规定的国际法院法官候选人的提名程序。

缔约国提名时应附必要的详细资料,说明候选人的资格符合上述要求。

每一缔约国可以为任何一次选举提名候选人一人,该候选人不必为该国国民,但必须为缔约国国民。

缔约国大会可以酌情决定成立提名咨询委员会,该委员会的组成和职权由缔约国大会确定。

为了选举的目的,拟定两份候选人名单:

---

① 根据《罗马规约》第50条规定,国际刑事法院的正式语言为阿拉伯文、中文、英文、法文和西班牙文。国际刑事法院的工作语言为英文和法文。

名单 A 所列候选人须在刑法和刑事诉讼领域具有公认能力，并因曾担任法官、检察官、律师或其他同类职务，而具有刑事诉讼方面的必要相关经验的资格。

名单 B 所列候选人须具有在相关的国际法领域，例如国际人道法和人权法等领域，具有公认能力，并且具有与国际刑事法院司法工作相关的丰富的法律专业经验的资格。

当候选人具备充分资格，如果足以同时列入上述两份名单，可以选择列入任何一份名单。国际刑事法院的第一次选举，应从名单 A 中选出至少九名法官，从名单 B 中选出至少五名法官。其后的选举应适当安排，使有资格列入上述两份名单的法官在国际刑事法院中保持相当的比例。

在为选举召开的缔约国大会会议上，以无记名投票选举法官。得到出席并参加表决的缔约国三分之二多数票的十八名票数最高的候选人，当选为国际刑事法院法官。

第一轮投票没有选出足够数目的法官时，依照上述规定的程序连续进行投票，直至补足余缺为止。

不得有两名法官为同一国家的国民。就充任国际刑事法院法官而言，可视为一个国家以上国民的人，不应被视为其通常行使公民及政治权利所在国家的国民。

缔约国在推选法官时，应考虑到国际刑事法院法官的组成需具有世界各主要法系的代表性、公平地域代表性和适当数目的男女法官。缔约国还应考虑到必须包括对具体问题，如对妇女的暴力或对儿童的暴力等问题具有专门知识的法官。

法官任期九年，并不得连选。但第一次选举时，在当选的法官中，应抽签决定，三分之一任期三年，三分之一任期六年，其余任期九年。根据抽签决定，任期三年的法官，可以连选连任一次，任期九年。

在法官职位的出缺时，应依照上述进行选举，以补出缺。当选补缺的法官应完成其前任的剩余任期，剩余任期三年或不满三年的，可以连选连任一次，任期九年。

国际刑事法院应在选举法官后，组建上诉庭、审判庭和预审庭三个庭。上诉庭由院长和四名其他法官组成；审判庭由至少六名法官组成；预审庭也应由至少六名法官组成。审判庭和预审庭应主要由具有刑事审判经验的法官组成。

国际刑事法院的司法职能由各庭的分庭履行。上诉分庭由上诉庭全体法官组成；也就是说，上诉庭实际上没有设立分庭。审判分庭的职能由审判庭三名法官履行；预审分庭的职能由预审庭的三名法官履行或由该庭的一名法官单独履行。为有效处理法院的工作，国际刑事法院在必要时同时组成多个审判分庭或预审分庭。

担任国际刑事法院的全时专职法官，并应能够自任期开始时全时任职。组成院长会议的法官一经当选，即应全时任职。

被指派到审判庭或预审庭的法官在各庭的任期三年，或在有关法庭已开始某一案件的听讯时，留任至案件审结为止。

被指派到上诉庭的法官，任期内应一直在该庭任职。被指派到上诉庭的法官，只应在上诉庭任职。但不排除审判庭和预审庭之间，在院长会议认为必要的时候，互相暂时借调法官，以有效处理国际刑事法院的工作，但参与某一案件的预审阶段的法官，无论如何不得在审判分庭参与审理同一案件。

一般情况下，国际刑事法院应有 18 名法官。但院长会议可以代表国际刑事法院，提议增加法官人数，并说明其认为这一提议有必要和适当的理由。书记官长将这种提案分送所有缔约国。这种提案在召开的缔约国大会会议上审议。提案如果在会议上得到缔约国大会成员三分之二多数赞成，即应视为通过，并应自缔约国大会决定的日期生效。增加法官人数的提案获得通过后，在下一届缔约国大会上增选法官。

增加法官人数的提案获得通过并予以实施后，院长会议在以后的任何时候，可以根据国际刑事法院的工作量提议减少法官人数，但法官人数不得减至 18 人以下。提案应依照规定的程序处理。如果提案获得通过，法官的人数应随着在职法官的任期届满而逐步减少，直至达到所需的人数为止。

法官应独立履行职责。法官不得从事任何可能妨碍其司法职责，或者使其独立性受到怀疑的活动。在国际刑事法院所在地全时任职的法官不得从事任何其他专业性职业。

院长会议可以依照《程序和证据规则》，根据某一法官的请求，准其不履行本规约规定的某项职责。

法官不得参加审理其公正性可能因任何理由而受到合理怀疑的案件。此外，如果法官过去曾以任何身份参与国际刑事法院审理中的某一案件，或在国家一级参与涉及被调查或被起诉的人的相关刑事案件，该法官应依照本条款规定，回避该案件的审理。法官也应当因《程序和证据规则》规定的其他理由而回避案件的审理。同时检察官或被调查或被起诉的人可以依照规定要求法官回避。关于法官回避的任何问题，应当由法官绝对多数决定。受到质疑的法官有权就该事项作出评论，但不得参与作出决定。

3. 检察官办公室

检察官办公室应作为国际刑事法院的一个单独机关独立行事，负责接受和审查提交的情势以及关于该法院管辖权内的犯罪的任何有事实根据的资料，进行调查并在国际刑事法院进行起诉。检察官办公室成员不得寻求任何外来指示，或按任何外来指示行事。

检察官办公室由检察官领导。检察官全权负责检察官办公室，包括办公室工作人员、设施及其他资源的管理和行政事务。检察官应有一名或多名副检察官协助，副检察官有权采取本规约规定的检察官应采取的任何行动。检察官和副检察官的国籍应当不同，他们应全时任职。

检察官和副检察官应为品格高尚且在刑事案件的起诉或审判方面具有卓越能力和丰富实际经验的人。他们应精通并能流畅使用至少一种国际刑事法院的工作语言。

检察官应由缔约国大会成员进行无记名投票，以绝对多数选出。副检察官应以同样方式，从检察官提出的候选人名单中选出。检察官应为每一个待补的副检察官职位提名三名候选人。除非选举时另行确定较短任期，检察官和副检察官任期九年，不得连选连任。

检察官和副检察官不得从事任何可能妨碍其检察职责，或者使其独立性受到怀疑的活动，也不得从事任何其他专业性职业。

检察官或副检察官可以向院长会议提出请求，准其不参与处理某一案件。

检察官和副检察官不得参加处理其公正性可能因任何理由而受到合理怀疑的事项。除其他外，过去曾以任何身份参与国际刑事法院审理中的某一案件，或在国家一级参与涉及被调查或被起诉的人的相关刑事案件的检察官和副检察官，应当该依照本条款规定，回避该案件的处理。

检察官或副检察官的回避问题，应当由上诉分庭决定。

检察官应任命若干对具体问题，如性暴力、性别暴力和对儿童的暴力等问题具有法律专门知识的顾问。

4. 书记官处

在不妨碍检察官职责和权力的情况下，书记官处负责国际刑事法院非司法方面的行政管理和服务。书记官长为国际刑事法院主要行政官员，领导书记官处的工作。书记官长在国际刑事法院院长的权力下行事。

书记官长和副书记官长应为品格高尚、能力卓越的人，且精通并能流畅使用至少一种国际刑事法院的工作语文。

法官应参考缔约国大会的任何建议，进行无记名投票，以绝对多数选出书记官长。在必要的时候，经书记官长建议，法官得以同样方式选出副书记官长一名。

书记官长任期五年，可以连选一次，并应全时任职。副书记官长任期五年，或可能由法官绝对多数另行决定的较短任期。可以按在需要时到任服务的条件选举副书记官长。

书记官长应在书记官处内成立被害人和证人股。该股应与检察官办公室协商，为证人、出庭作证的被害人，以及由于这些证人作证而面临危险的其他人提供保护办法和安全措施、辅导咨询和其他适当援助。该股应有专于精神创伤，包括与性暴力犯罪有关的精神创伤方面的专业工作人员。

5. 工作人员

检察官和书记官长应视需要，任命其处、室的合格工作人员。就检察官而言，这包括调查员的任命。

检察官和书记官长在雇用工作人员时，应确保效率、才干和忠诚达到最高标准，并应适当顾及世界法系的代表性、公平地域性和适当数目的男女法官和其他专门知识的标准。

书记官长应在院长会议和检察官同意下，拟定《工作人员条例》，规定国际刑事法院工作人员的任用、薪酬和解雇等条件。

在特殊情况下，国际刑事法院可以利用缔约国、政府间组织或非政府组织免费提供的人员的专门知识，协助国际刑事法院任何机关的工作。检察官可以接受向检察官办公室提供的这些协助，但应依照缔约国大会制定的准则任用免费提供的人员。

四、国际刑事法院的管辖权机制

饱受国际社会批评的国际刑事法院的强制管辖机制，实际上是国际法中的条约相对效力原则和刑法效力的遍在地原则的冲突。

（一）条约相对效力原则与遍在地原则的冲突

根据国际惯例和各国缔约实践，条约在原则上只对缔约国有约束力，不对第三国创设权利和义务。这一国际法习惯规则被称为"条约相对效力"原则。该原则得到了国际社会的公认和普遍遵循。正如著名国际法学者安齐洛蒂所指出的："很少国际法原则像它一样确定和得到普遍承认。"① 《维也纳条约法公约》将该原则法典化。该公约第 34 条规定："条约非经第三国同意，不为该国创设义务或权利。"该公约第 35 条规定："如条约当事国有意以条约之一项规定作为确立一项义务之方法，且该项义务经一第三国以书面明示接受，则该第三国即因此项规定而负有义务。"该公约第 36 条第 1 款规定："如条约当事国有意以条约之一项规定对一第三国或其所属一组国家或所有国家给予一项权利，而该第三国对此表示同意，则该第三国即因此项规定而享有该项权利。该第三国倘无相反之表示，应推定其表示同意，但条约另有规定者不在此限。""条约相对效力"原则已经成为有法律效力的国际法原则。因而有学者认为《国际刑事法院规约》对"条约相对效力原则"的违反主要体现在"第 12 条、第 121 条、第 124 条等条款之中"②。

有趣的是，我们可以发现凡是对《国际刑事法院规约》第 12 条提出批评的基本上是国际法学者或者外交官等。因为上述批评者都没有从刑事法的角度来理解该规约的规定。我们甚至可以推测，《国际刑事法院规约》是由刑事法学者推动和起草的，但却由外交官审批，由国际法学者评论。从刑法理论研究的角度看，《国际刑事法院规约》第 12 条的规定只是刑法的适用效力中的遍在地原则的体现。

在讨论遍在地原则时，我们不能不提到刑法效力的基本原则：属地原则、属人原则、

---

① 转引自李浩培：《条约法概论》，法律出版社 1987 年版，第 475 页。
② 徐杰：《〈国际刑事法院规约〉与条约相对效力原则》，载《法学评论》1999 年第 2 期。

保护原则、普遍原则和代理审判原则等。其中属地原则是指凡是犯罪行为发生在一国领域或在该国登记的船舶或航空器内的，可以适用该国刑法。而犯罪地又可以分为行为地和结果地。有的国家刑法规定，凡是犯罪行为发生在该国领域或在该国登记的船舶或航空器内的，适用该国刑法，此谓犯罪行为地原则。也有的国家规定，凡是犯罪的结果发生在该国领域或在该国登记的船舶或航空器内的，适用该国刑法，此谓之犯罪结果地原则。而大多数国家刑法规定，凡是犯罪的行为或结果有一项发生在该国领域或在该国登记的船舶或航空器内的，适用该国刑法。这就是遍在地原则。

《国际刑事法院规约》第 12 条规定了国际刑事法院行使管辖权的先决条件：

（1）一国成为本规约缔约国，即接受国际刑事法院对第 5 条所述犯罪的管辖权。

（2）对于第 13 条第 1 项或第 3 项的情况，如果下列一个或多个国家是《国际刑事法院规约》缔约国或依照第 3 款接受了国际刑事法院管辖权，国际刑事法院即可以行使管辖权：

① 有关行为在其境内发生的国家；如果犯罪发生在船舶或飞行器上，该船舶或飞行器的注册国；

② 犯罪被告人的国籍国。

（3）如果根据第 2 款的规定，需要得到一个非本规约缔约国的国家接受国际刑事法院的管辖权，该国可以向书记官长提交声明，接受国际刑事法院对有关犯罪行使管辖权。该接受国应依照《国际刑事法院规约》第九编规定，不拖延并无例外地与国际刑事法院合作。

当犯罪发生在一个缔约国领域或在该国登记的船舶或航空器内，即使该犯罪涉及的其他国家不是该规约的缔约国，那么，根据遍在地原则的精神，该缔约国的刑法可以适用于该犯罪。由于该国已经是《国际刑事法院规约》的缔约国，当该国已经将追诉该犯罪的管辖权让渡给国际刑事法院的情况下，即使该犯罪的相对国不是《国际刑事法院规约》缔约国，或没有同意国际刑事法院管辖，国际刑事法院当然有权行使管辖权。这就是《国际刑事法院规约》第 12 条规定的法理根据。

《国际刑事法院规约》第 121 条对修正案的适用问题的规定也是因为遍在地原则使得"条约相对效力原则"受到冲击。根据《国际刑事法院规约》第 121 条的规定，缔约国未接受该修正案的，国际刑事法院对该缔约国国民实施的或在其境内实施的修正案所述犯罪，不得行使管辖权。第 121 条同时规定，如果缔约国接受修正案后，修正案所规定的犯罪所涉及的相对国不是缔约国的，该犯罪同样受国际刑事法院管辖。

第 124 条规定了国际刑事法院对战争罪的过渡性条款。即虽有第 12 条第 1 款和第 2 款规定，一国成为本规约缔约国时可以声明，在本规约对该国生效后七年内，如果其国民被指控实施一项犯罪，或者有人被指控在其境内实施一项犯罪，该国不接受国际刑事法院对第 8 条（战争罪）所述一类犯罪的管辖权。根据该条作出的声明可以随时撤回。

第 124 条的规定很容易引起歧义，即对缔约国可以有条件地不适用管辖权；而对非缔约国却没有迟疑的适用管辖权。但实质就是刑法遍在地原则在国际刑法法院对国际犯罪的管辖权上的体现。同时，这也体现了国际社会急于解决国际刑事责任的间接执行模式的弊端，并为了促进国际间在打击受到国际社会关注的最严重犯罪的合作和预防该类犯罪的努力。

（二）管辖补充性原则

有管辖权并不意味着国际刑事法院就一定能行使该管辖权，因为国际刑事法院的管辖权是具有补充性的。《罗马规约》序言第十段开宗明义规定："强调根据本规约设立的国际刑事法院对国内刑事管辖权起补充作用。"第 1 条也明确规定："兹设立国际刑事法院。国际刑事法院为常设机构，有权就本规约所提到的、受到国际关注的最严重犯罪对个人行使其管辖权，并对国家刑事管辖权起补充作用。国际刑事法院的管辖权和运作由本规约的条款加以规定。"

《国际刑事法院规约》第 17 条规定了案件的不可受理性问题。该条规定：考虑到序言第 10 段及第 1 条的规定，在下列情况下，国际刑事法院应断定案件不可受理：

（1）对案件具有管辖权的国家正在对该案件进行调查或起诉，除非该国不愿意或不能够切实进行调查或起诉；

（2）对案件具有管辖权的国家已经对该案进行调查，而且该国已决定不对有关的人进行起诉，除非作出这项决定是由于该国不愿意或不能够切实进行起诉；

（3）有关的人已经由于作为控告理由的行为受到审判，根据第 20 条第 3 款，国际刑事法院不得进行审判；

（4）案件缺乏足够的严重程度，国际刑事法院无采取进一步行动的充分理由。

根据该规定，如果某犯罪行为已经在该犯罪涉及的某一个国家按照该国刑法进行调查、起诉、审理或判决的，无论调查、起诉、审理或判决的结果是什么，国际刑事法院都不能再行使管辖权。

为了确定该国在某一案件中是否有不愿意调查或起诉的问题，国际刑事法院应根据国际法承认的正当程序原则，酌情考虑是否存在下列一种或多种情况：

第一种情况，已经或正在进行的诉讼程序，或一国所作出的决定，是为了包庇有关的人，使其免负国际刑事法院管辖权内的犯罪的刑事责任。

第二种情况，诉讼程序发生不当延误，而根据实际情况，这种延误不符合将有关的人绳之以法的目的。

最后一种情况，已经或正在进行的诉讼程序，没有以独立或公正的方式进行，而根据实际情况，采用的方式不符合将有关的人绳之以法的目的。

为了确定该国在某一案件中是否有不能够调查或起诉的问题，国际刑事法院应考虑，一国是否由于本国司法系统完全瓦解，或实际上瓦解或者并不存在，因而无法拘捕被告人或取得必要的证据和证言，或在其他方面不能进行本国的诉讼程序。

五、国际刑事法院和国内刑事司法系统的合作

难以想象，国际刑事法院离开一国司法系统的配合，能够成功地对国际犯罪行使管辖权，并追究国际犯罪人的刑事责任。因为从国际刑事法院决定受理该案件的时候开始，就决定了国际刑法法院为了审判而进行的程序，始终离不开具体犯罪所涉及的国家司法机关的协助。

《国际刑事法院规约》第九编详细规定了国际刑事法院向缔约国提出国际合作和刑事司法协助请求的规则。下文具体阐述之。

（一）逮捕和移交人犯 ①

国际刑事法院将逮捕并移交某人的请求书，连同其他请求书辅助材料，递交给该人可能在其境内的任何国家，请求该国合作，逮捕并移交该人。缔约国依照《国际刑事法院规约》规定及其国内法所定程序，执行逮捕并移交。

逮捕并移交的请求应以书面形式提出。在紧急情况下，请求可以通过任何能够发送书面记录的方式提出，其后应通过规定的途径予以确认。

为了请求逮捕并移交预审分庭，对其发出逮捕证的人，请求书应载有或附有足以确定被要求的人的身份的资料、关于该人可能下落的资料，逮捕证副本，被请求国的移交程序所要求的一切必要文件、声明或资料。但这些要求不得比该国根据同其他国家订立的条约或安排而适用于引渡请求的条件更为苛刻，而且考虑到国际刑事法院的特殊性质，应在可能的情况下减少这些要求。

为了请求逮捕并移交已被定罪的人，请求书应载有或附有要求逮捕该人的逮捕证副本；有罪判决书副本；证明被要求的人是有罪判决书所指的人的资料；和在被要求的人已被判刑的情况下，提供判刑书副本；如果判刑为徒刑，应附有说明已服刑期和剩余刑期等资料。

对于逮捕和移交人犯的过境问题的协助，《国际刑事法院规约》规定：

（1）缔约国应根据国内程序法，批准另一国通过其国境递解被移交给国际刑事法院的

---

① 有学者认为向国际刑事审判机构移交人犯是一种引渡行为。参见刘亚军：《引渡新论》，吉林人民出版社 2004 年版，第 7 页及以下。

人，除非从该国过境将妨碍或延缓移交。

（2）过境请求书按照《国际刑事法院规约》第78条的规定转递。国际刑事法院的过境请求书应包括说明所递解的人的身份，简述案件的事实及这些事实的法律性质，并附上逮捕并移交授权令等资料。

（3）被递解的人在过境期间应受羁押。

（4）如果使用空中交通工具递解该人，而且未计划在过境国境内降落，则无须申请批准。

（5）如果在过境国境内发生计划外的降落，该国可以要求依照第2项规定提出过境请求。过境国应羁押被递解的人，直至收到过境请求书并完成过境为止，但与本项有关的羁押，从计划外降落起计算，不得超过96小时，除非在这一时限内收到请求书。

如果被要求移交的人，因国际刑事法院要求移交所依据的某项犯罪以外的另一项犯罪在被请求国内被起诉或服刑，被请求国在决定准予移交后应与国际刑事法院协商。

（二）临时逮捕

在紧急情况下，国际刑事法院可以在依照规定提出移交请求书及其辅助文件以前，请求临时逮捕被要求的人。临时逮捕的请求应以任何能够发送书面记录的方式发出，并应载有足以确定被要求的人的身份的资料，以及关于该人的可能下落的资料；关于要求据以逮捕该人的犯罪的简要说明，以及被控告构成这些犯罪的事实的简要说明，并尽可能包括犯罪的时间和地点；已对被要求的人发出逮捕证或作出有罪判决的声明和移交被要求的人的请求书将随后送交的声明等资料。

如果被请求国未在《程序和证据规则》规定的时限内收到规定的移交请求书及其辅助文件，可以释放在押的被临时逮捕的人。但在被请求国法律允许的情况下，在这一期间届满前，该人可以同意被移交。在这种情况下，被请求国应尽快着手将该人移交给国际刑事法院。

如果移交请求书及其辅助文件在较后日期送交，已释放在押的被要求的人的事实不妨碍在其后逮捕并移交该人。

（三）其他形式的国际合作和刑事司法协助

缔约国依照规约及其国内法程序的规定，执行国际刑事法院的请求，在调查和起诉方面提供下列协助：

（1）查明某人的身份和下落或物品的所在地；

（2）取证，包括宣誓证言及提供证据，包括国际刑事法院需要的鉴定意见和报告；

（3）讯问任何被调查或被起诉的人；

（4）送达文书，包括司法文书；

（5）为有关人员作为证人或鉴定人自愿到国际刑事法院出庭提供便利；

（6）根据第 7 款规定临时移送人员；

（7）勘验有关地点或场所，包括掘尸检验和检查墓穴；

（8）执行搜查和扣押；

（9）提供记录和文件，包括官方记录和文件；

（10）保护被害人和证人，保全证据；

（11）查明、追寻和冻结或扣押犯罪收益、财产和资产及犯罪工具，以便最终予以没收，但不损害善意第三方的权利；

（12）被请求国法律不禁止的其他形式的协助，以便利调查和起诉国际刑事法院管辖权内的犯罪。

国际刑事法院有权向在国际刑事法院出庭的证人或鉴定人作出保证，该人不会因为其在离开被请求国以前的任何作为或不作为，在国际刑事法院受到起诉、羁押或对其人身自由的任何限制。

对于国际刑事法院提出的上述请求，如果基于一项普遍适用的现行基本法律原则，被请求国不能执行请求中详述的一项协助措施，被请求国应速与国际刑事法院协商，力求解决问题。在协商过程中，应考虑是否能以其他方式或有条件地提供协助。如果协商后仍然无法解决问题，国际刑事法院应视需要修改请求。

根据规定，只有在要求提供的文件或披露的证据涉及其国家安全的情况下，缔约国才可以全部或部分拒绝协助请求。在根据此原因拒绝某一项协助请求以前，被请求国应考虑是否可以在特定条件下提供协助，或是否可以延后或以其他方式提供协助。如果国际刑事法院或检察官接受了有条件的协助，国际刑事法院或检察官必须遵守这些条件。

被请求的缔约国如果拒绝协助请求，应从速将拒绝理由通知国际刑事法院或检察官。

关于请求临时移送被羁押的人的司法活动，《国际刑事法院规约》也做了详细的规定：

（1）国际刑事法院可以请求临时移送被羁押的人，以便进行辨认、录取证言或获得其他协助。移送该人须满足下列条件：

①该人在被告知后自愿表示同意被移送；和

②被请求国根据该国与国际刑事法院可能商定的条件，同意移送该人。

（2）被移送的人应继续受到羁押。在移送的目的完成后，国际刑事法院应尽快将该人交回被请求国。

《国际刑事法院规约》对于所使用的司法文件或资料的保密性做了细致的规定：除请求书所述的调查或诉讼程序所需要的以外，国际刑事法院应确保文件和资料的机密性。被请求国在必要时，可以在保密的基础上将文件或资料递送检察官。检察官其后只可以将其用于收集新证据的目的。被请求国其后可以自行决定或应检察官的请求，同意披露这些文件或资料。经披露后，可以根据《国际刑事法院规约》第五编和第六编及依照《程序和证据规则》的规定，利用这些文件和资料作为证据。

如果一缔约国正在就构成国际刑事法院管辖权内犯罪的行为，或就构成其国内法定为严重犯罪的行为进行调查或审判，国际刑事法院可以根据该缔约国的请求，同该国合作，提供协助。

国际刑事法院可以根据《国际刑事法院规约》规定的条件，同意非本规约缔约国的国家提出的协助请求。

除此以外的其他形式协助的请求应以书面形式提出。在紧急情况下，请求可以通过任何能够发送书面记录的方式提出，但其后应按照规定的途径予以确认。

根据具体情况，请求书应载有或附有关于请求的目的和要求得到的协助，包括请求的法律根据和理由的简要说明；关于为提供所要求的协助而必须找到或查明的任何人物或地点的所在或特征的尽可能详细的资料；与请求有关的基本事实的简要说明；须遵行任何程序或要求的理由及其细节；根据被请求国法律的要求，须为执行请求提供的资料和提供要求得到的协助所需的任何其他资料。

对于国际刑事法院和缔约国在刑事司法合作过程中的其他问题，《国际刑事法院规约》也做了规定。例如，缔约国收到根据国际刑事法院提出的请求，但发现请求中存在问题，可能妨碍或阻止请求的执行，应立即与国际刑事法院磋商，解决问题。这些问题可以包括：

（1）执行请求所需的资料不足；

（2）在请求移交的情况下，尽管作出了最大努力，仍然无法找到要求移交的人，或进行的调查确定，在被请求国的有关个人显然不是逮捕证所指的人；或

（3）执行目前形式的请求，将使被请求国违反已对另一国承担的条约义务。

以上充分说明了国际刑事法院对国际犯罪的审判离不开国际犯罪所涉及的国家的合作和该国刑事司法系统提供的司法协助。

第四章 国际犯罪的具体犯罪

《国际刑事法院规约》中规定的具体的国际犯罪不是一个单一的罪名，而是某一类犯罪的类罪名。本章结合《国际刑事法院规约》《犯罪要件》，对灭绝种族罪、危害人类罪、战争罪和侵略罪等类罪名进行论述。

第一节 灭绝种族罪

一、灭绝种族罪的立法回顾

灭绝种族行为的历史和人类社会的历史一样古老。然而，灭绝种族行为从"一战"之后才进入国际社会的视野，开始被国际社会所关注。1915 年至 1917 年，奥斯曼帝国对其境内亚美尼亚人进行驱逐、屠杀、抢劫、强奸，受害者达 50 万~100 万名。① 欧洲议会、比利时、法国、希腊和俄罗斯将其定性为"违反人性的罪行"；联合国于 1978 年将此事件定性为"种族灭绝"。第二次世界大战期间，纳粹德国通过种族清洗屠杀了近 600 万名犹太人②；除此之外纳粹德国也系统地屠杀欧洲的吉卜赛人、同性恋者、苏联战俘、耶和华见证人、政见不同人士。第二次世界大战期间，侵华日军在中国、东南亚等地恣意屠杀当地居民。其中在 1937 年 12 月 13 日，侵华日军攻占当时的"中华民国"首都南京，持续六周大规模屠杀、强奸以及纵火、抢劫，30 万名以上中国平民和战俘被日军杀害。③

而"灭绝种族"（genocide）一词由波兰著名的国际法学家、现代国际刑法的先驱——拉菲尔·莱姆金教授在其《轴心国占领欧洲后的统治》一书中首次使用，用来概括第二次世界大战期间德国纳粹分子在其统治区内滥杀该区域内的任何外国人，尤其是犹太人的罪行④。按照莱姆金教授的观点，灭绝种族（genocide）是由两个词组合而成的，"genos"

---

① ［德］格哈德·韦勒：《国际刑法学原理》，王世洲译，商务印书馆 2009 年版，第 222 页。
② ［德］格哈德·韦勒：《国际刑法学原理》，王世洲译，商务印书馆 2009 年版，第 223 页。
③ 顾周皓：《南京大屠杀：人类历史黑暗一页》，载《浙江日报》2015 年 8 月 31 日，第 20 版。
④ Raphael Lemkin, Axis Rule in Occupied Europe, http://www.preventgenocide.org/lemkin/AxisRule1944-1.htm，2023 年 3 月 19 日最后访问。

在古希腊文中是"人种、民族或部落"的意思，"cide"在拉丁文中是"屠杀、消灭"的意思；将这两个词合在一起，便构成了"灭绝种族"这个单一的名词。而按照字面含义的理解，即指对人种、民族或部落的屠杀、消灭行为。① 莱姆金教授认为，灭绝种族有"毁灭一个种族或族裔之意，并且隐含存在旨在彻底通过消灭个体而毁灭一群体的联合计划，这些个体被挑选成为牺牲者纯粹、简单、完全地是因为他们属于毁灭目标群体的一分子"②。

"二战"后的欧洲国际军事法庭将灭绝种族行为按照违反人道罪进行处罚。《欧洲国际军事法庭宪章》第6条第2款第3项规定，在战争爆发以前或在战争期间对平民进行的屠杀、灭绝、奴役、放逐或其他非人道行为，或借口政治、种族或宗教的理由而犯的属于法庭有权受理的业已构成犯罪或与犯罪有关的迫害行为，不管该行为是否触犯此类活动的所在国的法律。在纽伦堡审判中，灭绝种族行为与战争存在联系，必须发生在战争期间或战争之前。这一点和当时欧洲国际军事法庭主要对"二战"前和"二战"后发生在纳粹德国的违反人道主义法的行为进行审判有关。

《远东国际军事法庭宪章》也作了同样的规定。1946年12月11日联合国大会第95（2）号决议通过的《纽伦堡宪章和纽伦堡审判中确认的国际法原则》中依然没有规定灭绝种族罪，而将灭绝种族行为纳入违反人道罪中。

第一次将杀害受保护团体成员的行为认定为灭绝种族罪当属联合国大会于1948年12月9日通过的《防止及惩治灭绝种族罪公约》（以下简称《灭种公约》）。而且《灭种公约》将灭绝种族行为与战争脱钩了。该公约第1条规定：灭绝种族行为，不论发生在平时或战时，均属国际法上的一种罪行，各缔约国应承担防止并惩治灭绝种族行为的法律责任，制定必要的法律以实施公约的各项规定，并对犯有灭绝种族罪行的人规定有效的惩治措施。该公约第2条规定的具体灭绝种族行为包括杀害受保护团体成员、对受保护团体成员造成身体上或精神上伤害、故意使受保护团体处于某种被灭绝其全部或局部生命的生活状态、采取强制措施防止团体内成员生育、强迫转移该团体儿童至另一团体等六种行为。按照该公约的规定，灭绝种族行为包括实施灭绝种族、预谋灭绝种族、直接公然煽动灭绝种族、意图灭绝种族以及共谋灭绝种族等行为。《灭种公约》还规定，灭绝种族罪不得被视为政治犯罪，当一国提出引渡要求时，缔约国应依照其本国法律及现行条约予以引渡。

尽管如此，灭绝种族行为并未因此而绝迹，特定受保护团体面临灭种的情况仍然比较

① Raphael Lemkin, Axis Rule in Occupied Europe, http：//www.preventgenocide.org/lemkin/AxisRule1944-1.htm, 2023年3月19日最后访问。

② Raphael Lemkin, Axis Rule in Occupied Europe, http：//www.preventgenocide.org/lemkin/AxisRule1944-1.htm, 2023年3月19日最后访问。

严重，灭绝种族的幽灵时刻威胁着人类的生命安全和世界的和平①。

1993 年 3 月 5 日，联合国安理会成立了前南问题国际刑事法庭，该法庭是第二次世界大战之后，国际社会所设立的第一个负责按照国际法起诉罪行的国际法庭，专门负责审理对 1991 年以来前南斯拉夫境内所犯的包括灭绝种族行为等严重违反国际人道法行为负责的人②；1994 年 11 月 8 日，为处理卢旺达境内发生的灭绝种族等暴行，联合国安理会成立了卢旺达国际刑事法庭，专门审理对 1994 年 1 月 1 日至同年 12 月 31 日期间在卢旺达境内所犯的灭绝种族罪和其他违反国际人道法的暴行负责的人和在邻国所犯的灭绝种族罪和其他对这类违法行为负责的卢旺达公民（灭绝种族罪、危害人类罪和战争罪）③。如 1993 年的《前南问题国际刑事法庭规约》第 4 条和 1994 年的《卢旺达问题国际刑事法庭规约》第 2 条，基本上照搬了《灭种公约》第 2、3 条的内容。

除了前南国际刑事法庭和卢旺达国际刑事法庭直接对灭绝种族行为进行审判之外，国际刑法实践中还出现了联合国和涉案当事国组建混合法庭对灭绝种族行为进行审判的创举。这些混合法庭包括塞拉利昂特别法庭、东帝汶特别审判庭、柬埔寨特别法庭。

1998 年 7 月 17 日，联合国设立的国际刑事法院全权代表外交会议通过了《国际刑事法院规约》，将灭绝种族罪、危害人类罪、战争罪和侵略罪作为国际刑事法院管辖的罪行。《国际刑事法院规约》第 6 条规定的具体灭绝种族行为和《灭种公约》第 2 条所规定的行为保持一致。

二、灭绝种族罪的外部情势

按照《国际刑事法院规约》第 6 条的规定，灭绝种族罪的外部情势为全部或局部消灭受保护团体。区分普通内国犯罪和国际犯罪的一个核心要素就是，该行为是否侵犯了特定受保护团体成员的人身安全，并达到了侵犯国际社会基本秩序的程度。而判断侵犯特定受保护团体成员人身安全的行为是否达到了侵犯国际社会基本秩序的程序，仅仅需要判断该侵犯特定受保护团体成员人身安全的行为是否具备"蓄意全部或局部消灭某一民族、族裔、种族或宗教团体行为"这一外部情势。如果具备该外部情势，即使仅仅意图杀害某一特定受保护团体成员，其行为也构成灭绝种族罪。如果不具备该外部情势，即使杀害了人数众多的受保护团体的成员，也不成立灭绝种族罪。

首先，灭绝种族罪的外部情势是客观存在的。灭绝种族行为不是一个单一的行为，而

---

① 付铮铮：《预防、制止及惩治灭绝种族罪的国际法律制度初探》，中国政法大学硕士学位论文，第 3 页。

② S/RES/827（1993），1993 年 5 月 25 日安全理事会第 3217 次会议通过。

③ 第 955（1994）号决议，1994 年 11 月 8 日安全理事会在其第 3453 次会议上通过。

是存在明确的行为模式的背景，这些行为都是直接针对受保护团体或行为本身就能灭绝受保护团体。正如巴希尔案中，预审分庭针对巴希尔所发布的逮捕令中所描述的，预审庭了解《国际刑事法院规约》第 6 条并没有明确要求存在任何背景要件。在案件的审理中，也并没有坚持要求存在一个计划或正常作为成立灭绝种族罪的要件。[1] 但从灭绝种族罪的犯罪要件中可以得出结论：灭绝种族行为包括两种，一种是能直接灭绝全部或局部的受保护团体成员的大规模的行为；另一种是将认识到发生了大规模的灭绝受保护团体成员的情势，而将针对少数或独立个体的受保护团体成员的灭绝行为依附于大规模的灭绝受保护团体成员的活动。前一种情况的发生应该存在政府或组织层面的计划或政策，否则不会也不可能发生灭绝全部或部分受保护团体的行为；而后一种情况却是以认识到发生了灭绝全部或部分受保护团体的情势之后，将孤立的个人行为依附于灭绝全部或部分受保护团体的情势，杀害单个或少数受保护团体成员的行为。

其次，灭绝种族罪外部情势存在是区分内国刑法中的犯罪与国际犯罪的核心标准。内国刑法中的故意杀人罪、绑架罪或非法拘禁罪能够规制单个的、孤立的杀人行为、伤害行为、强迫迁移人口行为。这些孤立的行为，会侵犯个人的生命权、健康权或生存权，但不会侵犯国际社会的根本利益和基本秩序。而一旦灭绝全部或部分受保护团体的行为，则会对国家社会的和平造成威胁或破坏，会侵犯国际社会的根本利益和基本秩序，因此，为了预防和打击这些侵犯国际社会根本利益和基本秩序行为，应该将其按照国际犯罪予以规制。

最后，具有灭绝种族罪的外部情势，就相应地具备了追究其国际刑事责任的必要性。一旦基于国家或组织层面的计划、政策，特别是国家政策，制定政策行为，在内国刑法中会被视为是国家主权行为；执行政策行为，被视为是执行上级命令行为，具有内国刑法中的阻却违法性，不能被认定为内国刑法中的犯罪，不会受到刑罚惩罚。如果这些侵犯国际社会根本利益和基本秩序行为没有得到惩罚，灭绝种族的悲剧将一再上演。因为，从打击和预防灭绝种族罪的角度，应该将灭绝全部或部分受保护团体的行为，由国际社会通过特设国际刑事法庭或常设国际刑事法院追究其刑事责任。

三、受保护团体的界定

联合国于 1948 年通过的《防止及惩治灭绝种族罪公约》是首次对灭绝种族罪进行规制的法律文件。其后的《前南问题国际刑事法庭规约》《卢旺达国际刑事法庭规约》《国

---

① Prosecutor v. Bashir, Case No. 02/05-01/09, Decision on the Prosecution's Application for a Warrant of Arrest against Omar Hassan Ahmad Al Bashir, 4 March 2009, para. 119, citing: Prosecutor v. Jelisic Case No. IT-95-10-T, Judgment, 14 December 1999, para. 400 (an error; the correct reference is to para. 100); Prosecutor v. Akayesu, Case No. ICTR-96-4-T, Judgment, 2 September 1998, paras. 520, 523.

际刑事法院规约》均以《灭种公约》为蓝本，在四类特定的受保护团体上与《灭种公约》保持一致，即均为民族团体（National Group）、族裔团体（Ethnical Group）、种族团体（Racial Group）、宗教团体（Religious Group）。但如何界定四种受保护团体，则不仅在理论解释还是司法实践认定中都存在争议。因此，应该结合《灭种公约》和国际刑事司法实践对四类受保护团体进行概念辨析。

（一）民族团体（National Group）

民族是人类社会中最基本的共同体形式。英文中的民族（Nation）一词最初起源于拉丁字 Nasci，意为出生物（To be born），后又进一步衍生为 Natio，指具有同一出生地的居民团体，亦即一个特定的地理区域的人类集团。从 16 世纪开始，Natio 开始以 Nation（Nacion，Nazione）的面目出现在当地的语言中，且具有了政治的含义。随后，Nation 一词被用来描述国内人民而不管其种族特征，并且开始具有与"人民"（People）相对立的意义，表征"全部的政治组织或国家"①。斯大林对民族的定义影响深远，他认为民族是人们在历史上形成的一个有共同语言、共同地域、共同经济生活以及表现在共同文化上的共同心理素质的稳定的共同体②。从斯大林的观点中，可以看出民族包括具有共同语言、共同地域、共同经济生活和共同文化的稳定的共同体。从《灭种公约》的起草过程中，共同语言团体一开始就被拒之门外，理由是这个划分是多余的。而政治、经济的和社会团体也被排除在外，理由是无法相信他们会受到《灭种公约》的保护。《国际刑事法院规约》起草过程中亦未能扩大受保护团体的范围。③古巴代表团要求增加社会和政治团体，但爱尔兰代表团认为，如果我们要起草一个新的灭绝种族公约，我们可以增加受保护团体的名单。但现在我们是在起草《国际刑事法院规约》，因此，最好还是沿用已经存在的定义。④从这个意义上讲，斯大林对民族的定义不能适用于《国际刑事法院规约》第 6 条所用"民族"一词，还是必须用"民族"一词的内容来探索其范围。

但从 Nation 一词的演化来看，其一开始是强调"人"的属性，慢慢变成强调"政治"的属性，即用 Nation 一词指代国家。这种词语本身所表现出来的强化"政治"属性而淡化"文化"属性的词性与倾向，也为后来在制定《灭种公约》时各代表团提出"族裔团体（Ethnical Group）"的做法埋下了伏笔。在《灭种公约》的起草过程中，在联合国大

---

①　王联、杨锐森、买玲：《21 世纪以来世界民族主义研究的发展》，载《国际政治研究》2021 年第 2 期。

②　中共中央马克思恩格斯列宁斯大林著作编译局：《斯大林全集》第 2 卷，人民出版社 1953 年版，第 294 页。

③　Willianm A. Schabas, Article 6, Para. 16, in Triffterer/Ambos：The Rome Statute of the International Criminal Court, A Commentary, 3rd Edition, C. H. Beck. Hart. Nomos.

④　Willianm A. Schabas, Article 6, Para. 16, in Triffterer/Ambos：The Rome Statute of the International Criminal Court, A Commentary, 3rd Edition, C. H. Beck. Hart. Nomos.

会第六委员会上，"民族"这个词的含义引起了很大的争议。瑞典代表团认为，"民族团体"是指一个国家的居民，并且建议部分包括人种团体，以确保如果国家灭亡，这些团体可以受到保护。苏联代表团也赞成这个解释。但伊朗代表团认为，"民族团体"意味着它是有一个特定国籍的团体，是否拥有同一国籍成为"民族团体"的显著标志。而埃及和比利时代表团却出人意料地提出，"民族团体"仅指一个国家中的少数民族团体，国家中人口占多数的团体不属于民族①。尽管各代表团在具体理解上意见不一，但大多数坚持认为民族在内涵上意味着某一团体需要具有同一国籍，需要突出"民族"一词本身所独有的国家性特征。至于埃及和比利时代表团提出的观点，因其不当缩小了"民族"一词的含义范围，将"民族"仅仅限缩为"少数民族"而显得有所不妥。况且，这种意图对少数民族进行特殊保护的目的并不会因"民族"一词内涵的确定而得以消减，从国籍的角度来看，少数民族团体仍可以被包含在"民族"语义的范围内，成为灭绝种族罪的犯罪对象。

考虑到 Nation 和 Country、State 的密切关系，而且由 Nation 词根组成的 Nationality 明显与国籍有关，有学者直接将 National Group 译作国家团体，并认为这首先是指具有共同国籍人的集合②。但是这种观点存在缺陷，如在未能建国的地区的民族，不存在国籍，反而不能得到《灭种公约》的保护。可能有学者认为，未建国的地区的民族可以由 ethnic 来进行保护。但这种保护是以未建国地区隶属于一个国家为前提，如果不存在国家，也就不存在一个国家内的少数民族（ethnic）。考虑到 ethnic 一词和 nation 同时出现在《灭种公约》的文本中，有必要区分 ethnic 和 nation。因此，正确的做法应该是将 Nation 范围作区分：发生国家间武装冲突或者一国对另一国侵略、占领所实施灭绝种族行为中，民族可以解释为拥有共同国籍的人的集合。例如，日军侵华战争期间，在南京城对中国人这个民族的种族大屠杀。发生在一国内部的灭绝种族行为时，可以是一国的主体民族。因为即使是主体民族，也可能存在一国主体民族在少数民族聚集地区被少数民族全部或部分灭绝的情况。中国古代历史上发生的少数民族屠杀汉民族的事例并不罕见。虽然民族中的政治性被淡化，但在未建国的地区所生活的具有共同建国目标的团体依然属于受保护团体中的民族。

综上所述，国际刑法中的民族应该理解为具有一国国籍的人的集体、一国中的主体民族；还应该包括未建国的地区所生活的具有共同建国意愿的人的集体。

（二）族裔团体（Ethnical Group）

从词源上来讲，Ethnical 的含义与 Ethnic 相同。根据《牛津高阶英汉双解词典》的解释，Ethnic 是指属于一个民族、种族的人，这些人拥有同一文化传统。由此可见，Ethnic

---

① UN. Doc. A/C. 6 /SR. 72.

② 王世洲：《现代国际刑法学原理》，中国人民公安大学出版社 2009 年版，第 427 页；[德] 格哈德·韦勒：《国际刑法学原理》，王世洲译，商务印书馆 2009 年版，第 233 页。

和 Nation 以及 Race 容易词义重合。只不过 Ethnic 本身是包含文化因素在内的。国际刑事审判实践现在已经形成通例，关于族裔的界定从文化上展开，指成员共同使用同一语言和拥有共同文化而联系在一起的群体。因此，从文化上界分族裔能够实现理论和实践的统一。

从灭绝种族罪的立法沿革来看，在《灭种公约》最初的提案中并没有族裔的概念，原因在于族裔（Ethnic）与种族（Race）的概念都包含种族的意思，在一些场合甚至是混用的，若二者并无本质区别，则无必要另行提出一个受保护团体，引起不必要的误解。但正因为"民族"一词本身带有较强的政治色彩，所以引起了部分代表团的担忧。例如，瑞典代表团曾提出，"民族的概念具有政治含义，极易与国家和政治团体相混淆，因此主张另外增加'族裔'一词以弥补'民族'一词可能带来的缺陷"①。苏联代表团也支持列入族裔的概念，并指出"族裔团体是民族团体的分支，是比民族要小的集体"②。最终经过表决，族裔的概念以微弱多数得以列入公约。

至于民族（Nation）和族裔（Ethnic）二者之间的关系，两者都有民族的意思，但本书认为，民族和族裔不是在一个层面上使用的，民族（Nation）一词，在一个国家内包含作为这个国家所有的人，即具有某一个国家国籍的人，如中国人，或者华夏民族作为中国境内所有民族的总称。从民族的角度来看，因为生活在我国的 56 个民族都是具有中国国籍的人，所以整体上属于一个民族——华夏民族。民族（Nation）还指代一个国家的主体民族（Nation），如汉族人。族裔（Ethnic）在英语里有指代少数民族的意思，因此，判断是否族裔，要从保护的团体是否拥有自己的独有的文化为角度进行判断。因此从文化角度进行界定，这些拥有不同文化的人们当然可以组成不同的族裔。不同的族裔可能会拥有相同的文化，例如，中国境内的很多族裔都庆祝春节这个节日。但不同的族裔必然存在自己独特的文化。例如，同样是庆祝春节，汉族是以农历年的最后一天作为除夕，以来年的第一天作为春节；但土家族似乎以过"赶年"来庆祝年节。③ 即使是与汉族同一天庆祝春节的少数民族，也一定拥有自己独特的民族文化，才能被视为一个族裔，而不是被当做汉族看待。

综上所述，国际刑法中的族裔这个受保护团体一定是指具有共同文化的团体，一般是指一国内的少数民族。

（三）种族团体（Racial Group）

如前所述，在《灭种公约》起草过程中，关于种族团体的争议多数集中在其与族裔团

---

① UN. Doc. A/C. 6 /SR. 73.

② UN. Doc. A/C. 6 /SR. 74.

③ 覃清珍、鲍明清：《土家族过"赶年"》，载《民族论坛》2003 年第 7 期。

体的关系上。而从汉语习惯来说，族裔和种族反而容易区分。因为我们一般提到种族，都是从人种角度来理解，如黄种人、白种人、黑种人。而一旦涉及人种内部的区分，可能就无法进一步确定标准。因此有学者认为，区分族裔与种族是相当困难的，最好是对有关的事件同时使用这两个概念，而不去试图区别二者之间的差异。① 通说认为，将族裔团体多从生物遗传学的角度对种族作出定义：种族是指人类在一定的区域内，历史上所形成的在体质上具有某些共同遗传性状（包括肤色、眼色、发色、发型、身高、面型、头型、血型、遗传性疾病等）的人群。这一标准也得到了联合国教科文组织于 1978 年 11 月 27 日通过的《种族与种族偏见宣言》的证明。该公约指出："全人类属同一种类，均为同一祖先的后代。"应当说这主要是从生物遗传方面对种族团体作出的界定，以此区别于以文化因素作为界分标准的族裔团体。

因此，从生物学的遗传特征角度对种族进行区分是一个被国际社会接受的标准。

（四）宗教团体（Religious Group）

宗教作为一种信仰，能否属于稳定团体，是存在争议的。因为个人有信仰自由，可以自由决定加入或者退出一个宗教教派，所以在《灭种公约》起草过程中，是否对这种不稳定的宗教团体进行保护的争论比较大。考虑到对宗教的保护是社会文明与进步的标志，最终，宗教团体成为受保护的团体之一。宗教团体是指成员有着共同的宗教信仰的团体；但是，打着宗教旗号的伪宗教团体，是否属于宗教是一个值得研究的问题。伪宗教可能包括披着宗教外衣的极端组织，还包括其他反人类、反社会的邪教组织。一旦披着宗教外衣的极端组织成为国际性恐怖组织或极端组织，是不会被国际社会所承认的。同样道理，反人类、反社会的邪教组织也不会得到国际社会的保护的。有学者所指出的，对宗教团体的保护不等于对宗教的保护。宗教团体是由人构成的，所以本质上还是对人的保护，而宗教作为一种文化现象，并不属于《灭种公约》保护的范围。② 本书认为，无论是《灭绝种族公约》还是《国际刑事法院规约》，都是将文化灭绝视为一种灭绝种族行为。例如，将受保护团体儿童转移至另一团体的行为，其实就是认定这种将一个受保护团体儿童转移至另一团体的行为，属于文化灭绝。一个受保护团体的儿童转移至另一团体，没有从肉体、生物遗传上灭绝该受保护团体，但却从文化上灭绝了该受保护团体。特别是受保护团体中的族裔这种团体就是以共同文化组成的团体，灭绝族裔就是从肉体上、生物遗传上和文化上灭绝一个受保护团体。所以，对宗教团体的保护不仅仅局限于宗教信仰者的保护，还包括对该宗教文化的保护。而受国际社会保护的文化绝对不包括披着宗教外衣却危害人类良知的

① 李世光、刘大群、凌岩：《国际刑事法院罗马规约评释》（上册），北京大学出版社 2006 年版，第 60 页。
② 匡红宇、王新：《灭绝种族罪受保护团体的归类与判断》，载《河南财经政法大学学报》2017 年第 1 期。

邪恶宗教。

四、灭绝种族行为

《国际刑事法院规约》第6条指出，为了本规约的目的，"灭绝种族罪"是指蓄意全部或局部消灭某一民族、族裔、种族或宗教团体而实施的下列任何一种行为：杀害该团体的成员；致使该团体的成员在身体上或精神上遭受严重伤害；故意使该团体处于某种生活状况下，以毁灭其全部或局部的生命；强制施行办法，意图防止该团体内的生育；强迫转移该团体的儿童至另一团体。下面结合《犯罪要件》解释具体的灭绝种族行为。

从外部情势上看，灭绝种族包括两种情况：一种是行为本身就能灭绝全部或部分受保护团体；另一种是行为人认识到存在"蓄意全部或局部消灭某一民族、族裔、种族或宗教团体"的情势，并将自己的行为置于该情势之中。详言之，认识到"蓄意全部或局部消灭某一民族、族裔、种族或宗教团体"的情势，通过自己的行为推动"全部或局部消灭某一民族、族裔、种族或宗教团体"，或者利用该情势，而对该受保护团体的成员实施灭绝行为，但每一种灭绝种族行为包括以下具体行为：

(一) 杀害该团体的成员

按照《犯罪要件》的解释，杀害和致死两个词可以互换使用。[1] 详言之，所谓杀害该团体成员，是指明知受害人是该团体成员，而杀害或者导致其死亡。

一方面，行为人必须明知被害人属于某个特定受保护团体的成员，否则，不能认定杀害该团体成员；另一方面，必须要求灭绝行为所针对的是该受保护的特定团体成员。如果犯罪者误以为被害人属于其所想消灭的团体而将其杀害，犯罪者并不构成灭绝种族罪。卢旺达国际刑事法庭在阿卡耶苏案中认为，阿卡耶苏参与了受害人被折磨致死的行为，如果受害人是图西族，属于受保护的团体，那么，阿卡耶苏的行为即使导致一人死亡，也构成了灭绝种族罪中杀害该团体成员的罪行，只是由于受害人是胡图族，不属于受保护的团体，因此，阿卡耶苏的行为并不能构成灭绝种族罪。

(二) 致使该团体的成员在身体上或精神上遭受严重伤害

在身体上或精神上遭受严重伤害，是指对特定受保护团体成员身体的严重伤害，包括永久伤害和非永久伤害。制定《国际刑事法院规约》的会议文件中也认为，"在身体上或精神上遭受严重伤害"可包括但不限于酷刑、强奸、性暴力的行为或非人道或有损尊严的待遇。在阿亚施玛和卢津达纳（Prosecutor v. Kayishema and Ruzindana）案件中，审判庭认为"身体上遭受的严重伤害"可以解释为包括"严重损害健康的伤害，毁容或任何对身

---

① 《犯罪要件》第6条灭绝种族罪中对杀害行为的注释。

体外部、内部的感官和器官造成的严重伤害"①。

（三）故意使该团体处于某种生活状况下，以毁灭其全部或局部的生命

故意使该团体处于某种生活状况下，以毁灭其全部或局部的生命，是指剥夺或限制某一受保护的团体的基本生存条件，如住房、食品、衣着、卫生、医疗条件等而使该团体的全部或部分"慢性"地灭绝②。"二战"期间纳粹德国所建立的集中营中，被关押的犹太人就处于超出身体承受极限的高强度劳动、低保障食物和药品的生活状态，劳累致死及因饥饿、疾病致死的生活状态。审判庭在阿卡耶苏一案中提出：这一条可以理解为"犯罪者并不直接杀害该团体的成员，但通过这种迫害方式最终毁灭其生命"③。该罪行与前两款所列的罪行不同，并不要求证明结果。只要犯罪者强加给受害人生活条件的意图是使受害人所属的团体全部或部分的毁灭，不论是否达到了这一目的，都可按此罪处罚。1915 年奥斯曼帝国对亚美尼亚人的驱逐就属于这一罪行，因为受害者不但被剥夺了其赖以生存的土地、水源、牧场和住房，而且，在迁移的过程中，受害者没有得到足够食品、衣着以及必要的医疗卫生的条件。

有观点认为，故意使该团体处于某种生活状况下还可以是一种不作为的犯罪。卢旺达国际刑事法庭在审理卡姆班达（Kambanda）案中指出："卡姆班达承认，在 1994 年 5 月 3 日，他被要求采取措施保护在医院屠杀中幸存下来的儿童，但他却没有采取任何行动。就在同一天会议之后，这些儿童遭到了杀害。他承认他没有尽到自己的责任，来保护卢旺达儿童与人民的安全。"④ 这种情况其实在每一种具体犯罪行为中都可以存在，属于指挥官或上级人员的责任。

（四）意图防止该团体内成员的生育

意图防止该团体内成员的生育，既可以表现在对被害人肉体的控制上，也可以表现在对被害人精神的控制上，主要包括采取强制措施进行绝育、堕胎、隔离男女和阻止该团体内部成员的婚姻。在有些情况下，强奸与性暴力也可能构成防止该团体内成员生育的一种方式，特别是在以父系为主的社会中，如果该团体的女性被另一团体的男性强奸，出生的孩子就属于男性的团体。在某些宗教中，被强奸的女性是不允许结婚的。在某些民族中，非婚生的子女是得不到本民族的承认的。需要指出的是，确定犯罪者因强奸与性暴力等行为犯有灭绝种族罪，须证明其这样做并不是为了满足性心理，而是行为人认识到发生了灭

---

① Prosecutor v. Kayishema and Ruzindana, ICTR-95-1-T, Judgment, 2 September 1998, para. 109.

② Prosecutor v. Akayesu, ICTR-96-4-T, Judgment, 2 September 1998, paras. 505-506.

③ Prosecutor v. Akayesu, ICTR-96-4-T, Judgment, 2 September 1998, para. 505; Prosecutor v. Musema, ICTR-96-13-T, Judgment, 27 January 2000, para. 157 and Prosecutor v. Rutaganda, ICTR-96-3-T, Judgment and Sentence, 6 December 1999, para. 52.

④ Prosecutor v. Jean Kambanda, ICTR-99-54A-T. Judgment, para. 6. 27 22, Jan. , 2003.

绝全部或部分受保护团体的情势，并通过这种办法阻止受害团体的生育将自己的行为依附于该灭种受保护团体的行为，成为灭绝受保护团体行为的一部分。

阻止受保护团体生育的行为并不要求出现该受保护团体内部无生育的结果作为犯罪的成立条件，只要实施了这种行为，不论结果如何，都构成犯罪。

（五）强迫转移该团体的儿童至另一团体

强迫转移儿童，与灭绝种族罪的其他行为存在差异。《国际刑事法院规约》第 6 条规定的其他灭绝种族行为，都属于从肉体上、生物遗产上灭绝受保护团体。但强迫转移受保护团体的儿童至另一团体，并不能从肉体上或生物遗传上灭绝该受保护团体，而是从文化上灭绝种族行为。因为将一个团体的儿童转移到另一团体，将会使该受保护团体的儿童无法继续使用本团体的语言、习得本团体的文化和习俗，而最终导致该团体从文化上被灭绝。

本罪的对象为儿童。《犯罪要件》采用了《儿童权利公约》中的标准，即指 18 岁以下者为儿童。本罪的行为表现为强迫转移受保护团体的儿童至另一团体。强迫行为，表现为使用暴力、胁迫等手段，违背儿童监护人的意愿，且没有法律上的依据，将受保护团体儿童转移至另一团体的行为。如果没有违背儿童监护人的意愿，不能被认为强迫转移儿童；如果转移儿童存在法律上的依据，例如，受保护团体所居住地存在安全隐患，为了保护儿童将儿童转移至另外地方安置的行为，不能被认定为强迫转移儿童行为。

（六）其他行为

根据《国际刑事法院规约》第 25 条第 3 项的规定，下列行为应予惩治：单独、伙同他人、通过他人实施灭绝种族行为；命令、唆使、引诱他人灭绝种族行为；煽动、教唆或帮助他人实施灭绝种族行为；支助他人实施灭绝种族行为；灭绝种族的未遂行为。

单独实施灭绝种族行为已经在前文进行了阐述。伙同他人，包括大陆法系刑法学理论中的共同实行正犯和其他参与犯罪的共犯。通过他人，具体表现为通过他人的非犯罪行为、犯罪行为，也可以利用未达到刑事责任年龄或丧失辨认控制能力的人实施犯罪行为。

1996 年的《国际刑事法院规约（草案）有意设置一个针对中层官员命令下属实施犯罪、应该承担刑事责任的条款。① 命令行为，包括利用职权或地位的制定火绝种族的政策并发布该政策，领导、组织或指挥他人实施灭绝种族行为；也包括利用职权或地位指示他人实施灭绝种族行为。唆使，是指劝说、建议、指使他人的行为。虽然这里的唆使，很容易让人与教唆联系在一起，但不能等同于教唆。因为教唆（abet）在本条中同时出现了，

---

① 1996 ILC Draft Code, p. 25（para. 14）.

因此，此处的唆使按照《布莱克法律词典》对唆使（solicit）进行解释。① 引诱，是指诱惑他人实施犯罪。

煽动，是指劝说或促进不特定人产生灭绝种族的犯意的并实施灭绝种族行为；相应地，教唆，是指使没有灭绝种族犯意的人产生犯意并进而实施灭绝种族行为。帮助行为，是指明知他人实施灭绝种族行为并为其提供物质上或精神上的帮助。这里的物质帮助，一般是指提供工具或制造条件方面的帮助。

支助，是指对他们实施灭绝种族行为并为其提供贡献的行为，包括资金或其他物质性帮助。支助行为人并不直接提供犯罪工具、为犯罪人制造条件或提供心理帮助等方式参与灭绝种族行为，而是为犯罪活动或犯罪者提供资金；或者提供其他物质帮助，例如，提供培训基地、招募犯罪人等物质性帮助。

未完成形态的灭绝种族行为，在国际刑法中直接等同于完成形态的行为。因此，灭绝种族的未遂行为，即企图实施灭绝种族行为，也是国际刑法中的灭绝种族行为。

五、灭绝种族罪的犯罪主体

从《灭种公约》生效之后，从国际刑事司法实践和国际刑法的角度，都是将犯罪主体限定为单个的自然人，并不包括组织或国家。

从灭绝种族罪的犯罪构成来看，灭绝种族罪包括直接实施灭绝种族犯罪的行为人，也包括对所直接有效管辖和控制的军事指挥官或以军事指挥官行事之人，还包括其他有效控制和管辖的下级人员实施的灭绝种族行为承担责任的上级人员。

而实施灭绝种族行为的犯罪主体，无论其官方身份是国家元首、政府首脑、政府成员抑或是议会议员、选任代表或政府官员，不能因为其官方身份享有豁免权，也不得借口执行的是上级命令而阻却违法。

六、灭绝种族罪的心理要件

按照《国际刑事法院规约》《犯罪要件》的规定，灭绝种族罪的心理要件包括故意和明知。具体来说，行为人认识到行为会全部或部分灭绝受保护团体，有意从事该行为；或者行为人有意造成全部或局部灭绝受保护团体的结果的；或者行为人意识到事态的一般发展会产生全部或部分灭绝受保护团体的结果的；以上情况下都表明行为人存在灭绝种族罪的故意的心理要件。就明知而言，要求行为人意识到存在灭绝种族罪的外部情势或者事态的一般发展会产生全部或局部灭绝受保护团体的结果的心理。

---

① 　Black（ed.），Black's Law Dictionary（1999）1398；American Law Institute，Model Penal Code and Commentaries（1985）§ 5.02（1）.

但具体到灭绝种族罪中，就能直接导致全部或部分灭绝受保护团体的灭绝种族行为，则要求行为人认识到行为具有全部或部分灭绝受保护团体的性质，并有意从事该行为；或者有意造成全部或部分灭绝受保护团体的结果。对于不能直接灭绝全部或部分受保护团体的行为人，在要求行为人认识到发生了灭绝全部或部分受保护团体的外部情势，自己的行为依附于该外部情势后，根据事态的一般发展也会造成灭绝部分受保护团体成员的结果。但无论是哪一种情况，都需要行为人认识到所灭绝的对象是受保护团体成员。关于行为人对受保护团体成员的认识的判断标准存在一些争议。

（一）主观性标准

在1994年1月1日至1994年12月31日期间发生的灭绝种族犯罪中，胡图族和图西族两个民族或族裔本来就难以区分。因此，卢旺达国际刑事法院法官在"鲁塔甘达"一案的判决书中指出：民族、族裔、种族和宗教团体的概念已经极大地延伸，以至于如今已经没有一个能够被广泛接受的确切的定义。因此，每一个概念必须在特定的政治、社会、文化背景中加以考虑。为了适用《灭种公约》，一个受保护团体成员的资格在本质上是一个主观概念而不是一个客观概念。被害人是被犯罪人视作一个特定成员加以毁灭的，甚至在某些情况下，被害人也会认为自己属于这些特定团体的成员①。

本书认为，在卢旺达种族大屠杀事件中采用主观说存在合理性：首先，图西族人和胡图族人难以从外观上进行区分；其次，即使采用客观说，由卢旺达国际刑事法庭的法官事后根本就无法寻找到一个一般人的认识能力的标准。最后，共同生活的民族或族裔本来就难以区分。

大陆法系的内国刑法理论认为，采用主观说的判断标准，实际上就等同于没有标准。一方面是因为按照行为人的主观认识，就表明主观说没有一个统一标准；另一方面，采用行为人的主观说，太具有随意性。正如学者所指出的那样："如果一个犯罪行为人可以将一个团体假定为族裔团体，而不顾它的客观属性，据此判他有罪，这个主观标准会引起理论上的荒谬。同样，根据受害人自我认为是一个族裔团体来确定行为人的犯罪意图也不客观。"②

（二）主客观混合标准

毕竟不是所有的受保护团体成员都难以区分；而且实施灭绝种族行为的人并不是要无差别地毁灭人类，灭绝种族的行为人会采用一定措施有针对性地灭绝某一受保护团体。因此，在一定程度上，存在客观判断受保护团体的可能性。

① Prosecutor v. Rutaganda, ICTR (Trial Chamber), Judgement of 6 December 1999, Case No. ICTR-96-3-T, para. 56.

② 凌岩：《卢旺达国际刑事法庭的理论与实践》，世界知识出版社2010年版，第114页。

第二节　危害人类罪

危害人类罪与严重国际人道主义法、人权法的行为紧紧联系在一起。与灭绝种族罪不同，危害人类罪不需要以特定受保护团体为目标，而是以普通的平民人口作为攻击对象，因此，危害人类罪是一种针对平民人口的大规模犯罪。① 联合国秘书长安南在 1998 年联合国设立国际刑事法院罗马外交大会上指出："除非最恶之罪——危害人类罪——受到法律的制裁，否则就没有全球的正义可言……"②

危害人类罪（Crimes against Humantiy）的罪名在中文中有两种译法，即反人道罪或危害人类罪。在第二次世界大战结束以后制定的《欧洲国际军事法庭宪章》《远东国际军事法庭宪章》中都将其译为"反人道罪"。联合国大会于 1968 年 11 月 26 日通过的《战争罪及危害人类罪不适用法定时效公约》（以下简称《时效公约》）将之译为"危害人类罪"。我国有的学者认为这两者的区别不大，使用任何一种译法都表达了同样的含义。相比较而言，从 humanity 字面意思译为反人道罪，范围比较窄：因为 humanity 容易与国际人道法相联系，但从危害人类罪与战争、武装冲突脱钩以后，增加了许多人权法方面的内容，反人道罪这个罪名并不能涵括危害人类罪的内容，因此，将针对平民人口攻击的大规模犯罪译为危害人类罪还是比较妥当的。③

一、危害人类罪的立法回顾

与灭绝种族罪不同的是，危害人类罪在"二战"之前就已经存在。

第一次提及危害人类罪的是 1868 年 12 月 11 日签署的《圣彼得堡宣言》。该宣言限制使用爆炸或燃烧的射弹，认为这是"违反人类法"（contrary to the laws of humanity）的行为。④ 进一步得到承认的是 1899 年在海牙举行的第一次和平会议上，与会者一致通过了以马尔顿条款作为 1899 年海牙《陆战法规和惯例公约》的序言，这使危害人类罪的概念在法律上得到了更明确的表述。该序言指出："在更为完整的战争法规颁布以前，缔约国认为有必要宣布，在其制定的原则没有包括的情况下，民众与交战方仍处于国际法原则的

---

① ［德］格哈德·韦勒：《国际刑法学原理》，王世洲译，商务印书馆 2009 年版，第 257 页。Sieh auch Werle/Burchards bei Münchner Kommentar zum Strafgesetzbuch, Band 8, Art. 7, Rn. 1. 2Auflage, Verlag C. H. Beck, 2013.

② 联合国设立国际刑事法院全权代表外交大会文件：A/CONF. 183/1。

③ 参见刘大群：《危害人类罪》，载《武大国际法评论》2006 年第 1 期。

④ C. K. Hall/K. Ambos in The Rome Statute of the International Criminal Court, A Commentary by Otto Triffterer and Kai Ambos, 3rd Edtion, Article 7, Paras. 1, C. H. Beck, 2015.

保护与荫庇之下，因为这种保护源于文明国家之间的惯例、人类法和公众良知的要求。"之后，马尔顿条款几乎原封不动地被搬入了许多国际人道主义法的国际文书中，如 1907 年《尊重陆战法律与习惯的海牙公约》。第一次提及危害人类罪的是 1915 年 5 月 24 日《法、英、俄宣言》。① 该宣言谴责了土耳其对阿美尼亚人大屠杀涉及了危害人类罪的具体内容。该宣言指出："所有土耳其政府的成员及涉及大屠杀的代理人都应该为危害人类罪和破坏人类文明承担责任。"② 1919 年，巴黎和平会议委员会支持个人应对违反人类法的犯罪承担刑事责任，曾详细地列出了危害人类罪的罪目："谋杀和灭绝、有系统的恐怖主义活动、处决人质、拷打平民、故意断绝平民的饮食、绑架妇女强迫卖淫、驱逐平民、在非人道主义的条件下监禁平民、强迫平民为敌对军事活动劳动、集体处罚以及故意轰炸无设防的地方与医院。"③ 但根据《凡尔赛和约》针对德国军官的起诉中，并没有适用违反人类罪的适例；"一战"后对土耳其奥匈帝国的起诉也不了了之。

第二次世界大战以后，为审判纳粹德国法西斯战犯而制定的《欧洲国际军事法庭宪章》第 6 条第 3 款第 3 项明确规定了违反人道罪："即在战前或战时，对平民施行谋杀、灭绝、奴役、强迫迁移及其他任何非人道的行为；或基于政治的、种族的或宗教的理由，而为执行或有关本法庭管辖权内之任何犯罪而作出的迫害行为，至于其是否违反犯罪地之国内法则在所不问。"1946 年 12 月 11 日联合国大会第 95（2）号决议通过的《纽伦堡原则）第 6 原则第 3 项明确规定了危害人类罪是违反国际法应受处罚的罪行，其具体内容是"对任何平民进行谋杀、生物实验、放逐和其他非人道行为，或基于政治、种族、宗教背景的迫害，而此类行为已实施或此类迫害已执行或此类行为与任何反和平罪或任何战争犯罪相关联的"。《欧洲国际军事法庭宪章》和《纽伦堡原则》都将危害人类罪与违反和平罪或战争罪相关联。其实，这是一种不得已的做法。首先，《欧洲国际军事法庭宪章》的主要任务是创设针对"二战"前后纳粹德国希特勒政府和法西斯意大利墨索里尼政府在欧洲所实施的罪行进行追诉的法律规范，《欧洲国际军事法庭宪章》的起草者并无意制定完整的危害人类罪的罪行规范。其次，即使创设出完整的危害人类罪的罪行规范，也不可能在纽伦堡审判中得到适用。最后，任何立法都不能脱离当时的历史条件。历史上，危害人类行为始终与战争或武装冲突关联在一起，因此不应对《欧洲国际军事法庭宪章》的起草者求全责备。

---

① C. K. Hall／K. Ambos in The Rome Statute of the International Criminal Court, A Commentary by Otto Triffterer and Kai Ambos, 3rd Edtion, Article 7, Paras. 1. C. H. Beck, 2015.

② C. K. Hall／K. Ambos in The Rome Statute of the International Criminal Court, A Commentary by Otto Triffterer and Kai Ambos, 3rd Edtion, Article 7, Paras. 1. C. H. Beck, 2015.

③《巴黎和平会议委员会报告》1919 年 3 月 29 日，载《美国国际法杂志》1920 年第 83 期第 14 卷。

《远东国际军事法庭宪章》第 5 条第 3 款第 3 项也规定了违反人道罪：战争发生前或战争进行中对任何平民人口之杀害、灭绝、奴役、强迫迁移及其他任何不人道行为；或基于政治的、种族的或宗教的理由，而为执行或有关本法庭管辖权内之任何犯罪而作出的迫害行为，无论其是否违反犯罪地之国内法。比较《欧洲国际军事法庭宪章》和《远东国际军事法庭宪章》对违反人道罪的规定，可以看出两者存在细微的区别：《远东国际军事法庭宪章》规定的对违反人道法行为中的迫害行为的理由中去掉了"宗教"一词。这一点是符合当时日本军国主义者对被占领区平民人口实施攻击的事实的。日军侵略者在"二战"时并没有基于宗教理由公开攻击平民人口。

而 1945 年 12 月 20 日，盟军发布的《管制理事会第 10 号令》第一次将危害人类罪与战争或武装冲突脱钩。《管制理事会第 10 号令》将危害人类罪定义为暴行和罪行，包括但不限于对平民人口犯下的谋杀、灭绝、奴役、驱逐、监禁、酷刑、强奸或其他非人道的行为；或基于政治、种族或宗教原因的迫害行为。《管制理事会第 10 号令》对危害人类罪的定义与《欧洲国际军事法庭宪章》的规定有三点主要不同之处：首先，《欧洲国际军事法庭宪章》规定的危害人类罪必须发生在"战前或战时"，要求与战争有所联系；而《管制委员会第 10 号法令》不再要求危害人类罪与侵略罪或战争罪有所联系；无论是战时还是在和平时期，危害人类罪都可能发生。其次，《管制委员会第 10 号法令》对危害人类罪的具体罪目增加了监禁、酷刑和强奸罪，这比《欧洲国际军事法庭宪章》中的规定更为广泛。最后，确定了国际刑法的一项原则：国际犯罪与内国法律无关。无论行为人所属国家或行为发生地所在国家的内国法律没有将危害人类行为是否被规定为犯罪，都不影响该行为被认定为国际犯罪。

1968 年 11 月 26 日，联合国大会通过了《战争罪及危害人类罪不适用法定时效公约》（以下简称《时效公约》）。该公约认为战争罪及危害人类罪乃国际法上情节最严重之罪。1973 年 12 月 3 日，联合国大会又通过了《关于侦查、逮捕、引渡和惩治战争罪犯和危害人类罪犯的国际合作原则》①。该原则指出：凡战争罪和危害人类罪，无论发生在何时何地，均应加以调查。对有证据证明犯有此等罪行的人，应加以追寻、逮捕、审判，如经判定有罪，应加以惩处。该原则还要求"各国应在双边和多边的基础上相互合作，采取必要的国内和国际措施，以期防止和制止战争罪和危害人类罪"。

1993 年 5 月 25 日，联合国安理会第 827 号决议通过了《起诉应对 1991 年以来前南斯拉夫境内所犯的严重违反国际人道主义法行为负责的人的国际法庭规约》（以下简称《前南国际刑庭规约》）。该规约第 5 条将对国际或国内武装冲突下犯下的针对平民的罪行规

---

① 《关于侦查、逮捕、引渡和惩治战争罪犯和危害人类罪犯的国际合作原则》的内容，参见 https：//www.un.org/zh/documents/treaty/A-RES-3074（XXVIII），2023 年 3 月 23 日最后访问。

定为危害人类罪；其具体罪目包括谋杀、灭绝、奴役、驱逐出境、监禁、酷刑、强奸以及基于政治、种族、宗教原因而进行迫害及其他不人道的行为。《前南国际刑庭规约》明确要求危害人类罪与武装冲突相联系，无论此种武装冲突是国际性的还是非国际性的。《前南国际刑庭规约》对危害人类罪的立法似乎比《管制委员会第10号法令》后退了一步。在《管制委员会第10号法令》中已经将危害人类罪与战争脱钩了，而成为一个并不需要依附于战争就独立存在的国际犯罪；而《前南国际刑庭规约》又将危害人类罪与武装冲突联系在一起。这种观点并不正确。《前南国际刑庭规约》需要解决的是1991年以来在前南斯拉夫联盟境内所发生的严重违反国际人道主义法的行为的刑事责任问题，而这些严重违反国际人道主义法的行为都与前南斯拉夫境内发生的武装冲突联系在一起。甚至可以说，前南斯拉夫境内就不存在与武装冲突无关的危害人类的罪行。

1994年11月8日联合国安理会第955号决议通过的《卢旺达国际法庭规约》第3条规定法庭有权审判危害人类罪，其所规定的具体罪目与《前南国际刑事法庭规约》第5条规定保持一致。但《卢旺达国际刑事法庭规约》第3条并没有将武装冲突与危害人类罪联系在一起。从《卢旺达国际刑事法庭规约》第1条的规定来看，卢旺达国际刑事法庭所审判的危害人类罪的罪行依然与武装冲突存在联系。因为卢旺达国际刑事法庭有权管辖的案件恰恰是1994年1月1日至1994年12月31日期间在卢旺达境内或卢旺达公民在相邻国家实施的违反国际人道主义法的行为。而这些违反国际人道主义法的行为无一例外与卢旺达境内的武装冲突有关。

1996年联合国国际法委员会第48届会议通过的《危害人类和平及安全治罪法草案》（以下简称《治罪法草案》）第18条规定，危害人类罪行是有计划或大规模实行由某一政府或任何组织或团体唆使或指挥的行为，并详细规定了危害人类罪的11项罪目：（1）谋杀；（2）灭绝；（3）酷刑；（4）奴役；（5）基于政治、人种、宗教或族裔原因进行的迫害；（6）基于种族、族裔族或宗教原因进行侵犯人类的基本人权和自由、致使全体居民的一部分处于严重不利地位的体制化歧视；（7）任意驱逐出境或强迫迁移人口；（8）任意拘禁；（9）强迫人员失踪；（10）强奸、逼良为娼和其他形式的性虐待；（11）截肢和严重伤害身份等严重损害身体或精神完整、健康或人性尊严的其他非人道的行为。

1998年7月17日联合国设立国际刑事法院全权代表外交会议通过了《国际刑事法院罗马规约》（以下简称《罗马公约》），该公约第7条在联合国国际法委员会于1996年通过《治罪法案草案》的基础上对危害人类罪作出了部分调整。第7条第1款规定："为了本规约的目的，危害人类罪是指在广泛或有系统地针对任何平民进行的攻击中，在明知这一攻击的情况下，作为攻击的一部分而实施的下列任何一种行为：（1）谋杀；（2）灭绝；（3）奴役；（4）驱逐出境或强迫迁移人口；（5）违反国际法基本原则，监禁或以其他方式严重剥夺人身自由；（6）酷刑；（7）强奸、性奴役、强迫卖淫、强迫怀孕、强迫绝育或严重程度相当的任何其他形式的性暴力；（8）基于政治、种族、民族、族裔、文化、宗教、第3款所界定的性别，或根据公认国际法不容的其他理由，对任何可以识别的团体或集体进行迫害，而且与任何一种本款提及的行为或任何一种本法院管辖权内的犯罪结合发生；（9）强迫人员失踪；（10）种族隔离；（11）故意造成重大痛苦，或对人体或对身心健康造成严重伤害的其他性质相同的不人道行为。"《国际刑事法院规约》将《治罪法草案》中的"有计划和大规模"修改为"广泛或有系统地"，使危害人类罪的犯罪构成更加完善；《国际刑事法院规约》对于危害人类罪的规定，使危害人类罪与武装冲突彻底脱钩，并新增加了两项罪目，即强迫人员失踪罪和种族隔离罪。由于《国际刑事法院规约》是目前对危害人类罪作出最详尽定义的国际法律文件，因此本书主要以《国际刑事法院规约》为基础对危害人类罪进行分析与研究。

二、危害人类罪的外部情势

按照《国际刑事法院规约》第7条的规定，危害人类罪的外部情势为存在广泛或有系统地针对平民人口的攻击这一情势。如果不存在危害人类罪的外部情势，则危害人类行为仅仅属于内国刑法上的一般犯罪，而不能成立违反国际社会根本利益和基本秩序的国际犯罪。单个的内国犯罪中的危害人体生命、健康或精神完整的行为，可以按照内国刑法中的故意杀人罪、故意伤害罪等罪名进行规制；而广泛或有系统地攻击平民人口的行为，无论是对被占领地区的平民人口，还是本国的平民人口，包括反政府武装组织针对本国平民人口广泛或有系统的攻击行为，都可能存在以一项国家政策或组织计划为前提。因此，这种对平民人口的大规模攻击行为，危害了国际社会的根本利益和基本秩序，成立国际犯罪。并且很难通过内国刑事诉讼程序追究这种国际犯罪者的刑事责任。

正如危害人类罪的法律渊源所显示，危害人类罪的外部情势也在不断变化。"二战"后的《欧洲国际军事法庭宪章》所规定的危害人类罪的外部情势包括在战前或战时对平民人口的攻击。即危害人类行为，如果不是发展在战前或战时，则不能成立危害人类罪。《远东国际军事法庭宪章》所规定的危害人类罪的外部情势与《欧洲国际军事法庭宪章》规定危害人类罪的外部情势保持一致。而战前或战时对平民人口的攻击，完全是基于"二战"时期纳粹德国和日本军国主义者所实施危害人类行为的时间上的描述。

1946年12月11日通过的《纽伦堡原则》所归纳的危害人类罪的外部情势则修改为与反和平罪（侵略罪）或任何战争罪有关。这种修改应该放在当时的历史背景下理解：一方面，《纽伦堡原则》本身就是对《欧洲国际军事法庭宪章》适用过程中的法律原则进行的总结，因此，不可能完全抛弃《欧洲国际军事法庭宪章》而另起炉灶；另一方面，在

《纽伦堡原则》中将危害人类罪与违反和平罪（侵略罪）或任何战争罪相关联；即《纽伦堡原则》改变了危害人类罪外部情势的表述，将"战前或战时"换成了与侵略罪或战争罪关联，既表明了危害人类罪发生的时间为战前或战时，也表明了危害人类罪与人道主义危机关联。

1945 年 12 月 20 日的《管制委员会第 10 号法令》解除了危害人类罪与战争之间的联系，因此，也就废除了危害人类罪的外部情势；危害人类行为属于国际犯罪还是内国刑法中的犯罪，界限已经模糊。

1993 年的《前南问题国际刑事法庭规约》将危害人类罪的外部情势规定为国际或国内武装冲突下，即危害人类罪的攻击平民人口的行为发生在国际或国内武装冲突的背景下。国际武装或国内武装冲突的外部情势比战前或战后这个外部情势范围要宽泛。

1994 年《卢旺达国际刑庭规约》未规定危害人类罪与武装冲突的联系，但从该规约第 1 条的规定可以得知，卢旺达国际刑庭追诉的危害人类罪必须是 1994 年 1 月 1 日至 12 月 31 日发生在卢旺达境内或卢旺达公民在周边国家实施的违反国际人道主义法的行为，因此，卢旺达国际刑事法庭审判的危害人类罪还是与武装冲突存在联系。

第一次完全将危害人类罪的外部情势与战争或武装冲突脱钩的是《治罪法草案》。《治罪法草案》将危害人类罪的外部情势修改为"有计划或大规模由某一政府或任何组织或团体唆使或指挥的行为"。从《治罪法草案》的规定可以得出结论：单个的、零星的针对平民人口的攻击行为不能成为国际犯罪，不构成危害人类罪；行为的实施必须由政府、组织或团体唆使或指挥；危害人类的行为必须达到大规模程度，或者行为本身存在一项计划。

而将危害人类罪的外部情势进行优化的是《国际刑事法院规约》。《国际刑事法院规约》将危害人类罪的外部情势规定为"广泛或有系统地针对平民人口的攻击"。因为《治罪法草案》认定危害人类罪的标准太高：必须认定由政府、组织或团体唆使或指挥的、有计划或大规模实施攻击平民人口行为。虽然危害人类罪一般都是存在一项攻击平民人口的计划或政策，这是从行为的标准来判断危害人类罪的成立，证明标准太高。从"行为实施的广泛的或有系统的"这种描述性、客观性外部情势，反而有利于打击和预防危害人类罪。

《国际刑事法院规约》第 7 条已经将危害人类罪与战争或武装冲突脱钩。红十字国际委员会曾宣布："危害人类罪并不要求一定和武装冲突相联系，因为这种联系不再代表国际法的发展趋势。无论是不是在武装冲突中发生，都是不能容忍和接受的。无论在哪种情况下发生，国际社会都有义务采取措施制止这种罪行。"①

---

① 红十字国际委员会：《对日内瓦四公约的评述》，红十字国际委员会出版社 1976 年版，第 1168 页。

危害人类罪的外部情势包括对平民人口攻击的广泛性或对平民人口攻击的系统性。这要在实施危害人类行为时，存在一个外部情势，即广泛地或系统地攻击平民人口行为就可以被认定是危害人类罪，而不需要两个条件同时具备。阿卡耶苏案的判决书中认定，"广泛地"系指"大批的、经常性的和大规模的行为，集体实施并具有相当的严重性并针对许多受害人"，而"有系统地"系指"在共同政策的基础上并涉及实质性的公共或私人的资源的卷入"。① 这一要求排除了孤立的非人道的行为，即由单个行为人出自其个人动机并针对单个受害人的情况。但是在实践中，针对一个或多个受害者的个人行为如果与广泛地或有系统地攻击平民人口的行为有联系，或是构成攻击平民行为的组成部分，也可以认定为危害人类罪。②

一方面，孤立的、零星地对平民人口进行的攻击行为不构成危害人类罪，而要求对平民人口的攻击达到广泛的或有系统的规模；另一方面，如果行为人认识到危害人类罪的外部情势，并将自己的孤立的、单个对平民人口的攻击行为依附于广泛地或有系统地对平民人口的攻击，则该孤立的、单个对平民人口的攻击行为也构成危害人类罪。

《国际刑事法院规约》第7条并没有具体阐释"广泛地或有系统地"的含义。从"广泛地"这个修饰语可以看出，攻击的范围比较广泛，被害人众多。而且这种要求和《治罪法草案》中规定的"大规模"用语含义相近。1995年国际法委员会在讨论"大规模"时认为，1995年版本仅仅说有计划实施具体行为，而原来的案文不仅提到有计划侵害人权行为，而且还提到了"大规模"侵害人权行为。如果该条列出的行为不是大规模的，那么就可以说是一般罪行，不是威胁国际和平与安全的罪行。③ 这种要求的要旨就在于将不属于整个计划或政策的随机不人道行为排除在危害人类罪之外。国际法委员会在讨论1996年《治罪法草案》第18条中的"大规模"时，罗森斯托克先生认为，从逻辑的观点看来，发动不是系统的计划和执行的大规模攻击并非不可思议。④

三、危害人类罪的物质要件

（一）危害人类罪的犯罪对象——平民人口

危害人类罪必须是针对平民人口而实施的。人口是指具有同样特征的人的集合体。这种共同特征包括地理特征或者其他特征。可见，平民的定义是十分广泛的。虽然1949年8月12日《关于战时保护平民的日内瓦公约》（以下简称《日内瓦第四公约》）第3条第1款将平民界定为"不实际参加战事之人民，包括放下武器之武装部队人员及因病、伤、拘

---

① 检察官诉阿卡耶苏案，ICTR-96-T，卢旺达国际刑庭判决书，第85段。
② 参见检察官诉库布拉斯季奇案，IT-95-6-T，前南国际刑庭2000年1月14日，第550段。
③ 《国际法委员会年鉴·1995》第1卷，第13页。
④ 《国际法委员会年鉴·1996》第1卷，第152页。

留或其他原因而失去战斗力之人员在内"。但应该认识到，《关于战时保护平民的日内瓦公约》是以存在武装冲突为前提的，而在非武装冲突时期的平民人口需要重新界定。首先，平民是针对武装人员而言，因此，有义务维护公共秩序并且以合理形式行使力量的人除外。① 其次，在战时不实际参加战事的人员，包括放下武器之武装部队人员及因病、伤、拘留或其他原因而失去战斗力的人员。最后，警察、地方武装或个人在行使防卫行为时，依然属于平民。

（二）危害人类罪的具体行为

1. 谋杀

内国刑法中谋杀罪的谋杀行为与危害人类罪中的谋杀行为存在差异：按照《德国刑法》第 211 条关于谋杀罪的规定，谋杀行为是指行为人基于谋杀的欲望、或满足性欲，或出于贪婪或其他卑下的动机，使用秘密或残忍手段或使用造成公共危险的手段或为掩盖实施其他犯罪的杀人行为。内国刑法对谋杀的动机、方法、手段都存在特别规定。而危害人类罪中的谋杀罪必须是在对平民人口进行有系统的或大规模的攻击中进行的。

按照《犯罪要件》的规定，在国际刑法中，"杀害"或"致死"两个术语可以互换使用。结合国际犯罪的心理要件，应该理解为：行为人故意实施杀害行为，或者行为人有意造成杀害他人的结果或者按照事态的一般发展，会造成他人死亡的结果；或者行为人意识到事态的一般发展，会造成他人死亡的结果。

谋杀行为包括能广泛地或有系统地杀害平民人口的行为，也包括特定的单个的、零星的杀人行为，即行为人知道存在广泛地或有系统地杀害平民人口的外部情势，有意将自己的单个的、零星的杀人行为依附于该外部情势。

2. 灭绝

与谋杀一样，灭绝从"二战"之后就一直名列有关危害人类犯罪的名单上。灭绝行为与谋杀行为之间的区别在于灭绝行为是指针对单个人组成的团体，是集体的杀害；因此，灭绝行为大多有一定程度的预备或组织②；而谋杀则只针对单个个体。

正如《国际刑事法院规约》第 7 条第 2 款第 2 项所述，危害人类罪中的灭绝罪还包括故意施加某种生活状况，如断绝粮食和药品来源，目的是毁灭部分人口。

3. 奴役

奴役和奴隶贸易是国际法最早确认的危害人类罪，在许多国际公约中都有明确的规定，如 1926 年 9 月 25 日的《废除奴隶制及奴隶贩卖之国际公约》（以下简称《废奴公约》）、1953 年 12 月 7 日的《关于修正废除奴隶制及奴隶贩卖之国际公约的议定书》、

---

① 参见王世洲主编：《现代国际刑法学原理》，中国人民公安大学出版社 2009 年版，第 444 页。

② Prosecutor v. Kristic, IT-98-33-T, 2 August 2001, para. 501.

1956 年 9 月 7 日的《废除奴隶制、奴隶贩卖及类似奴隶制之制度与习俗补充公约》（以下简称《废奴补充公约》）。①

按照《国际刑事法院规约》《犯罪要件》的规定，奴役包括对一人或多人行使依附于所有权的任何或一切行为，包括买卖、租借或交换，或以类似方式剥夺其自由的行为。1996 年国际法委员会对《治罪法案草案》第 18 条第 4 项的评述中对奴役进行了解释：奴役是指建议或维持对人的奴役身份状态，与国际法所认可的标准对立的奴役或强迫劳动。

4. 驱逐出境或强行迁移人口

第二次世界大战以后的《欧洲国际军事法庭宪章》《管制委员会第 10 号法令》《远东国际军事法庭宪章》《治罪法草案》都将驱逐出境列为危害人类罪的罪目。按照《国际刑事法院规约》的规定，驱逐出境或强行迁移人口，是指缺乏国际法容许的理由的情况下，以驱逐或胁迫行为，强迫有关的人迁离其合法留在的社区。《犯罪要件》解释了驱逐出境或强行迁移人口的要素："（1）行为人在缺乏国际法容许的理由的情况下，以驱逐或其他强制性的行为，将一人或多人驱逐出境或强行迁移到他国或他地；（2）这些人留在被驱逐或迁移离开的地区是合法的；（3）行为人知道确定这些人留在有关地区的合法性的事实情况；（4）实施的行为属于广泛地或有系统地针对平民人口进行攻击的一部分；（5）行为人知道或有意使该行为属于广泛地或有系统地针对平民人口进行的攻击的一部分。"

从字面上不难理解，"驱逐出境"系指强迫人口从一国迁往另一国，是一种跨国界的人口迁移；而"强行迁移人口"系指在一国境内从一个地区向另一个地区迁移人口。②"缺乏国际法的理由"，一方面是指不能仅仅凭借国内法律的理由就获得将平民人口驱逐出境或强制迁移人口的合法性；另一方面，从理论上而言，国际法并没有规定将平民人口从一国驱逐至另一国或强制迁移人口的合法理由；相反，任何人都有权利和渴望不受外来干涉地居住在自己的社区或家园。③ 当然，在武装冲突期间，为了保护平民人口，强制迁移武装冲突领域的平民人口至其他区域的，并保障被迁移人口的生活和居住条件，并且事后不阻止平民人口返回原居住地的，不属于危害人类罪中的强制迁移人口。④

5. 非法监禁或以其他方式严重剥夺人身自由

《国际刑事法院规约》第 7 条第 1 款第 5 项规定了"违反国际法基本规则，监禁或以

---

① Christopher K. Hall/Carsten Stahn in The Rome Statute of the International Criminal Court, A Commentary by Otto Triffterer and Kai Ambos, 3ʳᵈ Edtion, Article 7, para. 39. C. H. Beck, 2015.

② The ILC Commentary on article 18（g）of the 1996 Draft Code explained："Whereas deportation implies expulsion from the national territory, the forcible transfer of population could occur wholly within the frontiers of one and the same State." Part 2,（1996）2 Yearbook of International Law Commission, 1996.

③ Prosecutor v. Krnojelac, IT-97-25-A, 17 September 2003, para. 218.

④ ［德］格哈德·韦勒：《国际刑法学原理》，王世洲译，商务印书馆 2009 年版，第 286 页。

其他方式严重剥夺人身自由"的罪行。《犯罪要件》将非法监禁的罪行规定为：（1）行为人监禁一人或多人或者严重剥夺一人或多人的人身自由；（2）行为达到违反国际法基本规则的严重程度；（3）行为人知道确定行为严重程度的事实情况；（4）实施的行为属于广泛或有系统地针对平民人口进行攻击的一部分；（5）行为人知道或有意使该行为属于广泛或有系统地针对平民人口进行攻击的一部分。

"二战"后的《欧洲国际军事法庭宪章》《远东国际军事法庭宪章》没有将非法监禁罪作为危害人类罪的罪目。从《管制委员会第10号法令》开始，《前南国际刑庭规约》《卢旺达国际刑庭规约》《国际刑事法院规约》都将非法监禁或以其他方式严重剥夺人身自由作为危害人类罪的罪行。

监禁或以其他方式严重剥夺人身自由，是指禁止平民人口或单个人离开一定场所的自由，具体来说，包括离开一定场所，或将其活动空间限定在一定地点。这具体包括关押在一个封闭的空间，或者将其限定在集中营中活动的情况。而这种监禁必须违反国际法基本原则。这种国际法原则是非常宽泛的，毕竟包括条约法、习惯国际人权法和国际人道法，同时也包括法律的一般原则。根据习惯国际法，剥夺人身自由的"任意性"，即没有适当的法律程序，任意性就存在。①

6. 酷刑

酷刑首次出现在《管制委员会第10号法令》中，此后《治罪法草案》《前南国际刑事法庭规约》《卢旺达问题法庭规约》《国际刑事法庭规约》都将酷刑规定为危害人类罪的罪行。而对酷刑作出定义的是《禁止酷刑和其他残忍、不人道或有辱人格待遇或处罚公约》（以下简称《酷刑公约》）。该公约第1条第1款对酷刑作出了定义：酷刑系指为了向某人或第三者取得情报或供状，为了他或第三者所作或被怀疑所作的行为对他加以处罚，或为了恐吓或威胁他或第三者，或为了基于任何一种歧视的任何理由，蓄意使某人在肉体或精神上遭受剧烈疼痛或痛苦的任何行为，而这种疼痛或痛苦又是在公职人员或以官方身份行使职权的其他人所造成或在其唆使、同意或默许下造成的。纯因法律制裁而引起或法律制裁所固有或随附的疼痛或痛苦则不包括在内。而《国际刑事法院规约》所规定的酷刑是指故意致使在被告人羁押或控制下的人的身体或精神遭受重大痛苦；但酷刑不应包括因合法制裁而引起的，或这种制裁所固有或附带的痛苦。因此，《国际刑事法院规约》规定的酷刑比《酷刑公约》中规定的酷刑的范围要广泛。

7. 性暴力

按照《国际刑事法院规约》的规定，危害人类罪中的性暴力行为包括强奸、性奴役、强迫卖淫、强迫怀孕、强迫绝育或严重程度相当的任何其他形式的性暴力。

---

① ［德］格哈德·韦勒：《国际刑法学原理》，王世洲译，商务印书馆2009年版，第287~288页。

（1）强奸。《欧洲国际军事法庭宪章》《远东国际军事法庭宪章》中都没有明确将强奸罪列为危害人类罪，强奸罪只是包括在"其他非人道的行为"中。尽管如此，在第二次世界大战后的东京审判中，检察官曾以强奸罪起诉日本战犯在 1937 年南京大屠杀时所犯下的严重罪行。① 《管制委员会第 10 号法令》中首次将强奸作为危害人类罪的一种罪行，但是并没有根据此罪判刑的案例。在罗马外交代表大会上，有国家将强奸罪定义为：被告人用性器官强行插入他人身体的任何部分，无论其插入是如何轻微；或以一个物体插入被害人的肛门或生殖通道，无论其插入是如何轻微。② 而《犯罪要件》中将强奸定义为：行为人侵入某人身体，其行为导致以性器官不论如何轻微地进入被害人或行为人身体任一部位，或以任何物体或身体其他任何部位进入被害人的肛门或生殖器官。侵入以武力实施，或以针对该人或另一人实行武力威胁或胁迫，例如以暴力恐惧心理、强迫、羁押、心理压迫或滥用权力造成胁迫情况的方式实施，或利用胁迫环境实施，或者是针对无能力给予真正同意的人实施的。该行为要素有以下几个值得注意的问题：行为人不涉及性别问题，可以是男性也可以是女性；被害人的同意不是决定的因素，因为受害人可能因身体、精神年龄以及所处环境而无能力给予真正的同意；强奸并不局限于使用性器官，而且也包括身体的其他部位或任何其他的外界物体；强迫并不局限于使用暴力，还包括其他形式的精神上或环境上的胁迫。

（2）性奴役。《国际刑事法院规约》是第一个将性奴役作为战争罪和危害人类罪的国际条约。性奴役也是奴役罪的一种特殊形式。按照《犯罪要件》的规定，性奴役是指行为人对一人或多人行使附属于所有权的任何或一切权力，如买卖、租借或交换这些人，或以类似方式剥夺其自由；但同时这种奴役行为必须与性有关。

（3）强迫卖淫。《国际刑事法院规约》是第一个将强迫卖淫作为战争罪或危害人类罪中一项罪行的国际法律文书。按照《犯罪要件》的规定，强迫卖淫，是指行为人迫使一人或多人进行一项或多项与性有关的行为，并为此采用武力，或针对这些人或另一人实行武力威胁或胁迫，例如以暴力恐惧心理、强迫、羁押、心理压迫或滥用权力造成胁迫情况，或利用胁迫环境或这些人无能力给予真正同意的情况。行为人或另一人实际上或预期以这种与性有关的行为换取、或因这种与性有关的行为取得金钱或其他利益。

（4）强迫怀孕。《国际刑事法院规约》第 7 条第 2 款第 6 项是国际法律文书中第一次规定强迫怀孕罪的条款。按照《国际刑事法院规约》的规定，强迫怀孕，是指以影响任何人口的族裔构成的目的，或以进行其他严重违反国际法的行为的目的，非法禁闭被强迫怀孕的妇女。如果以灭绝受保护团体的目的，实施强迫怀孕的，成立灭绝种族罪。

---

① 梅汝璈：《远东国际军事法庭》，法律出版社 1986 年版，第 302 页。
② UN Doc A/CONF. 183/C. 1/L. 10（1998），p. 6.

（5）强迫绝育。《国际刑事法院规约》是第一个将强迫绝育作为国际法可惩罚的战争罪和危害人类罪的罪行的国际法律文书。按照《犯罪要件》的规定，强迫绝育，是指在缺乏医学或住院治疗等理由，而且未得到本人真正同意的情况下，行为人剥夺一人或多人的自然生殖能力。

（6）其他性暴力罪。按照《犯罪要件》的规定，其他性暴力，行为人对一人或多人实施一项与性有关的行为，或迫使这些人进行一项与性有关的行为，并为此采用武力，或针对这些人或另一人实行武力威胁或胁迫，例如以暴力恐惧心理、强迫、羁押、心理压迫或滥用权力造成胁迫情况，或利用胁迫环境或这些人无能力给予真正同意的情况；上述性暴力行为的严重程度必须达到与《国际刑事法院规约》第7条第1款第7项所述的其他犯罪相当。

8. 迫害

《欧洲国际军事法庭宪章》第6条第3款、《管制委员会第10号法令》第2条第1款第3项、《远东国际军事法庭宪章》第5条第3款、《前南国际刑庭规约》第5条第8款以及《卢旺达国际刑庭规约》第3条第8款都已将基于政治、种族或宗教原因的迫害列为危害人类罪。《国际刑事法院规约》第7条第1款第8项规定："基于政治、种族、民族、族裔、文化、宗教、第3款所界定的性别，或根据公认为国际法不容的其他理由，对任何可以识别的团体或集体进行迫害，而且与任何一种本款提及的行为或任何一种本法院管辖权内的犯罪结合发生。"第2款第7项中又进一步规定："'迫害'是指违反国际法规定，针对某一团体或集体的特性，故意和严重剥夺基本权利。"

迫害，是指行为人违反国际法，严重剥夺一人或多人的基本权利；这种迫害是以行为人因某一团体或集体的特性而将这些人为目标，或以该团体或集体为目标；并且选定目标的根据是政治、种族、民族、族裔、文化、宗教、《前南国际刑庭规约》第7条第3款所界定的性别方面的理由，或公认为国际法所不容的其他理由；迫害行为必须与任何一种《前南国际刑庭规约》第7条第1款提及的行为或任何一种本法院管辖权内的犯罪结合发生。

9. 强迫人员失踪

1996年联合国国际法委员会通过的《治罪法草案》中将强迫人员失踪作为危害人类罪的具体罪目。《国际刑事法院规约》首次将强迫人员失踪行为规定为国际犯罪。

按照《国际刑事法院规约》的规定，强迫失踪是指国家或政治组织直接地，或在其同意、支持或默许下，逮捕、羁押或绑架人员，继而拒绝承认这种剥夺自由的行为，或拒绝透露有关人员的命运或下落，目的是将其长期置于法律保护之外。按照《犯罪要件》的规定，强迫人员失踪罪的罪行要素为：行为人逮捕、羁押或绑架一人或多人；或拒绝承认这种逮捕、羁押或绑架行为、或透露有关人的命运或下落；在逮捕、羁押或绑架期间或在其后，拒绝承认这种剥夺自由的行为，或透露有关人员的命运或下落；上述拒绝承认或透露的行为，在剥夺自由期间或在其后发生。行为人知道在一般情况下，逮捕、羁押或绑架后，将拒绝承认这种剥夺自由的行为，或透露有关人员的命运或下落；或上述拒绝承认或透露的行为，在剥夺期间或在其后发生。这种逮捕、羁押或绑架是国家或政治组织进行的，或是在其同意、支持或默认下进行的。拒绝承认这种剥夺自由的行为，或透露有关的人的命运或下落，是上述国家或政治组织进行的，或是在其同意或支持下进行的。行为人打算将有关人员长期置于法律保护之外。

10. 种族隔离

1966 年 12 月 16 日，联合国大会通过第 2184 号决议（ⅩⅪ）谴责种族隔离政策为危害人类罪。1968 年联合国通过的《战争罪及危害人类罪不适用法定时效公约》将"因种族隔离政策而起的不人道行为"列为危害人类罪。1973 年 11 月 30 日，联合国大会通过了《禁止并惩治种族隔离罪行国际公约》（以下简称《种族隔离公约》），该公约第 1 条明确规定："种族隔离是危害人类的罪行。"《国际刑事法院规约》将种族隔离规定为危害人类罪罪行。《国际刑事法院规约》第 7 条第 2 款第 8 项规定，种族隔离，是指一个种族团体对任何其他一个或多个种族团体，在一个有计划地实施压迫和统治的体制化制度下，实施性质与本条第 1 款所述行为相同的不人道行为，目的是维持该制度的存在。按照《犯罪要件》的规定，该罪成立的条件包括：（1）行为人对一人或多人实施不人道行为；（2）这种行为是《国际刑事法院规约》第 7 条第 1 款提及的行为之一，或者是与其性质相同的行为；（3）行为人知道确定行为的性质的事实情况；（4）行为是一个种族团体对任何其他一个或多个种族团体，在一个有计划地实行压迫和统治的体制化制度下实施的；（5）行为人打算以这种行为维护这一制度。

11. 其他不人道行为罪

《国际刑事法院规约》第 7 条第 1 款第 11 项对其他不人道行为进行了规定：其他人不人道行为，是指故意造成重大痛苦，或对人体或身心健康造成严重伤害的其他性质相同的不人道行为。按照《犯罪要件》的规定，该罪成立的要素包括：（1）行为人以不人道行为造成重大痛苦，或对人体或精神或身体键康造成严重的伤害；（2）行为的性质与《前南国际刑庭规约》第 7 条第 1 款提及的任何其他行为相同；（3）行为人知道确定行为的性质的事实情况。

四、危害人类罪的犯罪主体

在纽伦堡审判和东京审判之后，国际刑事司法实践都是将犯罪主体限定为单个的自然人，并不包括组织或国家。

从危害人类罪的犯罪构成来看，灭绝种族罪包括直接实施危害人类犯罪的行为人；也包括对所直接有效管辖和控制的军事指挥官或以军事指挥官行事之人，还包括其他有效控制和管辖的下级人员实施的灭绝种族行为承担责任的上级人员。

而实施危害人类行为的犯罪主体，无论其官方身份是国家元首、政府首脑、政府成员抑或是议会议员、选任代表或政府官员，不能因为其官方身份享有豁免权，也不得借口执行的是上级命令而阻却违法。

五、危害人类罪的心理要件

按照《国际刑事法院规约》《犯罪要件》的规定，危害人类罪的心理要件包括故意和明知。具体来说，行为人认识到行为会广泛地或有系统地攻击平民人口，有意从事该行为；或者行为人有意造成广泛地或有系统地攻击平民人口的结果；或者行为人意识到事态的一般发展会产生广泛地或有系统地攻击平民人口的结果的；以上情况下都表明行为人存在危害人类罪的故意这个心理要件。就明知而言，要求行为人意识到存在危害人类罪的外部情势或者事态的一般发展会产生广泛地或有系统地攻击平民人口的结果的心理。

第三节 战 争 罪

一、惩罚战争犯罪的立法回顾

战争罪是规定在国际法下的侵犯国际人道法的犯罪,[1] 具体包括规定为违反国际人道法的犯罪或被国际条约或习惯国际法视为犯罪的行为。

"一战"结束后，1919 年追诉战争发起者责任和刑罚执行委员会曾列举了 32 项严重违反战争法或战争惯例行为的名单，包括屠杀、有计划的恐怖主义、处死人质、对平民施以酷刑、放逐平民、故意使平民受饥饿、强奸、在非人道的条件下拘留平民、强迫平民从事与战争有关的劳务、在军事占领期间夺取主权、在占领地居民中强迫征兵、企图剥夺占领地居民的国籍、掠夺、没收财产、非法勒索等，但该条并未使用"战争罪"一词，用的是"违反战争法规和惯例的行为"这一表述。[2]

---

① Michael Cottier, Article 8, Para. 1, in Triffterer/Ambos: The Rome Statute of the International Criminal Court: A Commentary, 3rd Edition, C. H. Beck. Hart. Nomos.

② Report of the Commission on the Responsibility of the Authors of the War and on Enforcement of Penalties Presented to the Preliminary Peace Conference (29 Mar. 1919), reprinted in 1920, 14 AJIL 95.

第一次将战争罪作为国际犯罪名称规定的是 1945 年《欧洲国际军事法庭宪章》。按照《欧洲国际军事法庭宪章》第 6 条的规定，战争罪是指违反战争法规或惯例的行为，此种违反包括谋杀、为奴役或其他目的而虐待或放逐占领地平民、谋杀或虐待战俘或海上人员、杀害人质、掠夺公私财产、毁灭城镇或乡村或非基于军事上必要之破坏，但不以此为限……《远东国际军事法庭宪章》第 5 条也规定了对战争罪进行管辖。比较《欧洲国际军事法庭宪章》和《远东国际军事法庭宪章》的英文表述，两个宪章对战争罪的定义一致，但称谓各异：《欧洲国际军事法庭宪章》谓之战争罪，而《远东国际军事法庭宪章》谓之普通战争罪。

1946 年 12 月 11 日《纽伦堡原则》进一步确认了战争罪的概念。该文件第 6 条规定也即违反国际法应受惩处的罪行是破坏和平罪、战争罪和危害人类罪，其中战争罪是指违反战争法规或惯例的行为，此种违反包括谋杀、为奴役或其他目的而虐待或放逐占领地平民、谋杀或虐待战俘或海上人员、杀害人质、掠夺公私财产、毁灭城镇或乡村或非基于军事上必要之破坏，但不以此为限。这一规定与《纽伦堡国际军事法庭宪章》的规定没有任何区别。

1968 年《战争罪及危害人类罪不适用法定时效公约》使用"战争罪"一词时，重申了《欧洲国际军事法庭宪章》中确认的战争罪定义。

1977 年缔结的《1949 年 8 月 12 日日内瓦四公约关于保护非国际性武装冲突受难者的附加议定书》（即《第二附加议定书》）则对《日内瓦四公约》共同第 3 条进行了补充和发展，成为第一个专门调整非国际性武装冲突中各方行为的国际公约。《日内瓦四公约》共同第 3 条和 1977 年《第二附加议定书》，共同构成了调整非国际性武装冲突中各方行为的条约法体系，为战争罪概念适用于非国际武装冲突提供了理论基础。

《前南国际刑事法庭规约》《卢旺达国际刑事法庭规约》都没有明确使用"战争罪"一词，而是使用了"违反战争法和惯例的行为"（《前南国际刑事法庭规约》第 3 条）或"违反《日内瓦四公约》共同第 3 条和《第二附加议定书》的行为"的表述。而《国际刑事法院规约》第 5 条、第 8 条都直接采用战争罪的表述。根据《国际刑事法院规约》第 8 条，战争罪是指严重破坏《日内瓦四公约》的行为，即对《日内瓦四公约》保护的人或财产实施的严重违法行为、严重违反国际法既定范围内适用于国际性武装冲突的法规和惯例的其他行为及在非国际性武装冲突中严重违反《日内瓦四公约》共同第 3 条的行为，即对不实际参加敌对行动的人，包括已经放下武器的武装部队人员及因病、伤、被俘或任何其他原因失去战斗力的人员实施的严重违反行为以及严重违反国际法既定范围内适用于非国际性武装冲突的法规和惯例的其他行为。

至此，战争罪适用于国际武装冲突和非国际性武装冲突已经没有立法上的争议，这是对国际法中战争罪概念的重大突破，甚至被有些学者形容为国际人道法领域发生的一场小小的革命。①

二、战争罪的外部情势

战争罪的外部情势曾发生变更。"二战"后的《欧洲国际军事法庭宪章》《远东国际军事法庭宪章》都是以战争的发生作为认定战争罪成立的外部情势。当然，两个宪章都没有明确规定该行为必须以发生国家间战争为外部情势，但结合两个宪章对破坏和平罪和战争罪的规定，可以得出结论：纽伦堡审判和东京审判中的战争罪是以发生国家间战争为外部情势的。两个宪章并没有在战争罪中明确规定战争发生的外部情势，也不需要予以规定。因为"二战"尚未结束，盟军方面就决定组建国际法庭追究对犯有侵略罪和违反战争法规或战争习惯的行为负有责任的人员的刑事责任。

《国际刑事法院规约》第 8 条将战争罪分为四大类。从第 8 条第 1 款的规定来看，战争罪的外部情势包括作为一项计划或政策的一部分所实施的行为，或作为在大规模实施这些犯罪中所实施的行为；同时战争罪的外部情势还需要存在武装冲突，包括国际武装冲突和非国际武装冲突两种类型的武装冲突。

首先，在战争罪中必须存在违反战争法或习惯战争法一项计划或政策；或者这种违反战争法或习惯战争法的行为是大规模的。对零星的、单个的违反战争法或习惯战争法的行为，不能视为战争罪的犯罪行为，除非行为人认识到存在违反战争法或习惯战争法一项计划或政策；或者这种违反战争法或习惯战争法的行为是大规模发生的外部情势，而将自己的行为依附于该计划或政策，抑或是将自己的行为依附于大规模违反战争法或习惯战争法的行为，才能成立战争罪。

同时，战争罪的外部情势还需要存在武装冲突。根据《国际刑事法院规约》《犯罪要件》，并没有解释武装冲突的含义。但《第二附加议定书》第 1 条第 1 款对非国际性武装冲突作出了界定：本议定书发展和补充 1949 年 8 月 12 日《日内瓦四公约》共同第 3 条而不改变其现有的适用条件，应适用于 1949 年 8 月 12 日《日内瓦四公约》关于保护国际性武装冲突受难者的附加议定书《第一议定书》所未包括、而在缔约一方领土内发生的该方武装部队和在负责统率下对该方一部分领土行使控制权，从而使其能进行持久而协调的军事行动并执行本议定书的持不同政见的武装部队或其他有组织的武装集团之间的一切武装冲突。因此，非国际性武装冲突应该包括以下要素：在缔约国一方领土上发生；在缔约方武装部队和敌对武装组织或其他类似集团之间发生。并且，敌对武装组织必须满足以下条

---

① Claus Kress, War Crimes Committed in Non-international Armed Conflict and the Emerging System of International Justice, 30 Israel Year Book on Human Rights 2000, para. 103.

件：在负责人的指挥机构下组织起来；对部分领土行使控制权；进行持久而协调的军事行动；执行《第二附加议定书》。[1]

关于是否存在国际性武装冲突的问题，一方面，如果是两个主权国家之间发生了武装冲突，显然属于国际武装冲突。而难题在于在一国领土上发生的，有外国因素介入的武装冲突，究竟属于国际性武装冲突还是非国际性武装冲突？国际法院的法官分别提出了"有效控制理论"和"全面控制理论"。如果一个国家对发生在另一国领土上的武装敌对组织能够具体指挥或强迫敌对武装组织行事的，按照有效控制理论，发生在一国领土上的武装冲突具有国际武装冲突的性质。而"全面控制说"正在取代"有效控制说"。要将一个军事或准军事组织的行为归因于一个国家，需要证明该国对该组织实施了全面控制。而不仅仅是对该组织提供装备及财政上的支持，且对其军事活动的全面策划进行了协调或帮助，只有这样，该国才会对该组织的不当行为负国际责任，不过，这里并不要求该国向该组织的领导或成员发布实施违反国际法行为的指令。[2]

三、战争罪的具体行为

（一）严重破坏《日内瓦公约》的战争犯罪行为

1. 故意杀害

即杀害受《日内瓦四公约》保护的人员。具体犯罪要素包括行为人杀害一人或多人；这些人受到一项或多项1949年《日内瓦公约》的保护；行为人知道确定该受保护地位的事实情况；行为在国际武装冲突情况下发生并且与该冲突有关；行为人知道据以确定存在武装冲突的事实情况。

2. 酷刑

其具体行为包括行为人杀害一人或多人；这些人受到一项或多项1949年《日内瓦公约》的保护；行为人知道确定该受保护地位的事实情况；行为在国际武装冲突情况下发生并且与该冲突有关；行为人知道据以确定存在武装冲突的事实情况。

3. 其他不人道待遇

其具体行为包括行为人使一人或多人身体或精神遭受重大痛苦；这些人受到一项或多项1949年《日内瓦公约》的保护；行为人知道确定该受保护地位的事实情况；行为在国际武装冲突情况下发生并且与该冲突有关；行为人知道据以确定存在武装冲突的事实情况。

---

[1] 贾兵兵：《国际公法》（下卷：武装冲突中的解释与适用），清华大学出版社2020年版，第61页。

[2] 参见贾兵兵：《国际公法》（下卷：武装冲突中的解释与适用），清华大学出版社2020年版，第61页。

4. 生物学实验

其具体行为包括行为人使一人或多人遭受某项生物学实验；实验严重危及这些人的身体完整性或精神健康；实验目的不在于治疗，也缺乏医学理由，也不是为了这些人的利益而进行的；这些人受到一项或多项 1949 年《日内瓦公约》的保护；行为人知道确定该受保护地位的事实情况；行为在国际武装冲突情况下发生并且与该冲突有关；行为人知道据以确定存在武装冲突的事实情况。

5. 造成重大痛苦

其具体行为包括行为人使一人或多人身体或精神遭受重大痛苦，或严重伤害这些人的身体或健康；这些人受到一项或多项 1949 年《日内瓦公约》的保护；行为人知道确定该受保护地位的事实情况；行为在国际武装冲突情况下发生并且与该冲突有关；行为人知道据以确定存在武装冲突的事实情况。

6. 破坏和侵占财产

其具体行为包括行为人破坏或侵占某些财产；破坏或侵占无军事上的必要；破坏或侵占是广泛和恣意进行的；这些财产受到一项或多项 1949 年《日内瓦公约》的保护；行为人知道确定该受保护地位的事实情况；行为在国际武装冲突情况下发生并且与该冲突有关；行为人知道据以确定存在武装冲突的事实情况。

7. 强迫在敌国部队中服役

其具体行为包括行为人以行为或威胁方式，强迫一人或多人参加反对他们本国或本国部队的军事行动，或者在敌国部队中服役；这些人受到一项或多项 1949 年《日内瓦公约》的保护；行为人知道确定该受保护地位的事实情况；行为在国际武装冲突情况下发生并且与该冲突有关；行为人知道据以确定存在武装冲突的事实情况。

8. 剥夺公允审判的权利

其具体行为包括行为人拒绝给予特别是 1949 年《日内瓦第三公约》和《日内瓦第四公约》所规定的司法保障，剥夺一人或多人应享的公允及合法审判的权利；这些人受到一项或多项 1949 年《日内瓦公约》的保护；行为人知道确定该受保护地位的事实情况；行为在国际武装冲突情况下发生并且与该冲突有关；行为人知道据以确定存在武装冲突的事实情况。

9. 非法驱逐出境和迁移

其具体行为包括行为人将一人或多人驱逐出境或迁移到他国或他地；这些人受到一项或多项 1949 年《日内瓦公约》的保护；行为人知道确定该受保护地位的事实情况；行为在国际武装冲突情况下发生并且与该冲突有关；行为人知道据以确定存在武装冲突的事实情况。

10. 非法禁闭

其具体行为包括行为人将一人或多人禁闭或继续禁闭在某地；这些人受到一项或多项1949年《日内瓦公约》的保护；行为人知道确定该受保护地位的事实情况；行为在国际武装冲突情况下发生并且与该冲突有关；行为人知道据以确定存在武装冲突的事实情况。

11. 劫持人质

其具体行为包括行为人劫持或拘禁一人或多人，或以这些人为人质；行为人威胁杀害、伤害或继续拘禁这些人；行为人意图迫使某一国家、国际组织、自然人或法人或一组人采取行动或不采取行动，以此作为这些人的安全或释放的明示或默示条件；这些人受到一项或多项1949年《日内瓦公约》的保护；行为人知道确定该受保护地位的事实情况；行为在国际武装冲突情况下发生并且与该冲突有关；行为人知道据以确定存在武装冲突的事实情况。

（二）违反适用于国际武装、冲突的法规和惯例的其他行为

1. 攻击平民

其构成要素包括行为人指令攻击；攻击目标是平民人口本身或未直接参加敌对行动的个别平民；行为人故意以平民人口本身或未直接参加敌对行动的个别平民为攻击目标；行为在国际武装冲突情况下发生并且与该冲突有关；行为人知道据以确定存在武装冲突的事实情况。

2. 攻击民用物体

其构成要素包括行为人指令攻击；攻击目标是民用物体，即非军事目标的物体；行为人意图以这种民用物体为攻击目标；行为在国际武装冲突情况下发生并且与该冲突有关；行为人知道据以确定存在武装冲突的事实情况。

3. 攻击与人道主义援助或维持和平行动有关的人员或物体

其构成要素包括行为人指令攻击；攻击目标是依照《联合国宪章》执行的人道主义援助或维持和平行动的所涉人员、设施、物资、单位或车辆；行为人故意以这些人员、设施、物资、单位或车辆为攻击目标；这些人员、设施、物资、单位或车辆有权得到武装冲突国际法规给予平民和民用物体的保护；行为人知道确定这种保护的事实情况；行为在国际武装冲突情况下发生并且与该冲突有关；行为人知道据以确定存在武装冲突的事实情况。

4. 造成过分的附带伤亡或破坏

其构成要素包括行为人发动攻击；这种攻击会附带造成平民伤亡或破坏民用物体或致使自然环境遭受广泛、长期和严重的破坏，而且伤亡或破坏的程度与预期得到的具体和直接的整体军事优势相比显然是过分的；行为人明知这种攻击会附带造成平民伤亡或破坏民

用物体或致使自然环境遭受广泛、长期和严重的破坏，而且伤亡或破坏的程度与预期得到的具体和直接的整体军事优势相比显然是过分的；行为在国际武装冲突情况下发生并且与该冲突有关；行为人知道据以确定存在武装冲突的事实情况。

5. 攻击不设防地方

其构成要素包括行为人攻击一个或多个城镇、村庄、住所或建筑物；这些城镇、村庄、住所或建筑物没有抵御，可以随时占领；有关城镇、村庄、住所或建筑物不构成军事目标；行为在国际武装冲突情况下发生并且与该冲突有关；行为人知道据以确定存在武装冲突的事实情况。

6. 杀害、伤害失去战斗力的人员

其构成要素包括行为人杀害、伤害一人或多人；这些人失去战斗力；行为人知道确定这一地位的事实情况；行为在国际武装冲突情况下发生并且与该冲突有关；行为人知道据以确定存在武装冲突的事实情况。

7. 不当使用休战旗

其构成要素包括行为人使用休战旗；行为人使用休战旗以假装有意谈判，而实际并无此意；行为人知道或应当知道这种使用手段的违禁性质；行为致使人员死亡或重伤；行为人知道该行为会致使人员死亡或重伤；行为在国际武装冲突情况下发生并且与该冲突有关；行为人知道据以确定存在武装冲突的事实情况。

8. 不当使用敌方旗帜、标志或制服

其构成要素包括行为人使用敌方旗帜、标志或制服；行为人在从事攻击时，以国际法禁止的方式使用这些旗帜、标志或制服；行为人知道或应当知道这种使用手段的违禁性质；行为致使人员死亡或重伤；行为人知道该行为会致使人员死亡或重伤；行为在国际武装冲突情况下发生并且与该冲突有关，行为人知道据以确定存在武装冲突的事实情况。

9. 不当使用联合国旗帜、标志或制服

其构成要素包括行为人使用联合国旗帜、标志或制服；行为人以武装冲突国际法规禁止的方式使用这些旗帜、标志或制服；行为人知道这种使用手段的违禁性质；行为致使人员死亡或重伤；行为人知道该行为可能致使人员死亡或重伤；行为在国际武装冲突情况下发生并且与该冲突有关；行为人知道据以确定存在武装冲突的事实情况。

10. 不当使用《日内瓦公约》所定的特殊标志

其构成要素包括行为人使用《日内瓦公约》所定的特殊标志；行为人以武装冲突国际法规禁止的方式为战斗目的使用这种标志；行为人知道或应当知道这种使用手段的违禁性质；行为致使人员死亡或重伤；行为人知道该行为会致使人员死亡或重伤；行为在国际武装冲突情况下发生并且与该冲突有关；行为人知道据以确定存在武装冲突的事实情况。

11. 占领国将部分本国平民人口直接或间接迁移到其占领的领土，或将被占领领土的全部或部分人口驱逐或迁移到被占领领土内或外的地方

其构成要素包括行为人将部分本国人口直接或间接迁移到其占领的领土；或将被占领领土的全部或部分人口驱逐或迁移到被占领领土内或外的地方；行为在国际武装冲突情况下发生并且与该冲突有关；行为人知道据以确定存在武装冲突的事实情况。

12. 攻击受保护物体

其构成要素包括行为人指令攻击；攻击目标是一座或多座专用于宗教、教育、艺术、科学或慈善事业的建筑物、历史纪念物、医院或伤病人员收容所，而这些地方不是军事目标；行为人故意以一座或多座专用于宗教、教育、艺术、科学或慈善事业的建筑物、历史纪念物、医院或伤病人员收容所作为攻击目标，而这些地方不是军事目标；行为在国际武装冲突情况下发生并且与该冲突有关；行为人知道确据以定存在武装冲突的事实情况。

13. 残伤肢体

其构成要素包括行为人致使一人或多人肢体遭受残伤，特别是永久毁损这些人的容貌，或者永久毁伤或割除其器官或附器；行为致使这些人死亡或严重危及其身体或精神健康；行为不具有医学、牙医学或住院治疗等方面的理由，也不是为了其利益而进行的；这些人在敌方权力之下；行为在国际武装冲突情况下发生并且与该冲突有关；行为人知道据以确定存在武装冲突的事实情况。

14. 医学或科学实验

其构成要素包括行为人致使一人或多人遭受医学或科学实验；实验致使这些人死亡或严重危及其身体完整性或精神健康；行为不具有医学、牙医学或住院治疗等方面的理由，也不是为了其利益而进行的；这些人在敌方权力之下；行为在国际武装冲突情况下发生并且与该冲突有关；行为人知道据以确定存在武装冲突的事实情况。

15. 背信弃义的杀害、伤害

其构成要素包括行为人诱取一人或多人的信任，使其相信本人应享有或应给予适用于武装冲突国际法规的保护；行为人有意背弃这种信任；行为人杀害、伤害这些人；行为人利用这种信任杀害、伤害这些人；这些人是敌方人员；行为在国际武装冲突情况下发生并且与该冲突有关；行为人知道据以确定存在武装冲突的事实情况。

16. 决不纳降

其构成要素包括行为人宣告或下令杀无赦；宣告或下令杀无赦是为了威胁敌方，或在杀无赦基础上进行敌对行动；行为人能有效指挥或控制接受其宣告或命令的下属部队；行为在国际武装冲突情况下发生并且与该冲突有关；行为人知道据以确定存在武装冲突的事实情况。

17. 摧毁或没收敌方财产

其构成要素包括行为人摧毁或没收某些财产；这些财产是敌方财产；这些财产受武装冲突国际法规的保护，不得予以摧毁或没收；行为人知道确定财产的地位的事实情况；摧毁或没收无军事上的必要；行为在国际武装冲突情况下发生并且与该冲突有关；行为人知道据以确定存在武装冲突的事实情况。

18. 剥夺敌方国民的权利或诉讼权

其构成要素包括行为人取消、停止某些权利或诉讼权，或在法院中终止执行；这种取消、停止或终止行动针对敌方国民；行为人有意针对敌方国民实施这种取消、停止或终止行动；行为在国际武装冲突情况下发生并且与该冲突有关；行为人知道据以确定存在武装冲突的事实情况。

19. 强迫参加军事行动

其构成要素包括行为人以行为或威胁方式，强迫一人或多人参加反对他们本国或本国部队的军事行动；这些人是敌方国民；行为在国际武装冲突情况下发生并且与该冲突有关；行为人知道据以确定存在武装冲突的事实情况。

20. 抢劫

其构成要素包括行为人侵占某些财产；行为人有意剥夺和侵占物主的财产，以供私人或个人使用；侵占未经物主同意；行为在国际武装冲突情况下发生并且与该冲突有关；行为人知道据以确定存在武装冲突的事实情况。

21. 使用毒物或有毒武器

其构成要素包括行为人使用一种物质，或一种使用时释放这种物质的武器；这种物质凭借其毒性，在一般情况下会致死或严重损害健康；行为在国际武装冲突情况下发生并且与该冲突有关；行为人知道据以确定存在武装冲突的事实情况。

22. 使用违禁气体、液体、物质或器件

其构成要素包括行为人使用一种气体或其他类似物质或器件；这种气体、物质或器件凭借其窒息性或毒性，在一般情况下会致死或严重损害健康；行为在国际武装冲突情况下发生并且与该冲突有关；犯罪行为人知道据以确定存在武装冲突的事实情况。

23. 使用违禁子弹

其构成要素包括行为人使用某种子弹；使用这种子弹违反武装冲突国际法规，因为这种子弹在人体内易于膨胀或变扁；行为人知道，由于子弹的性质，其使用将不必要地加重痛苦或致伤效应；行为在国际武装冲突情况下发生并且与该冲突有关；行为人知道据以确定存在武装冲突的事实情况。

24. 使用《规约》附件所列武器、射弹、装备或战争方法

133

其构成要素包括违反武装冲突国际法规，使用具有造成过分伤害或不必要痛苦的性质，或基本上为滥杀滥伤的武器、射弹、装备和作战方法，但这些武器、射弹、装备和作战方法应当已被全面禁止，并依照《国际刑事法院规约》第 122 条的有关规定以一项修正案的形式列入本规约的一项附件内。

25. 损害个人尊严

其构成要素包括行为人侮辱一人或多人、实行有辱其人格的待遇或以其他方式损害其尊严；侮辱、有辱人格或其他损害行为的严重性达到公认为损害个人尊严的严重程度；行为在国际武装冲突情况下发生并且与该冲突有关；行为人知道据以确定存在武装冲突的事实情况。

26. 强奸

其构成要素包括行为人侵入某人身体，其行为导致以性器官不论如何轻微地进入被害人或行为人身体任一部位，或以任何物体或身体任何其他部位进入被害人的肛门或生殖器官；侵入以武力实施，或以针对该人或另一人实行武力威胁或胁迫，例如以暴力恐惧心理、强迫、胁迫、羁押、心理压迫或滥用权力造成胁迫情况的方式实施，或利用胁迫环境实施，或者是针对无能力给予真正同意的人实施的；行为在国际武装冲突情况下发生并且与该冲突有关；行为人知道据以确定存在武装冲突的事实情况。

27. 性奴役

其构成要素包括行为人对一人或多人行使附属于所有权的任何或一切权力，如买卖、租借或交换这些人，或以类似方式剥夺其自由；行为人使一人或多人进行一项或多项与性有关的行为；行为在国际武装冲突情况下发生并且与该冲突有关；行为人知道据以确定存在武装冲突的事实情况。

28. 强迫卖淫

其构成要素包括行为人迫使一人或多人进行一项或多项与性有关的行为，并为此采用武力，或针对这些人或另一人实行武力威胁和胁迫，例如以暴力恐惧心理、强迫、羁押、心理压迫或滥用权力造成胁迫情况，或利用胁迫环境或这些人无能力给予真正同意的情况；行为人或另一人实际上或预期以这种与性有关的行为换取，或因这种与性有关的行为取得金钱或其他利益；行为在国际武装冲突情况下发生并且与该冲突有关；行为人知道据以确定存在武装冲突的事实情况。

29. 强迫怀孕

其构成要素包括行为人禁闭一名或多名被强迫怀孕的妇女，目的是影响任何人口的族裔组成，或进行其他严重违反国际法的行为；行为在国际武装冲突情况下发生并且与该冲突有关；行为人知道据以确定存在武装冲突的事实情况。

30. 强迫绝育

其构成要素包括行为人剥夺一人或多人的自然生殖能力；行为缺乏医学或住院治疗这些人的理由，而且未得到本人的真正同意；行为在国际武装冲突情况下发生并且与该冲突有关；行为人知道据以确定存在武装冲突的事实情况。

31. 性暴力

其构成要素包括行为人对一人或多人实施一项与性有关的行为，或迫使这些人进行一项与性有关的行为，并为此采用武力，或针对这些人或另一人实行武力威胁或胁迫，例如以暴力恐惧心理、强迫、羁押、心理压迫或滥用权力造成胁迫情况，或利用胁迫环境或这些人无能力给予真正同意的情况；行为的严重程度与严重违反《日内瓦公约》的行为相若；行为人知道确定行为严重程度的事实情况；行为在国际武装冲突情况下发生并且与该冲突有关；行为人知道据以确定存在武装冲突的事实情况。

32. 利用被保护人作为掩护

其构成要素包括行为人移动一名或多名平民或受武装冲突国际法规保护的其他人，或以其他方式利用这些人所处位置；行为人故意使军事目标免受攻击，或掩护、支持或阻挠军事行动；行为在国际武装冲突情况下发生并且与该冲突有关；行为人知道据以确定存在武装冲突的事实情况。

33. 攻击使用《日内瓦公约》所定特殊标志的物体或人员

其构成要素包括行为人攻击依照国际法使用特殊标志或其他识别方法以表示受《日内瓦公约》保护的一人或多人、建筑物、医疗单位或运输工具或其他物体；行为人故意以为了上述理由使用这种标记的人、建筑物、单位或运输工具或其他物体作为攻击目标；行为在国际武装冲突情况下发生并且与该冲突有关；行为人知道据以确定存在武装冲突的事实情况。

34. 以断绝粮食作为战争方法

其构成要素包括行为人使平民无法取得其生存所必需的物品；行为人故意以断绝平民粮食作为战争方法；行为在国际武装冲突情况下发生并且与该冲突有关；行为人知道据以确定存在武装冲突的事实情况。

35. 利用或征募儿童

其构成要素包括行为人征募一人或多人参加国家武装部队，或利用一人或多人积极参与敌对行动；这些人不满 15 岁；行为人知道或应当知道这些人不满 15 岁；行为在国际武装冲突情况下发生并且与该冲突有关；行为人知道据以确定存在武装冲突的事实情况。

（三）在非国际武装冲突中违反《日内瓦四公约》共同第 3 条的行为

即对不实际参加敌对行为的人，包括已经放下武器的武装部队人员，及因病、伤、拘留或任何其他原因而失去战斗力的人员，实施的下列行为：

1. 谋杀

其构成要素包括行为人杀害一人或多人；这些人或为无战斗力人员，或为不实际参加敌对行动的平民、医务人员或神职人员；行为人知道确定这一地位的事实情况；行为在非国际性武装冲突情况下发生并且与该冲突有关；行为人知道据以确定存在武装冲突的事实情况。

2. 残伤肢体

其构成要素包括行为人致使一人或多人肢体遭受残伤，特别是永久毁损这些人的容貌，或者永久毁伤或割除其器官或附器；行为不具有医学、牙医学和住院治疗等方面的理由，也不是为了其利益而进行的；这些人或为无战斗力人员，或为不实际参加敌对行动的平民、医务人员或神职人员；行为人知道确定这一地位的事实情况；行为在非国际性武装冲突情况下发生并且与该冲突有关；行为人知道据以确定存在武装冲突的事实情况。

3. 虐待

其构成要素包括行为人使一人或多人身体或精神遭受重大痛苦；这些人或为无战斗力人员，或为不实际参加敌对行动的平民、医务人员或神职人员；行为人知道确定这一地位的事实情况；行为在非国际性武装冲突情况下发生并且与该冲突有关；行为人知道据以确定存在武装冲突的事实情况。

4. 酷刑

其构成要素包括行为人使一人或多人身体或精神遭受重大痛苦；行为人造成这种痛苦是为了取得情报和供状、处罚、恐吓和威胁，或为了基于任何一种歧视的理由；这些人或为无战斗力人员，或为不实际参加敌对行动的平民、医务人员或神职人员；行为人知道确定这一地位的事实情况；行为在非国际性武装冲突情况下发生并且与该冲突有关；行为人知道据以确定存在武装冲突的事实情况。

5. 损害个人尊严

其构成要素包括行为人侮辱一人或多人、实行有辱其人格的待遇或以其他方式损害其尊严；侮辱、有辱人格或其他损害行为的严重性达到公认为损害个人尊严的严重程度；这些人或为无战斗力人员，或为不实际参加敌对行动的平民、医务人员或神职人员；行为人知道确定这一地位的事实情况；行为在非国际性武装冲突情况下发生并且与该冲突有关；行为人知道据以确定存在武装冲突的事实情况。

6. 劫持人质

其构成要素包括行为人劫持或拘禁一人或多人，或以这些人为人质；行为人威胁杀害、伤害或继续拘禁这些人；行为人意图迫使某一国家、国际组织、自然人或法人或一组人采取行动或不采取行动，以此作为这些人的安全或释放的明示或默示条件；这些人或为无战斗力人员，或为不实际参加敌对行动的平民、医务人员或神职人员；行为人知道确定这一地位的事实情况；行为在非国际性武装冲突情况下发生并且与该冲突有关；行为人知道据以确定存在武装冲突的事实情况。

7. 未经正当程序径行判罪或处决

其构成要素包括行为人对一人或多人作出判罪或执行处决；这些人或为无战斗力人员，或为不实际参加敌对行动的平民、医务人员或神职人员；行为人知道确定这一地位的事实情况；未经法庭判罪，或者作出判罪的法庭并非"正规组织"的，即未有独立和公正的必要保障，或者作出判罪的法庭未提供公认为国际法规定的所有其他必需的司法保障；行为人知道未经判罪或未得到有关保障的情况，而且知道这些保障是公允审判所必要或必需的；行为在非国际性武装冲突情况下发生并且与该冲突有关；行为人知道据以确定存在武装冲突的事实情况。

（四）违反适用于非国际武装冲突的法规和惯例的其他行为

1. 攻击平民

其构成要素包括行为人指令攻击；攻击目标是平民人口本身或未直接参加敌对行动的个别平民；行为人故意以平民人口本身或未直接参加敌对行动的个别平民作为攻击目标；行为在非国际性武装冲突情况下发生并且与该冲突有关；行为人知道据以确定存在武装冲突的事实情况。

2. 攻击使用《日内瓦公约》所定特殊标志的物体或人员

其构成要素包括行为人攻击依照国际法使用特殊标志或其他识别方法以表示受《日内瓦公约》保护的一人或多人、建筑物、医疗单位或运输工具或其他物体；行为人故意以为了上述理由使用这种识别标志的人员、建筑物、单位或运输工具或其他物体作为攻击目标；行为在非国际性武装冲突情况下发生并且与该冲突有关；行为人知道据以确定存在武装冲突的事实情况。

3. 攻击与人道主义援助或维持和平行动有关的人员或物体

其构成要素包括行为人指令攻击；攻击目标是依照《联合国宪章》执行的人道主义援助或维持和平行动的所涉人员、设施、物资、单位或车辆；行为人故意以这些人员、设施、物资、单位或车辆为攻击目标；这些人员、设施、物资、单位或车辆有权得到武装冲突国际法给予平民和民用物体的保护；行为人知道确定这种保护的事实情况；行为在非国际性武装冲突情况下发生并且与该冲突有关；行为人知道据以确定存在武装冲突的事实情况。

4. 攻击受保护物体

其构成要素包括行为人指令攻击；攻击目标是一座或多座专用于宗教、教育、艺术、科学或慈善事业的建筑物、历史纪念物、医院或伤病人员收容所，而这些地方不是军事目标；行为人故意以一座或多座专用于宗教、教育、艺术、科学或慈善事业的建筑物、历史纪念物、医院或伤病人员收容所作为攻击目标，而这些地方不是军事目标；行为在非国际性武装冲突情况下发生并且与该冲突有关；行为人知道据以确定存在武装冲突的事实情况。

5. 抢劫

其构成要素包括行为人侵占某些财产；行为人有意剥夺和侵占物主的财产，以供私人或个人使用；侵占未经物主同意；行为在非国际性武装冲突情况下发生并且与该冲突有关；行为人知道据以确定存在武装冲突的事实情况。

6. 强奸

其构成要素包括行为人侵入某人身体，其行为导致以性器官不论如何轻微地进入被害人或行为人身体任一部位，或以任何物体或身体其他任何部位进入被害人的肛门或生殖器官；侵入以武力实施，或以针对该人或另一人实行武力威胁或胁迫，例如以暴力恐惧心理、强迫、羁押、心理压迫或滥用权力造成胁迫情况的方式实施，或利用胁迫环境实施，或者是针对无能力给予真正同意的人实施的；行为在非国际性武装冲突情况下发生并且与该冲突有关；行为人知道据以确定存在武装冲突的事实情况。

7. 性奴役

其构成要素包括行为人对一人或多人行使附属于所有权的任何或一切权力，如买卖、租借或交换这些人，或以类似方式剥夺其自由；行为人使一人或多人进行一项或多项与性有关的行为；行为在非国际性武装冲突情况下发生并且与该冲突有关；行为人知道据以确定存在武装冲突的事实情况。

8. 强迫卖淫

其构成要素包括行为人迫使一人或多人进行一项或多项与性有关的行为，并为此采用武力，或针对这些人或另一人实行武力威胁或胁迫，例如以暴力恐惧心理、强迫、羁押、心理压迫或滥用权力造成胁迫情况，或利用胁迫环境或这些人无能力给予真正同意的情况；行为人或另一人实际上或预期以这种与性有关的行为换取，或因这种与性有关的行为取得金钱或其他利益；行为在非国际性武装冲突情况下发生并且与该冲突有关；行为人知道据以确定存在武装冲突的事实情况。

9. 强迫怀孕

其构成要素包括行为人禁闭一名或多名被强迫怀孕的妇女，目的是影响任何人口的族裔组成，或进行其他严重违反国际法的行为；行为在非国际性武装冲突情况下发生并且与该冲突有关；行为人知道据以确定存在武装冲突的事实情况。

10. 强迫绝育

其构成要素包括行为人剥夺一人或多人的自然生殖能力；行为缺乏医学或住院治疗等方面的理由，而且未得到本人的真正同意；行为在非国际性武装冲突情况下发生并且与该冲突有关；行为人知道据以确定存在武装冲突的事实情况。

11. 性暴力

其构成要素包括行为人对一人或多人实施一项与性有关的行为，或迫使这些人进行一项与性有关的行为，并为此采用武力，或针对这些人或另一人实行武力威胁或胁迫，例如以暴力恐惧心理、强迫、羁押、心理压迫或滥用权力造成胁迫情况，或利用胁迫环境或这些人无能力给予真正同意的情况；行为的严重程度与严重违反《日内瓦四公约》共同第 3 条的行为相若；行为人知道确定行为严重程度的事实情况；行为在非国际性武装冲突情况下发生并且与该冲突有关；行为人知道据以确定存在武装冲突的事实情况。

12. 利用或征募儿童

其构成要素包括行为人征募一人或多人参加武装部队或集团，或利用一人或多人积极参与敌对行动；这些人不满 15 岁；行为人知道或应当知道这些人不满 15 岁；行为在非国际性武装冲突情况下发生并且与该冲突有关；行为人知道据以确定存在武装冲突的事实情况。

13. 迁移平民

其构成要素包括行为人命令迁移平民人口；命令缺乏与所涉平民的安全有关或与军事必要性有关的理由；行为人有权发出命令实行这种迁移；行为在非国际性武装冲突情况下发生并且与该冲突有关；行为人知道据以确定存在武装冲突的事实情况。

14. 背信弃义的杀害、伤害

其构成要素包括行为人诱取一名或多名敌方战斗员的信任，使其相信本人应享有或应给予适用于武装冲突的国际法规则所规定的保护；行为人有意背弃这种信任；行为人杀害、伤害这些人；行为人利用这种信任杀害、伤害这些人；这些人是敌方人员；行为在非国际性武装冲突情况下发生并且与该冲突有关；行为人知道据以确定存在武装冲突的事实情况。

15. 决不纳降

其构成要素包括行为人宣告或下令杀无赦；宣告或下令杀无赦是为了威胁敌方，或在杀无赦基础上进行敌对行动；行为人能有效指挥或控制接受其宣告或命令的下属部队；行为在非国际性武装冲突情况下发生并且与该冲突有关；行为人知道据以确定存在武装冲突的事实情况。

16. 残伤肢体

其构成要素包括行为人致使一人或多人肢体遭受残伤，特别是永久毁损这些人的容貌，或者永久毁伤或割除其器官或附器；行为致使这些人死亡或严重危及其身体或精神健康；行为不具有医学、牙医学或住院治疗等方面的理由，也不是为了其利益而进行的；这些人在冲突另一方权力之下；行为在非国际性武装冲突情况下发生并且与该冲突有关；行为人知道据以确定存在武装冲突的事实情况。

17. 医学或科学实验

其构成要素包括行为人致使一人或多人遭受医学或科学实验；实验致使这些人死亡或严重危及其身体完整性或精神健康；行为不具有医学、牙医学或住院治疗等方面的理由，也不是为了其利益而进行的；这些人在冲突另一方权力之下；行为在非国际性武装冲突情况下发生并且与该冲突有关；行为人知道据以确定存在武装冲突的事实情况。

18. 摧毁或没收敌方财产

其构成要素包括行为人摧毁或没收某些财产；这些财产是敌对方的财产；这些财产受到武装冲突国际法规的保护，不得予以摧毁或没收；行为人知道确定这些财产的地位的事实情况；摧毁或没收无军事上的必要；行为在非国际性武装冲突情况下发生并且与该冲突有关；行为人知道据以确定存在武装冲突的事实情况。

四、战争罪的心理要件

按照《国际刑事法院规约》第 30 条的规定，除非另有规定，国际刑事法院管辖的案件的犯罪心理都是故意和明知。按照《国际刑事法院规约》《犯罪要件》的规定，战争罪的心理要件包括故意和明知。具体来说，行为人认识到存在有计划或政策的或大规模违反战争法或习惯战争法的行为，有意从事该行为；或者行为人有意实施有计划或政策的或大规模违反战争法或习惯战争法的行为；或者行为人意识到事态的一般发展会产生有计划或政策的或大规模违反战争法或习惯战争法的结果的；以上情况都表明行为人存在违反战争法或习惯战争法的故意的心理要件。就明知而言，要求行为人意识到存在战争罪的外部情势或者事态的一般发展会产生有计划或政策的或大规模违反战争法或习惯战争法的结果的心理。

战争罪的心理要件还应该包括对行为对象的认识，就人员而言，受国际人道法保护的人员主要有三种：一是不实际参加战事的人员，包括放下武器之武装部队人员及因病、因伤、拘留或其他原因而失去战斗力的人员；二是战俘；三是平民。前南国际刑事法庭在布拉斯季奇案明确指出，《日内瓦四公约》保护的人员没有任何疏漏，如果该人是伤病员或其他失去战斗力的军人，则受《日内瓦第一公约》和《日内瓦第二公约》的保护；如果是战俘，则受《日内瓦第三公约》的保护；如果是平民，就受《日内瓦第四公约》的保护。

五、战争罪的犯罪主体

"二战"之后的纽伦堡审判和东京审判中都承认自然人和组织可以成为犯罪主体。但从此之后，战争罪的犯罪主体都只能是单个自然人。结合《国际刑事法院规约》第 8 条的规定，战争罪的主体应该是取得了一国国家元首、政府首脑或军队指挥官的人才能成为战争罪的犯罪主体。

第四节　侵　略　罪

对侵略的犯罪化直接影响了国家主权，因此，国际刑事法院成员国对侵略罪的管辖就显得非常慎重。在 1998 年通过的《国际刑事法院规约》规定将侵略罪纳入国际刑事法院的管辖之罪，但未能对侵略罪作出规定。2010 年在内罗毕首都坎帕拉召开的缔约国审议大会上，国际刑事法院的成员国通过了关于侵略罪的修正案，将侵略罪的条款置于第 8 条之后，成为第 8bis 条。

一、处罚侵略罪的努力

1919 年 1 月 18 日，第一次世界大战的 5 个战胜国的总理和外交部部长在巴黎凡尔赛宫举行了和平会议。主持和会的 5 大国组成的"10 人理事会"负责起草对德和约的条款——《凡尔赛和约》。理事会下属的调查战争发动者责任和执行惩办元凶委员会在其报告中提出，所有敌对国家的人，不论级别高低，包括国家首脑在内，只要违反了战争法规和习惯法规或违反人类法，均应承担刑事责任。委员会将各种犯罪分为两大类：（1）侵略罪：煽动世界大战并协同发动战争的行为；（2）战争罪：违反战争法规和惯例以及违反人类法的行为。最后决定只对战争罪罪行进行起诉。这不能不说是第一次世界大战后审判战犯的一个重大缺陷。

"一战"到"二战"期间，国际社会在制止侵略战争方面最显著的成就就是制定并通过了《凯洛格-白里安公约》（又称《非战公约》）。1928 年 8 月 27 日，在巴黎，一直奉行和平主义和集体安全政策的法国外交部长白里安一手促成了该公约。作为当时世界上绝大多数国家签字的一项国际条约，《非战公约》第一次正式宣布在国家关系中放弃以战争作为实行国家政策的工具，和平解决争端，从而在国际法上奠定了互不侵犯原则的法律基础。在 1939 年第二次世界大战爆发的时候，该公约对 36 个国家，其中包括德国、意大利和日本，均具有约束力。缔约国在公约的序言中宣布："深感增进人类幸福为缔约各国的神圣责任；确信公开废弃以战争为推行国家政策的工具的时机已经到来，以便使各国人民之间存在的和平友好关系垂诸久远。各国间的相互关系，只应用和平方法加以变更。世界各文明国家应联合一致共同放弃以战争作为推行国家政策的工具。"

1933 年 2 月，苏联在国联提出了制定侵略定义和侵略公约的建议，该建议被视为"重申与发展制止侵略战争原则的重大贡献"[1]。该定义规定："国际冲突中的侵略者为首先采取下列行为的国家：（1）一国向另一国宣战；（2）一国武装力量不经宣战进入另一国领土；（3）一国海陆空军轰炸另一国领土；（4）一国海陆空军不经另一国政府的允许，登陆或进入另二国边界，或损害这种允许的条件，特别对相近或相邻的国家；（5）一国海军封锁另一国的沿海或港口。"但是，由于各主要大国正在进行战争准备，该建议草案并没有得到各国的响应与重视。那时，给人类带来巨大灾难的第二次世界大战已经迫在眉睫了。

第二次世界大战期间，世人目睹了纳粹德国和日本军国主义所犯的史无前例和灭绝人寰的大规模战争罪行，全世界爱好和平的国家和人民一致谴责法西斯侵略者的野蛮行径，强烈要求严厉惩罚战争罪犯。1945 年 8 月 8 日，苏、美、英、法四国在伦敦签订了《起诉和惩处欧洲轴心国主要战犯的协定》（以下简称《伦敦协定》）及其所附的《欧洲国际军事法庭宪章》。该宪章规定该法庭"应有审判及处罚一切为轴心国之利益而以个人资格或团体成员资格犯有下列任何罪行之权力"。《欧洲国际军事法庭宪章》对侵略罪（破坏和平罪）规定如下：

破坏和平罪，即计划、准备、发动或从事一种侵略战争或违反国际条约、协定或保证之战争，或参加为完成上述任何一种战争之共同计划或阴谋。

纽伦堡审判和东京审判中，国际社会已经对纳粹德国、军国主义的日本发生的侵略战争形成了内心确信，因此，不需要对侵略罪的犯罪构成，特别是侵略行为做详细规定。

1946 年 12 月 11 日，联合国大会通过第 95（2）号决议，确认了《欧洲国际军事法庭宪章》和纽伦堡审判中的国际法原则。

原则一规定了个人责任原则，即从事构成违反国际法的犯罪行为的个人应承担刑事责任，而无论国家是否也应承担国际法上的国际责任。

原则二规定了国际法高于国内法的原则，即国内法不处罚违反国际法的罪行的事实，不能作为实施该行为的人免除国际法责任的理由。

---

① 纳辛诺夫斯基：《苏联理论与实践对国际法 50 年的影响》，载《美国国际法杂志》1968 年第 62 卷。

原则三规定官员身份不豁免原则，即国家元首或政府首脑如果实施了违反国际法的犯罪行为，其官方地位不能作为免除其刑事责任的理由。

原则四规定了依据上级命令行事的人不能免除其刑事责任。

原则五重申了被告得到公正审判的权利。

原则六明确规定了危害和平罪为国际法上应受处罚的罪行，如危害和平罪包括：（1）计划准备发起或实施侵略战争，或违反国际条约、协定或保证之战争；（2）参与为实现上例（1）款所称任何行为之共同计划或阴谋。

原则七规定了共谋犯下危害和平罪、反人道罪和战争罪也是国际法上的犯罪。

鉴于两次世界大战中，侵略战争给人类带来的极大灾难，联合国将维护国际和平与安全、防止战争爆发作为其首要任务，并建立了集体安全体系和和平解决国际争端的机制。《联合国宪章》第 1 条第 1 款规定："联合国之宗旨为：维持国际和平与安全；并为此目的：采取有效集体办法、以防止且消除对于和平之威胁，制止侵略行为或其他和平之破坏；并以和平方法且依正义及国际法之原则，调整或解决足以破坏和平之国际争端或情势。"《联合国宪章》摒弃了《国际联盟盟约》中的和平主义和理想主义思想，即不分战争性质而反对一切战争的做法，而采取了《联合国宪章》序言中所规定的"非为公共利益，不得使用武力"的方式。《联合国宪章》第 2 条第 4 款规定："各会员国在其国际关系上不得使用威胁或武力，或以与联合国宗旨不符之任何其他办法，侵害任何会员国或国家之领土完整或政治独立。"对该条唯一的例外是《联合国宪章》第 51 条的规定，即"联合国任何会员国受武力攻击时，在安全理事会采取必要办法，以维持国际和平及安全以前，本宪章不得认为禁止行使单独或集体自卫之自然权利"。联合国对制止侵略罪行所作的努力主要集中在三个主要机构，即安理会、大会和国际法院。

《联合国宪章》第 24 条第 1 款规定："为保证联合国行动迅速有效起见，各会员国将维持国际和平及安全之主要责任，授予安全理事会，并同意安全理事会于履行此项责任下之职务时，即系代表各会员国。"国际刑事法院对侵略罪的管辖、侵略罪修正案的通过，表明国际刑事法院可以在刑事司法实践中认定侵略罪的存在。

在《国际刑事法院规约》起草过程中对侵略罪的讨论主要涉及两个主要问题，一个是关于侵略的定义问题，另一个则是国际刑事法院与联合国安理会的关系问题。

对如何制定侵略罪存在两种主要意见。第一种意见是对侵略的定义采取一种概括性的方式，并将侵略定义中规定各种具体行为列在其后。第二种意见是根据《纽伦堡宪章》第 6 条第 1 款的规定制定侵略定义并涉及国际刑事法院与联合国安理会的关系。具体措辞是"为实现本规约的目的并根据联合国安理会对有关国家侵略行为的事先认定，侵略罪系指下列行为：计划、准备、发动或进行侵略战争"。对侵略罪的另一个焦点议题是国际刑事法院与联合国安理会的关系问题，也就是所谓对侵略罪行使管辖权的先决条件问题。《国际刑事法院规约》第5条第2款规定对侵略的定义和国际刑事法院行使管辖权的条件是"这一条款应符合《联合国宪章》有关规定"。

中国和当时的苏联一直认为安理会的此项建议与联合国大会的有关决议是非法的。联合国大会通过的决议以及安理会通过的文件只是建议性的，在法律上不具有约束力。如果对某一事件连联合国大会都不能提出建议来，足以证明这一事件具有极强的政治性和争议性，国际刑事法院是否还要审理此案，审理后的效果如何都是应该慎重考虑的问题。

二、侵略罪的外部情势

侵略罪的外部情势，就是存在入侵另一国行为的发生。具体来说，侵略行为，是指一国使用武力或以违反《联合国宪章》任何其他方式侵犯另一国的主权、领土完整或政治独立的行为。不要求行为人曾经对任何属于侵略行为的法律性质进行了评估；即不管行为人是否进行了评估，或者评估之后认为不属于使用武力或以违反《联合国宪章》任何其他方式侵犯另一国的主权、领土完整或政治独立的行为。行为人知道可证明国家使用武力的行为违反《联合国宪章》的事实情况；侵略行为依其特点、严重程度和规模，构成了对《联合国宪章》的明显违反；行为人知道可证明此种对《联合国宪章》的明显违反的事实情况。

三、侵略罪的物质要素

在侵略的定义与国际刑事法院对侵略罪行使管辖权的先决条件制定之前，似不宜讨论行为要素和心理要素，但是，对以往国际刑事审判机构的实践与判例的分析，可能对将来研究这一问题提供帮助。

《纽伦堡宪章》和《东京宪章》中都没有为破坏和平罪制定任何罪行要素，只是规定了"计划、准备、发动和从事一种侵略战争"或"参加为完成上述任何一种战争之共同计划或阴谋"。值得指出的是，这里所论述的并不是侵略罪的行为要素，而是参加犯罪行为的形式，为此，《国际刑事法院规约》第8bis条已作出了规定。根据《国际刑事法院规约》第8bis条的规定，"侵略罪"是指能够有效控制或指挥一个国家的政治或军事行动的人策划、准备、发动或实施一项侵略行为的行为，此种侵略行为依其特点、严重程度和规模，须构成对《联合国宪章》的明显违反。《国际刑事法院规约》第8bis条还详细规定了侵略行为。"侵略行为"是指一国使用武力或以违反《联合国宪章》的任何其他方式侵犯另一国的主权、领土完整或政治独立的行为。根据 1974 年 12 月 14 日联合国大会第 3314 （XXIX）号决议，下列任何行为，无论是否宣战，均应视为侵略行为：

（1）一国的武装部队对另一国的领土实施入侵或攻击，或此种入侵或攻击导致的任何军事占领，无论其如何短暂，或使用武力对另一国的领土或部分领土实施兼并。

（2）一国的武装部队对另一国的领土实施轰炸，或一国使用任何武器对另一国的领土实施侵犯。

（3）一国的武装部队对另一国的港口或海岸实施封锁。

（4）一国的武装部队对另一国的陆、海、空部队或海军舰队和空军机群实施攻击。

（5）动用一国根据与另一国的协议在接受国领土上驻扎的武装部队，但违反该协议中规定的条件，或在该协议终止后继续在该领土上驻扎。

（6）一国采取行动，允许另一国使用其置于该另一国处置之下的领土对第三国实施侵略行为。

（7）由一国或以一国的名义派出武装团伙、武装集团、非正规军或雇佣军对另一国实施武力行为，其严重程度相当于以上所列的行为，或一国大规模介入这些行为。

根据其他罪行的行为要素和心理要素，侵略罪的要素拟为：（1）行为人计划、准备、发动和从事一种侵略战争；（2）行为人参加为完成侵略战争的共同计划或阴谋；（3）行为人明知侵略战争或实施侵略战争的共同计划或阴谋的存在，仍明知故犯地从事上述活动。侵略战争必须存在着侵略的事实与结果，也就是说，是一种既遂的犯罪。只有在侵略行为真正实施以后，才能考虑计划或准备进行侵略的刑事责任。

四、侵略罪的心理要件

按照《国际刑事法院规约》《犯罪要件》的规定，侵略罪的心理要件包括故意和明知。具体来说，行为人认识到能有效控制或指挥一个国家的政治或军事行动的人策划、准备、发动或实施一项侵略行为的行为，此种侵略行为依其特点、严重程度和规模，须构成对《联合国宪章》的明显违反；行为人有意从事该行为；或者行为人有意造成对另一国的侵略行为；或者行为人意识到事态的一般发展会发生对一国的侵略结果；以上情况下都表明行为人存在侵略罪的故意这个心理要件。就明知而言，要求行为人意识到存在入侵一国的外部情势或者事态的一般发展会产生入侵另一国的结果的心理。

五、侵略罪的犯罪主体

一般来说，仅有单个人能成为国际犯罪的主体，但侵略罪的犯罪主体略有不同。根据

《国际刑事法院规约》第 8bis 条的规定，侵略罪的犯罪主体是能够有效控制或指挥一个国家的政治或军事行动的人。对于实行犯而言，侵略罪的犯罪主体必须是具有一定的身份的人，才能达到能够有效控制或指挥一个国家的政治或军事行动的主体资格。当然，对作用于实行行为人的共犯行为，例如，共谋等行为人不需要这种特殊身份。

第五章　国际刑事司法合作

第一节　国际刑事司法合作概述

国际刑事司法合作是指有关国家和地区，在运用司法手段制裁国际犯罪和跨国犯罪时，依据条约（包括国际公约、多边条约和双边条约）和惯例，或者遵循互惠原则，互相之间提供支持、便利和帮助的司法行为和制度。

一方面，它是有关国家和地区之间共同合作，制裁国际犯罪和跨国犯罪的一项国际司法制度，因而，它具有社会制度的静态含义。

另一方面，它又是不同国家和地区的司法当局之间，依据有关条约（包括国际条约、多边条约和双边条约）所确立的义务，或者遵循互惠原则，在刑事司法活动中互相帮助，协调完成一定的刑事司法事务的行为，因而，它又具有动态的实践特色。

国际刑事司法协助的属性：

第一，国际刑事司法合作是国家间的合作形式之一，这种合作是在刑事司法领域进行的。

第二，国际刑事司法合作是国家司法权的域外延伸，是国家主权的一种具体体现。

第三，国际刑事司法合作是一国的刑事诉讼国际化的反映。

第四，国际刑事司法合作也是国家间联合采取行动，惩处国际性犯罪（包括国际犯罪、跨国犯罪以及涉外性的国内犯罪）的一种手段。

学界和立法中多使用刑事司法协助概念。我们认为，刑事司法协助概念已经不适合今天的国际刑事事务法律合作实践。对刑事司法协助的范围目前有三种观点：

第一，狭义的刑事司法协助，又称为"次要的司法协助""小司法协助"。这种刑事司法协助仅仅是指文书、证据方面的协助，其范围为代为送达司法文书、法律情报交换和代为调查取证，如讯问被告，讯问证人，进行勘验、检查或鉴定。本书中所使用的刑事司法协助概念采取狭义的刑事司法协助的概念。

第二，广义的刑事司法协助。其范围包括引渡和前述狭义的司法协助的内容。

第三，最广义的刑事司法协助。这种刑事司法协助的范围除了包括引渡和狭义的司法协助外，还包括刑事诉讼移管、被判刑人移管及外国刑事判决的承认和执行。

我们认为国际刑事司法协助仅限于调查取证、文书送达、法律情报交换，而引渡、驱逐、刑事追诉、合作执行刑事判决等活动属于国际刑事司法合作的范围。

一般来说，国际公约或双条条约中都是将刑事司法协助限定在狭义的概念范围内。因为通行的做法是对涉及国际刑事司法合作的有关事项单独规定，例如，欧洲委员会分别制定了《欧洲引渡公约》《欧洲刑事司法协助公约》《欧洲有关刑事判决的国际效力公约》《欧洲有条件判刑或有条件释放罪犯监督公约》《欧洲移管被判刑人公约》等公约。联合国大会也分别制定了与刑事司法合作相关的示范条约，如《引渡示范条约》《刑事互助示范条约》《刑事诉讼移转示范条约》《关于移交外籍囚犯的模式协定》《有条件判刑或有条件释放罪犯转移监督示范条约》等。国家间签署的有关刑事司法合作条约都是将刑事司法协助和引渡、移管被判刑人等分别规定的。这种采用狭义的刑事协助概念的原因是在较早时间，国际刑事司法协助活动尚处于起步阶段，合作范围也就相应狭窄。随着国际刑事司法协助活动的深入开展，刑事司法协助的内容日益扩大。有关国家在制定调整国家间刑事司法协助活动的法律时将刑事司法协助的内容扩展为包括引渡和狭义的刑事司法协助内容。例如，《联邦德国刑事司法协助法》调整的内容就包括引渡和其他刑事司法协助活动。我国有学者提出，我国应当采用最广义的刑事司法协助概念，制定一部包括所有刑事司法协助活动的《中华人民共和国刑事司法协助法》以调整我国的刑事司法协助活动。我们认为这种观点是很有见地的。当然，如果将这部已经通过的法律名称修改为《中华人民共和国刑事事务法律合作法》就更完美了。

一、国际刑事司法合作的必要性

国际刑事司法合作是国与国之间在刑事事务方面通过代为一定的司法行为而互相给予支持、便利、援助的一种活动。现代国际刑事司法合作制度在国际上发展很迅速，已成为国际合作的重要标志之一。从 1978 年以来，我国全方位地开展国际司法合作，国际刑事司法合作得到了迅猛的发展。为了更好地打击国际犯罪和跨国犯罪，开展国际刑事司法协助活动是非常必要的。

首先，从国际司法合作的角度来讲，开展国际刑事司法合作具有现实的紧迫性。在当今世界，国际司法合作是一个世界性的潮流。它已成为各国间平等互利、和平共处的重要标志。我国作为一个大国，在国际事务中负有重要的使命。我国有责任通过国际刑事司法合作的途径和手段来履行我国所承担的国际义务。国际刑事司法合作是国际司法合作的重要组成部分。国际司法合作是国家间的合作形式之一。通过这种国家间的合作，有利于建立和维护国际法律新秩序，维护国际社会的根本利益。这种合作是一方通过给予另一方支持、便利、援助的方式实现的。

其次，从刑事诉讼的角度来讲，开展国际刑事合作将有助于我国司法机关进行涉外诉讼活动。国际刑事司法合作是刑事诉讼国际化的反映。在现代社会，由于种种原因，刑事诉讼活动越来越多地涉及国际因素。比如，某个外国人在我国犯罪后逃亡外国后，我国为了追究此人的刑事责任，往往就要采取一系列措施来实现其司法任务，包括：（1）我国需要依照法律向罪犯所在地国提出请求逮捕该罪犯；（2）被请求国依本国法或有关条约拘留或逮捕该罪犯；（3）被请求国可能为此需要我国提供必要的犯罪情报资料或逮捕该罪犯；（4）被请求国按双重犯罪原则，认为该罪犯的行为也构成违反本国法律的罪行，对罪犯提起刑事诉讼，为此该国可能要求我国提供该罪犯的犯罪证据，以便其依法定罪量刑；（5）我国经研究决定请求引渡逃犯，以便交付审判，被请求国一旦接受该请求，就要与我国磋商引渡事宜，并进行引渡安排，我国因此就要依法办理引渡手续；（6）在某些特殊情况下，我国也可能愿意委托外国对该罪犯进行起诉，进行刑事诉讼。此种情形又称转管辖；（7）一旦外国接受我国的委托，依法进行审判并定罪量刑后，我国就面临着需要决定是否承认和执行该外国的刑事判决；（8）外国一旦不接受我国的委托请求，而将该犯驱逐出境，那么我国就要考虑是否仍继续追究此人的刑事责任，等等。无论发生哪一种情况，都需要我国有关机关依法采取各种司法协助的手段来完成特定的具有涉外因素的刑事诉讼活动。

再次，从惩处国际性犯罪的角度看，开展国际刑事司法合作具有很大的现实意义。国际刑事司法合作是国家间联合采取行动，惩处国际性犯罪的一种手段。国际性犯罪的存在是国际刑事司法合作赖以产生和发展的客观前提。近些年来，国际性犯罪活动在我国特别猖獗，已逐渐发展成为一个犯罪趋势。劫持飞机、海盗、贩毒、国际走私、跨国拐卖人口、伪造货币、国际经济诈骗等国际犯罪在我国的发生有增无减。随着我国日益开放，我国与世界的联系越来越紧密。犯罪分子利用这种有利的形势和先进的通信与交通技术进出我国进行各种犯罪活动，已成为我国政府和司法机关所面临的严峻问题，迫切需要我国寻找对策来同这些犯罪进行斗争。寻求国际合作，共同采取有力的措施预防和惩处国际性犯罪是我国司法机关的当务之急。

最后，从发展国家友好关系的角度来讲，开展国际刑事合作是非常必要的。我国正在推行独立自主的和平外交政策，在和平共处五项原则基础上，不断通过各种形式来发展我国与各国的友好合作关系。从近年来的外交实践来看，我国已把国际刑事司法合作列为外交工作的一个方面，并积极开展了与此相关的各种外交活动，由此拓宽了我国的外交工作领域，取得了许多新的成就。众所周知，国际刑事司法合作是国家行使司法主权的表现。

但在某些情况下，处理国际刑事司法合作事务属于外交事务，而不完全是纯粹的司法事务。国家间关系的好坏直接影响到司法协助。两国关系处于友好状态时，双方会乐意互相进行司法协助，否则，这种协助便难以进行了。许多国家的法律明文规定司法协助必须通过外交途径进行。在进行司法协助审查时，外交机关总是要根据外交政策和国家整体利益作出判断，而其意见往往具有决定性的意义。外交机关在国际刑事司法合作中的作用举足轻重。因此，开展国际刑事协助活动，有助于确定我国外交部门在刑事司法协助中的地位，并使我国外交部门充分运用这种法律地位来推动我国和平外交事业向国际司法合作的领域发展，从而不断发展我国与相关国家的友好合作关系。

二、开展国际刑事司法合作活动的基本原则

（一）国家主权原则

主权是国家独立地处理本国国内外事务、管理本国的最高权力。主权是国家的根本属性，它与国家的存在密不可分；是国家的固有权利，不是外界赋予的；其表现形式是对内统治权即对其领土上的一切人和事物享有排他的管辖权。对外独立权即不受干涉，独立自主地处理对外关系。各国主权平等，各国有义务互相尊重对方的主权。每一国均有权利自由地选择其政治、社会、经济和文化制度，国家的政治独立和领土完整不受侵犯，各主权国家应和平相处。国家主权原则是国际法的基本原则。国际刑事司法合作是国家间处理对外司法事务的一种手段。国家主权原则应成为国际刑事司法合作的基本原则。这一点已为各国国内立法和国际条约所确认。我国在开展国际刑事司法合作活动时，也毫不例外地应该确立这个基本原则。当我国作为请求国时，首先应确立该犯罪是否属于我国刑法效力范围内。在向外国提出司法协助请求时，不能以牺牲国家司法主权为代价，不能无原则地拱手放弃刑事管辖权。特别在涉及刑事诉讼移转管辖、刑事判决的执行方面更应注意这一点。同时，我国亦应尊重对方国家的主权，不以任何方式损害他国的主权，不强迫他国采取或不采取某种法律措施，防止因司法协助问题而引发国家间的外交冲突。

当我国作为被请求国时，任何有损于我国国家主权、安全和公共秩序的司法协助请求都将被拒绝。法律应明确规定各种应该或可以拒绝给予外国司法协助的条件，并把维护国家主权原则列入首要的条件。我国不允许任何治外法权或变相治外法权的再现。对于任何外国企图通过司法协助形式来干涉我国内政的行为，都应严加禁止。无论是何种形式的司法协助，都必须遵守国家主权原则。

（二）法制原则

国际刑事司法合作制度是国家法律制度的组成部分，它是建立在宪法和基本法律基础上的。任何刑事司法协助活动都应在法律允许的范围内进行。由于国际刑事司法合作不是

一国能够独立完成的，需要借助当事国之间的互相合作，因而当事国除了要遵守本国法律外，还要遵守对方国家的法律。国际刑事司法合作涉及实体法和程序法，所以，在实施各种相关活动过程中都要求既遵守实体法，也遵守程序法。比如，在准备向某国请求引渡某人时，首先要按照刑法确认被引渡人是否犯有可引渡的罪行，是否应受刑事处罚，然后按照刑事诉讼法的程序办理各种法律事务，诸如发布逮捕令、调查取证，然后才能按照当事国之间的引渡条约或互惠原则作出各种引渡安排。每一个环节都必须严格依法办事。我国正在逐步建立和健全各种法律制度，已经改变了以往无法可依的局面，在这种新的大背景下，我国国际刑事司法合作活动应适应这种新形势，处处都应以法律为准绳。为此，应明确把遵守法制原则列为我国开展刑事司法协助活动的基本原则。

除了遵守实体法和程序法外，国际条约也应该得到遵守。条约义务必须遵守，这是国际法的重要原则。国际刑事司法合作在许多情况下往往都是当事国根据各该国之间的双边条约的规定进行的。特别在引渡问题上，许多国家明确要求引渡必须以双方存在引渡条约为条件，否则不予引渡。在这种情况下，就必须严格按照条约所规定的义务来履行。我国一贯严格遵守我国缔结或加入的条约，对于涉及国际刑事司法合作方面的条约也一律遵守，毫不例外。

（三）双重犯罪原则

双重犯罪是指某个行为依请求国法律和被请求国法律都认为是犯罪行为。双重犯罪原则是国际刑事司法合作特有的基本原则。在一国司法管辖范围内，该国对犯罪的认定是完全以本国法律为准绳的，无须考虑他国的法律。这是最起码的司法原则。但是，由于国际刑事司法合作涉及他国，任何一个国家单凭本国的力量都无法完成相关的特定司法任务，而必须由他国的介入才能顺利进行。这就意味着，只有当事国双方对所需办理的事项都认为符合本国法律，双方才能进入实质性的合作阶段。因为刑事司法协助所要办理的事务是刑事事务，对被指控人的行为性质的确认便成为合作成败的关键，所以，只有双方都认为正在办理的事务属于刑事事务，被指控的行为是犯罪行为，才能保证双方顺利地进行合作。只要任何一方认为被指控人的行为不属于符合本国刑法认定的犯罪行为，那么该国就不会愿意以违反本国法律为代价进行这种活动。

（四）政治、军事、宗教事务除外原则

由于政治、军事、宗教性质的问题涉及国家间极其敏感的统治关系，而司法协助在很大程度上只限于解决司法领域的问题，因而不便也无须介入这些敏感的问题，否则将会超越司法协助的范围，造成国家间司法协助关系的混乱。当今世界存在着各种不同意识形态不同社会制度的国家，各国出于维护本国利益的考虑，在解决司法协助时优先考虑的问题是如何保证本国主权、安全不受侵犯，公共秩序不受破坏，然后才会考虑其他相应的合作问题。所以，规范刑事司法协助的各个国际公约基本上都规定司法协助不涉及政治、军事、宗教方面的事务，把涉及诸如此类的事项都排除在司法协助的范围之外。政治、军事、宗教事务除外原则已成为国际上公认的刑事司法协助的基本原则，这项原则对于保障国家间排除非司法因素的干扰，顺利完成司法任务是有其特殊意义的。

我国所缔结的双边司法协助条约中都规定了这个原则。所以，在开展国际刑事司法合作活动时，应把政治、军事、宗教事务除外原则列为其基本原则。

（五）互惠原则

在司法协助中，互惠原则是一项为人们所广泛认同的基本原则。在 20 世纪 80 年代以前大多数国家都在其引渡法中实行互惠原则，这已成为一种传统或国际惯例，为各国所信奉。互惠原则要求，一国给予另一国司法协助，被施惠国应承诺给予协助国相同或相似的待遇。互惠原则是国家间平等互利原则在司法协助中的具体体现。这个原则有助于保障国家间在司法协助中的平等地位。由于司法协助本质上属于主权范围内的事情，如果在司法协助中没有实现互惠，容易造成一种丧失司法主权或受制于人的结局。互惠原则可以保证外国不随意干涉本国司法主权。互惠原则还是一种信用保证。当一国有求于另一国时，由请求国作出互惠承诺，可以使得请求国在处理此类事务时不至于太过草率，而要顾及本国郑重向外国作出的承诺，由此承担起相应的国际义务。如果在作出互惠承诺后却不予理睬，那将构成背信弃义的行为，从而违反了国家交往中的道德准则。因此，互惠原则有利于保障国家间司法协助关系的长期性和稳定性。

在我国国内法中确认互惠原则是有特殊意义的。首先，我国到目前为止毕竟只与少数国家缔结了司法协助条约，在更多的情形下，刑事司法协助特别是引渡逃犯都是在互惠原则指导下进行的，而不是根据双方之间的条约进行的。这个情势在未来较长一段时间内不会得到根本改变。所以，把互惠原则确定为一项基本原则将有助于我国在与特定国家没有条约关系的情况下仍可按照这个原则开展司法协助。其次，确立这个基本原则，有助于我国按照国际惯例来办理司法协助事务。这将促使我国更认真地吸收世界各国的先进经验，逐步完善我国的司法制度。最后，互惠原则还特别有助于维护我国的利益，防止出现媚外事件的发生，也可防止变相治外法权在我国的复活。

必须指出的是，国际刑事司法合作的范围很广泛，其形态也多种多样。不同形式的司法协助都各有其不同的特殊性和内在要求，因而不同形式的司法协助都各有其相应的原则必须予以遵守。诸如引渡、刑事诉讼移管、合作执行刑事判决中的时效原则，一罪不二罚原则，人道主义原则以及调查取证中的各种证据规则和原则都有各自不同的要求和内容。所以，在开展国际刑事司法合作活动时，应给予足够的重视，以便一体遵守。

第二节　刑事司法协助的具体内容

一、刑事司法协助的范围

按照《中华人民共和国刑事司法协助法》的规定，刑事司法协助的范围包括送达文书、调查取证、安排证人作证或者协助调查、查封、扣押、冻结涉案财物、没收、返还违法所得及其他涉案财物和移管被判刑人。通常认为，移管被判刑人不属于狭义的刑事司法协助范围；而没收、返还违法所得及其他涉案财物则需要被请求国对涉案财产进行实体处分，因此需要请求国作出的刑事判决或裁定中含有相关的内容，方可协助执行。因此，没收、返还违法所得及其他涉案财物属于外国刑事判决的承认与执行的内容。而刑事司法协助主要是指交流与社会治安、犯罪动态有关的情报信息资料，委托有关国家当局送达司法文书，委托搜查、查封、扣押财产和收集证据，委托传唤证人、鉴定人到庭作证等多种协助方式。

（一）交流社会治安和刑事犯罪情报

刑事司法协助，最基本最普遍使用的合作方式是国家间相互交流关于社会治安和刑事犯罪情报的信息。因为国家主动向相关国家主动提供有关社会治安和刑事犯罪情报方面的信息，所以，根本就不存在协助方和被协助方。而是国家间为了打击和预防犯罪，而主动向其他国家提供本国社会治安形势、刑事犯罪情报。

要准确有效地打击国际犯罪活动，及时全面地掌握国际社会的治安状况、国际犯罪组织实施犯罪行为的发展变化趋势、重大国际犯罪集团和重要犯罪骨干的窝点和具体逃跑去向等方面的情报资料是十分必要的。只有信息灵通、情报准确、措施得力，才能有效打击国际犯罪与跨国犯罪。

为了使情报信息工作卓有成效地开展，除了需要有系统的立法予以规范之外，还应当建立完善的国际情报机构来专门处理这方面的日常事务，形成国际刑事情报中心，成为及时向世界各国提供必要犯罪信息的神经中枢。为了适应这种需要，联合国总部设有专门的情报机构，其中主要的业务活动包括对刑事信息的收集、整理、储存和传递，尽量满足世界各国对与犯罪有关的情报的需要。

另外，设立在法国里昂的国际刑事警察组织总部，也有专门的情报机构日夜不停地工作，它向世界各国收集犯罪信息、处理加工信息和使用信息的活动，受到国际社会的普遍承认和给予必要的合作，成为该组织的耳目和参谋部，被社会各界赞誉为"情报分析器"。

国际刑警组织作为一个同刑事犯罪作斗争的职能部门，在其内专门设置了一个指挥中心——秘书处。在秘书处内又有大量的人员从事情报工作。这些情报人员操作着最先进的电子计算机和其他现代化设备，及时地将来自各个成员国或国际组织的信息资料，按照事先编制好的程序进行分类、整理、储存、识别、检索、输出和传递。在与国际现代化通信设施联网之后，其处理问题的速度、效率和准确性都令人叹为观止。该组织内的刑事记录组，专门收集来自各成员国的刑事犯罪情报，并接受委托向有关国家和部门提供咨询意见。此外，在秘书处内还设置有对人和财产犯罪对策科、经济和金融犯罪对策科、反毒科等，这些机构都是负责收集各类犯罪的情报和提供咨询意见的专门工作机构。

第二代申根信息系统（SIS II）是申根协定签约国之间记录和共享社会治安和刑事犯罪信息最成功的典范。

上述专门机构在占有大量信息资料的前提下，对不同地区、不同形式的同类犯罪进行现状、特点和规律方面的分析和研究，对国际犯罪的危害及其动向作出科学的评估和预测，为世界范围的预防犯罪和打击犯罪提供准确及时的信息。

近年来，国际犯罪的危害日益严重，世界各国深感加强信息沟通的必要。国际组织及时提供犯罪信息，积极协调各方面的行动，深入打击此类犯罪则成为世界各国政府的当务之急。1991年11月21—23日在法国巴黎召开了"制定有效的联合国预防犯罪和刑事司法方案部长级会议"，到会的100多个国家和地区的代表，一致建议联合国大会设立由32个成员国政府代表组成的"预防犯罪和刑事司法委员会"，向世界各国提供犯罪情况和决策指导，协助各方配合行动，强化国际刑事司法合作。这个即将出台的"刑事司法委员会"，实际上是又一个专门性的国际刑事情报机构。

国际组织和世界各国间需要传递接收的刑事情报非常广泛，而且正在根据社会实践的需要不断增加和更新。在此基础上，国际情报组织收集、储存和交流的情报种类、名目更为繁多，其中最重要的有125种。而排列在最前面的有以下几种：暴力犯罪、伪造犯罪、麻醉品犯罪、偷盗犯罪、风化犯罪、诈骗犯罪、劫持民用航空器犯罪、绑架人质犯罪、拐卖妇女儿童犯罪、放火犯罪、投毒犯罪、国际经济犯罪等。此外还有青少年犯罪、有组织的犯罪、黑社会势力的活动状况等方面的情报，以及各国预防犯罪的对策和最新科学技术手段在同犯罪做斗争中应用方面的信息资料。

在传递犯罪信息资料的国际合作中，也形成了一套科学完善的制度和手段。从电子计算机进入信息系统以来，已经大大提高了工作效率和信息交流的准确度。卫星通信技术、光缆通信技术、电子计算机技术以及与之相配套的显示技术，特别是因特网投入使用后，使识别、储存、检索和传输实现了一体化，人们能够在世界任何地方最迅速最直接地得到必要的信息资料。如果在地球的任一地点发生了刑事案件，即使犯罪嫌疑人已经逃出境外，当事国就可以立即通过自己手中的通信系统，将犯罪的信息和通缉令传递到世界的任一国家或国际组织，从而实现最大可能的国际刑事司法合作。

同时，从另一角度来看，当某一国的司法当局接到他国或者国际组织的刑事信息情报后，除了完成分类储存之外，凡是与自己有关的都要立即研究部署，采取最有效的措施，对犯罪分子实行控制，或者制订相应的防范计划，迅速利用国际刑事信息缉捕犯罪嫌疑人或者预防犯罪。

时至今日，国际社会不再担心国家间社会治安和刑事犯罪信息的搜集、传递的问题，而是担心这些涉个人信息的社会治安和刑事犯罪信息的合规使用和数据传输的安全性问题。

（二）委托送达司法文书

委托送达司法文书是指各国司法当局，将正在开展刑事司法协助的案件的有关司法文件，按照一定的程序和方式，相互委托送交给在对方国内的当事人或者其他诉讼参与人的司法活动。国际司法协助中的委托送达具有以下法律特征：

其一，委托送达是同等主体之间互为的一项诉讼活动，其行为本身所体现的是权利和义务的统一。

各国司法当局按照本国的宪法和法律赋予的权利，遵循案件管辖原则，独立对国际刑事案件进行侦查和审判，而合法送达司法文书是正常开展侦查和审判活动的必要条件。由于一国司法权只能在本国领域内行使，当需要将司法文书送达在国外的受送达人时，必须委托外国的有关方面予以协助。同时，也就相应产生了接受他国委托，在本国国内送达他国司法文书的义务。因此，这种委托与被委托的法律关系是主权国家的司法当局之间，即同等主体之间的相互代为一定诉讼事务的对等关系，任何一方既享有委托他方送达司法文书的权利，同时，也产生接受他方委托代为送达司法文书的义务。

其二，委托送达司法文书是不同国家的司法当局代向诉讼参与人所为的一种司法行为。

刑事案件的诉讼参与人主要是指被害人、被告人和证人、鉴定人、法定代理人以及其他诉讼参与人。当诉讼参与人是自然人时，可以成为一般的受送达人，而在特殊情况下的被害法人或加害法人，其法定代表人也可能成为受送达人。可见，送达的概念只适用于司法机关向诉讼参与人递交司法文书或其他司法外文书的行为，而不同国家司法当局之间的司法文书和法律文件的移交不是送达行为，只能是情况"通报"或文件"递送"，因此，当事国司法当局之间只存在委托和被委托的关系，并不能成为受送达的对象。

其三，委托送达是处理涉外刑事案件普遍适用的特殊送达方式。

在一国国内的普通诉讼中，送达司法文书基本上采用直接送达方式，即使是委托送达人所在地的司法机关代为送达，也是本国司法权的正常行使，并不涉及他国主权的问题。

而涉外送达的对象已经超出了本国司法权限的范围，无法适用直接送达的方式。如果采用民事诉讼中的邮寄送达或者委托诉讼代理人送达，都会因有可能泄露案件机密、耽误诉讼时间、无法及时取得送达回证而给诉讼造成障碍，所以，凡属重大的案件都不适用此类送达方式。与此相反，在采用国家间相互委托送达的形式之后，不仅可以获得迅速及时和准确无误的效果，还可以保证重大案件不泄露机密。特别是在被委托方无法及时找到送达人时，还能及时将此信息反馈回来，使委托方迅速采取新的送达措施，不至于因送达问题而贻误时机。由此可以看出，这种送达方式在国际刑事司法合作中被普遍采用的重大意义。

其四，委托送达司法文书必须依照国际公约或者国际协定规定的程序进行。

送达司法文书是一项严肃的法律行为，必须具备特定的形式要件和履行法定的程序，这些程序性要求应当以国际法或国际惯例的要求为准。

从当前存在的国际条约所确定的形式要件来看，无论是只解决程序问题的司法文书，如出庭通知书、通知证人作证的传票、案件终结的通知书等，还是涉及案件的实质内容，如解决实体问题的判决书、裁定书，都需要同时附有受送达人通晓的文书译本，并加盖发出文件的司法机关的印章；同时委托方的最高司法机关还要制作附有译本的委托书，连同送达回证一并送交被委托方的有关部门。当该文书按照法定程序送达给受送达人后，经受送达人签署的送达回证反向送回发出司法文书的机关，这样，才视为整个送达程序的终结。

国家间委托送达司法文书的途径很多，其中最主要的方式有以下几种：

1. 通过外交途径送达

通过外交途径送达司法文书，是目前世界上适用最普遍的一种送达方式。我国最高人民法院会同外交部、司法部，于 1986 年 8 月 14 日联合发布了《关于我国法院通过外交途径相互委托送达法律文书若干问题的通知》，充分肯定了这种送达方式的合法性。

如果受送达人是居住在我国领域外的本国公民、外国人或无国籍人时，最高人民法院应当将加盖有本院印章的送达委托书，连同正式法律文书的副本（其中包括中文本和外文译本）递交我国外交部，由外交部转交受送达人所在国驻华使领馆，该馆再通过本国外交部转交国内最高审判机关，然后，再由审判机关直接送交受送达人。

外国审判机关通过外交途径委托我国审判机关送达法律文书的，按照相同的程序逆向进行。我国审判机关在因受送达人的原因而无法送达的法律文书，应当附函说明情况，连同法律文书退还原发出机关。

检察机关等其他职能部门之间相互委托送达司法文书，需要通过外交途径的，其程序和要求与上述相同。这种送达方式，一般都适用于当事国双方尚未建立刑事司法协助关系，因不受条约义务的约束，司法机关之间不能直接委托送达，才能通过外交途径进行。

但是，这种送达方式不适用于双方未建立正式外交关系的国家之间，如果出现这种情况，可以通过第三国或者国际组织的渠道间接进行送达。

2. 直接通过本国驻外国使领馆送达

1963 年 4 月 24 日联合国大会通过的《维也纳领事关系条公约》第 5 条第 10 项明确规定了各国驻外领馆馆领事的职务："依现行国际协定之规定或者无此种国际协定时，以符合接受国法律规章之任何其他方式，转送司法书状及司法以外文件或执行嘱托调查书或代派遣国法院调查证据之委托书。"这一国际法原则肯定了驻外国领事馆领事，可以直接将本国司法机关提交的司法文书及其委托转交给所在国的有关部门。我国已于 1979 年正式加入该公约，可以采取这种方式向国外送达司法文书。

虽然驻外国的使领馆可以代为送达司法文书，但是，一般情况下使领馆并不能将司法文书直接送达到受送达人手里，仍然要委托所在国的有关部门予以协助送达。当该使领馆接到国内发来的司法文书及其委托书后，一种方式是委托所在国外交部转交有关的司法机关送达，另一种是直接委托该国司法机关送达当事人，特殊情况下还可以委托一些民间组织代为送达，如我国侨民在该地区成立的华侨协会、华侨联谊会、旅美华人联合会等社会团体。但是，最后一种送达方式只适用于一般的司法文书，对于比较重要的司法文书最好是委托该国官方机关送达，这样既慎重又具有保密性。

3. 委托被请求国司法当局代为送达

此种协助方式一般适用于国家间存在刑事司法协助关系的情况。根据约定，双方按照共同参加的国际公约或者双边协定所规定的程序和方式相互送达司法文书。我国最高人民法院于 1988 年 2 月 1 日发出了《关于执行中外司法协助协定的通知》，该通知第 1 条指出："凡缔约的外国一方通过我国司法部申请我国法院提供司法协助的请求文书或所附文件，我国司法部转递我院后，由我院审查送交有关高级人民法院指定有关中级人民法院或专门法院办理。承办法院必须严格按照与该国缔结的司法协助协定的内容认真负责办理。办完后，报经原高级人民法院审核后转报我院，由我院审核并译成外文，连同原文书一并送司法部，再由司法部转递提出申请的外国一方。"第 2 条是我国法院委托外国法院提供司法协助的法定程序，大体上和第 1 条的要求相同。

必须强调的是，首先，司法当局之间代为送达司法文书只适用于建立有条约关系，有法定送达司法文书的权利和义务的国家。没有刑事司法协助关系的国家间不能采取这种方式。

其次，双方根据条约的规定都指定有专门的政府机关负责，不需要经过外交部门或者其他司法机关进行。我国指定司法部为法定的中央联络机关，专门负责对缔约国之间司法文书的委托送达、接收和传递。世界其他国家大多数是指定司法部，有的指定检察院或国务大臣等机构为法定的送达机关。

最后，负责送达的司法部只进行程序性的接收和转递。文书中所包含的实质性的协助内容是否合法或有无可能，由发出机关的最高领导机关，即我国的最高人民法院、最高人民检察院等司法当局审查，认为合法而又有条件协助的交有关下级机关执行，如认为协助事项违背我国法律或无法执行的，具函予以说明退回请求协助的国家。

在另一种特殊情况下，司法机关之间还可以不通过司法部直接开展委托送达的活动。如1959年4月20日于斯特拉斯堡签订的《欧洲刑事司法协助公约》。该公约第15条第1款在规定了委托书及其需要送达的法律文书"应当由请求方司法部递送给被请求方司法部，并且通过同一渠道送回"后，接着在第2款又规定："在紧急情况下，上述委托书可以由请求方司法机关直接送给被请求方司法机关。它们将有关材料一起通过第1款规定的渠道送回。"可见，在条约的适用范围内，司法机关如果遇到紧急情况时，当事国司法机关之间可以直接委托送达，这应当是最简便的送达方式。

4. 通过第三国或国际组织中转送达

在国家间不存在外交关系和司法协助关系，而且国家关系处于不正常的状态下，上述几种送达方式都无法采用时，还可以通过第三国或国际组织充当中介进行司法文书送达。

一般被认为与送达国和被送达国都保持良好关系的第三国家，也可以充当委托送达活动的中介人。这种对两方都承担权利和义务的中转送达环节，一般是在三国的外交机构之间进行，这样既达到送达文书的目的，又可以避开有关方面的禁条。

通过国际组织送达的方式主要指的是由国际刑事警察组织、国际民用航空组织、国际麻醉品管理局等国际组织为中介，所进行的居间传递送达活动。《欧洲刑事司法协助公约》第15条第5项规定："在本公约允许直接转递的情况下，可以通过国际刑事警察组织实行转递。"这种中介传递的方式最适宜于外交关系中断的国家之间的委托送达，使双方都能够以接受国际组织委托的名义去履行送达义务避开政治上的成见和舆论上的压力。在司法实践中，这种送达方式越来越受到国际社会的普遍重视，并得到广泛的使用。

（三）委托搜查或者查封财产

刑事诉讼中的搜查是侦查机关为了查找犯罪嫌疑人和收集到必要的证据而进行的搜寻查找活动。查封财产是根据案件的需要对与犯罪有关的财产予以调查、封存。这一诉讼活动除了能够抓获犯罪分子和取得必要的证据外，还可以尽量减少被害人因犯罪所遭受的损失，并从经济上制裁犯罪，弥补国家为打击犯罪所付出的代价。

当请求国需要委托被请求国实施某项搜查或查封活动时，必须有确凿的证据证明犯罪分子及其财产就在被请求国境内，而且按照两国的法律都属于犯罪行为，被告人有可能被引渡或受到起诉，而且，执行这项请求有利于两国或者国际社会的利益，从而把建立在这种互利互惠基础上的合作有效地进行下去。协助搜查或者查封财产，应当在侦查机关之间进行，后者也可以由审判机关来实施。被请求国通过搜查或扣押活动取得的证据材料和财产，都应当尽快采用法定的形式予以保全，使之妥善进入诉讼程序，以保障请求国能及时对犯罪分子实施惩罚。

（四）传唤证人、鉴定人出庭作证

法庭审判涉及证人出庭作证和鉴定人到庭陈述的问题。普通法系国家实行当事人主义，诉讼当事人提供的证人和鉴定人必须接受法院的传唤，亲自到庭作证；大陆法系国家虽然采取的是职权主义，但是也要求证人宣誓作证，接受各方的质询。如果案件涉及的鉴定人、证人身居国外，或者需要在外国的他案被告人及其正在服刑的已决犯到庭作证，就需要通过国际协助的方式，委托有关国家代为传唤这些国外证人按期出庭作证。

《欧洲刑事司法协助公约》第 10 条第 1 项规定："如果请求方认为证人和鉴定人亲自出庭特别必要，应当在送达传票的请求中予以注明，被请求方应当要求该证人或鉴定人出庭。"对于已决犯或未决犯的出庭作证问题，该公约第 11 条第 1 项明确规定："当请求方要求被羁押人亲自作为证人出庭或参加对质时，只要在被请求方同意的期限内将其送回并且在可适用的情况下遵守第 12 条的规定，应当将该人暂时迁移到准备进行审判的地域。"

在一些国家的证据法里，将鉴定人就案情事实作出的技术性鉴定结论归入了证人证言的范围，被称为技术证言。因而鉴定人出庭就鉴定情况所做的陈述也是证人证言的范围，同样需要接受交叉询问和质证，这是法律为保障证言真实性而确立的必备形式要件。

委托传唤证人或鉴定人出庭，请求方必须提供司法协助委托书、必须到庭人员的出入境签证，并要负责解决这些证人的车旅事宜及其费用。对已被羁押证人的移交和看管，还要有切实可行的交接和安全保障措施，确保在诉讼完毕立即将该人送回被请求国。并且请求方还要保证，不得对作证人员在离开被请求方领域前的行为或犯罪事实进行追诉、羁押，或实行其他限制人身自由的措施。所以，这种传唤作证活动应是在确属必要的前提下才可以进行，并且还要制订周密的计划，保障协助活动的稳妥和恰当进行。

二、委托调查和收集证据

刑事证据是能够证明案件真实情况的唯一根据，而调查取证则是开展刑事追诉活动的中心环节。司法机关在处理国际犯罪案件时，除了必须实际控制犯罪分子之外，要做到实事求是、准确结案，能否收集确实充分的证据就成为一个关键性的问题。由于该类犯罪在时间和空间上所存在的特点，立案追诉国的司法当局要想查清全部案情事实，收集处在不同国家内的证人证言材料，扣押或者提取与犯罪有关的物证，都需要向有关国家发出委托书，请求该国司法当局提供协助。

（一）调查知情人，收集证言材料

刑事诉讼中最常用最容易收集的证据材料是证人证言。国际犯罪分子不管在哪里作案、怎样隐蔽，不管他采取多么诡秘的反侦查措施，都不可避免地要在一些场合露面，与一些人发生接触，这就为侦查人员查找到知情人，深入了解有关案件的真实情况提供了可能性。特别是与犯罪分子有过直接接触或者是对犯罪嫌疑人的行为有所察觉的知情人，所提供的证言材料证明价值更大。

委托调查身处他国的知情人，请求国应当在查证委托书中写明调查对象、调查事项、调查目的、调查要求。如果有特定的调查目标，还应当写明被调查人的姓名、住址、工作单位和调查提纲。在调查的对象和目的不是很明确时，可以概括地写明调查的内容和调查范围，由被请求方的司法当局灵活进行，以便查找到最知情的证人，取得最准确的证言。

被调查的知情人在接受询问时，可以由司法人员制作调查笔录，也可以由知情人写出书面证词，或者将被调查人的口头陈述情况制作成录音、录像等视听资料，经被调查人审查补正，并确认准确无误后予以封存或采取其他保存措施，然后通过国际送达途径移交给请求国的司法当局。这种委托查证的方式对时间的要求很短，因此，接受委托的司法当局必须立即采取行动，迅速掌握案情，避免耽误时机，延误取证。

（二）访问被害人，收集被害人陈述

被害人是自身合法权益受到犯罪行为直接侵害的人。然而，由于犯罪行为所侵害客体的复杂性，因此，在一个具体的犯罪案件中，可能同时侵害了国家、法人和公民的利益，被害人呈现多元化多层次的复杂情况。

要调查身居国外的被害人（被害法人主要是调查其法定代表人及知情人），如果不能直接进行，最好是像调查证人一样委托所在国的司法当局进行，其程序也与前述的调查程序基本相同。这种调查最后取得的证据材料，我国法律规定为被害人陈述，在西方国家的证据法中却作为证人证言的一种表现形式。尽管如此，被害人的陈述仍有其自身的特殊规律，如被害人直接受到犯罪行为的侵害。对有关的案情了解得比较深刻，其陈述的可采性比较大。

（三）委托鉴定，取得科学技术证据

刑事案件往往要涉及一些技术性比较强的问题，仅靠侦查人员的直观感受无法解决问题，需要采用精密的科学仪器设备，通过刑事技术专家或者技术权威，进行物证检测、侦查实验和技术鉴定，最后得出科学的鉴定结论，成为对案件定性处罚的重要证据。

在运用刑事科学技术对物证进行鉴定这一方面，少数发达国家拥有较高水平的设备和专家，国际刑事警察组织也装备有成套的先进技术手段，还专门聘请了世界知名的专家权威充当刑事科学技术方面的顾问。当某一会员国遇到技术性疑难案件时，可以向国际刑事警察组织提出咨询请求或委托进行技术鉴定。在经过专家们的实验、检测后，就某些技术性问题提供咨询报告，或根据一些技术参数作出具有科学性的鉴定结论，从而解决请求国诉讼中遇到的疑难问题。

（四）调取物证、书证和视听资料

在犯罪所形成的证据中，能以物质实体存在并能调取使用的证据形态主要是物证、书证和视听资料。此类证据因其具有无可比拟的客观真实性，常被作为认定案情事实的重要依据。因此，及时从犯罪现场或其他有关场所收集这些证据极为重要。

散落在其他国家或地区的物证，主要指的是犯罪分子遗留或丢弃的作案工具；被犯罪行为破坏的现场以及有关的物品和设施；犯罪分子遗失在现场的随身携带物品和留下的足迹、指纹和其他痕迹；财产犯罪中的赃款赃物；毒品犯罪和非法贩运枪支弹药犯罪涉及的犯罪对象等。

能够证明犯罪的书面材料，如实施犯罪的计划、方案和地图、表册；犯罪集团的组成人员名单；贩毒组织分布在世界各地的窝点和联系路线；实施犯罪的联络信号、通信密码及其书信、电报；分赃、洗钱和财产放置情况的记录；贪污犯罪的账册、收支凭证等。这些书面材料大多掌握在罪大恶极的贼头窝主手里，或者隐蔽在极为秘密的地方，采取常规的办法很难收集到，只能靠国际协助才能得到。

（五）委托调查核实诉讼参与人的身份及其履历情况

诉讼过程中往往要涉及一些与本案有关人员的个人情况，而且，当这些人的身份及履历涉及外国时，也同样存在着委托有关国家调查核实的问题。

上述委托调查取证的种种方式，都属于初级刑事司法协助形式。因其实施程序简便和适用范围广泛，所以，在国际司法协助中占有重要的位置。

三、协查案件和通缉

（一）协查案件

协查案件是指有关国家的司法当局相互配合，协助侦查跨国犯罪案件的司法活动。开展协查合作是国际刑事司法协助的主要内容之一，因为要准确及时地打击国际犯罪分子，必须首先查清案情事实，收集确实充分的证据，将犯罪分子抓获归案。而要完成这几项侦查任务，仅靠一国警察的单方面努力是做不到的，必须动员世界各国的刑警部门同心协力，联手合作，协助侦查跨越国境的犯罪活动，迅速抓获潜逃的犯罪嫌疑人，为有效地惩罚犯罪分子做好前期准备工作。

许多国际条约或者国家国内立法中都明确规定拒绝提供协助的范围。1956年通过的《国际刑事警察组织章程和总规则》第3条指出："严禁本组织进行政治、军事、宗教或种族等性质的干预或活动。" 1959 年签订的《欧洲刑事司法协助公约》第 2 条规定，"如果被请求方认为请求所涉及的犯罪是政治犯罪、同政治犯罪有牵连的犯罪或财税犯罪"可以拒绝司法协助。因此，世界各国和国际社会的实践都认为上述犯罪不符合协查合作的实体要件，所以不予协助支持。

在一些具体的国内立法中，对同一行为也有不同甚至完全相反的定性。如伊斯兰国家的刑法典大多规定通奸是一种严重犯罪行为，《古兰经》中确立的教规也要求任何人可以用石块将犯有通奸罪行的人砸死。然而，世界的其他大多数国家都不把通奸行为列为刑事犯罪。这样，如果遇到伊斯兰国家要求其他非伊斯兰国家协助侦查逃往该国的通奸犯罪分子时，在一般情况下被请求国是不会接受协查请求的，因为该案件违背了双重犯罪原则，被请求因缺乏开展协查的法律依据。可见，这种协查活动只能在刑事实体法规定相同的国家间才能进行。

（二）通缉在逃犯罪嫌疑人

在一国犯罪后越境出逃的犯罪嫌疑人，需要通过国际通缉的方法，请求世界各国协助，才能将其逮捕归案。

国际通缉是国际刑事警察组织的一项重要业务活动。它接受其成员国对在逃犯罪嫌疑人的通缉请求，将通缉令转发给其他有关的国家和地区，以促进和协调世界范围的追缉和逮捕活动。这项协助活动可以单独进行，也可以和协查刑事案件同时部署全面展开。

当有迹象表明一国刑警正在追缉的犯罪嫌疑人确已逃往国外，需要通过国际合作才能予以逮捕归案时，该国可以通过两种渠道取得有关国家的协助。第一种是已有确实证据证明该犯罪嫌疑人已逃往某国，或正藏匿在某国时，可以由本国的国家中心局向该国的国家中心局发出通缉令，该国刑警按照通缉令的要求立即实施追捕活动。这是一种直接合作、小范围行动的通缉方式。

第二种是当被追捕的犯罪嫌疑人虽然逃往国外，但是其去向尚不确定时，如果该犯是国际犯罪集团的成员，或持有能出入多国国境的有效签证，或得到国际黑社会势力的暗中帮助。他就有可能继续犯罪或逃窜世界各地。在这种情况下，请求国国家中心局应当立即将通缉令发往国际刑事警察组织总部，由该组织向有关地区的国家中心局转发红色通告，或者转发所有的会员国，要求立即组织警力，部署缉拿。

国际刑警组织发生的"红色通告"并不是国际逮捕令，而是一项在世界范围内执法请求，该请求内容为查找并为引渡、遣返或其他类似法律行为而临时逮捕犯罪嫌疑人。它的特殊标志是在该令的右上角印制一个红色小方块，以示与普通国内通缉令区别。这种通缉令还有标准的格式要求：题头标明发出的国家和案别；其后的正文内容是被告人的姓名、性别、出生日期及其国籍，个人的身份及职业，其父母的姓名和居住地，犯罪时或近期的正面侧面照片，十指指纹与体貌特征，犯罪事实及有无前科，持有的证件名称和编号，检察官或法官签发的逮捕令号码等；尾部写明发往的国家及发出的时间。请求国对标准格式中的每一项内容都要详细填写，缺项的必须予以注明。

在国际范围内通缉犯罪嫌疑人是一项十分严肃和复杂的刑事司法活动，由此带来的一些法律问题有待于我们进行深入的探讨。

通缉和拘捕犯罪嫌疑人是刑事司法活动的重要内容之一，必须严格依法进行。《世界人权宣言》指出："任何人不容加以无理逮捕、拘禁或者放逐。"《中华人民共和国外国人入境出境管理法》也有类似规定："外国人的人身自由不受侵犯，非经人民检察院批准或者决定或者人民法院决定，并由公安机关或者国家安全机关执行，不受逮捕。"可见逮捕犯罪嫌疑人必须有合法的批准程序及其有关的法律文件，否则，便是侵犯人权的行为。然而，批准逮捕犯罪嫌疑人的刑事法规都是国内法，而依据逮捕文件签发的通缉令也同样只具有域内效力，它在国际上是否能被广泛承认是建立国际通缉制度的一个基本法律问题。

国际法是在实践中不断发展和完善起来的法律体系，它的主要法律渊源是国际惯例。只要世界各国都认为这种做法合适就可以成为惯例，尽管有时这些惯例违背国内的立法原则，如外交特权和司法豁免权就是这样的惯例。经过国际实践的发展和自我完善，国际惯例就可以借助于一定的形式（如国际公约）上升为国际法。在一般情况下国际法同会员国的国内法是相一致的，在出现互相矛盾的特殊情况时，国内法就要服从国际法，这时所体现的就是国际法的权威性。

国际通缉制度，也是由国际惯例发展而来的。在国际刑警组织召开第 29 届年会之前，就已在一些国家之间存在着相互通缉犯罪嫌疑人的司法协作形式，并且形成了一种行之有效的刑事制度。

在 1960 年的国际刑警组织的国际年会上，与会国根据客观需要和现实情况，形成了建立在共识基础上的国际性文件，这样便正式成为具有国际法效力的通缉制度。此项制度仍然是以各成员国的国内法为基础来发出通缉令，只要求其他成员国承认其效力，并把通缉令作为拘捕犯罪嫌疑人的法律依据，去履行自己的法律义务就算是达到了国际合作的要求。如果被通缉的犯罪嫌疑人已被捕获，通缉令的法律效力便自动消失，有关国家的司法当局应当立即发通报予以解除。因此，通缉令可以被理解成发出国的授权性法律文书，当授权的目的达到以后，它也就自然失去了效力。

通缉和拘捕犯罪嫌疑人只是刑事司法活动中的一种诉讼手段，并不是司法活动的最终目的。所以，有关国家在实际控制犯罪嫌疑人之后，应当立即通知国际刑事警察组织或发出通缉令的请求国，要求尽快开始引渡程序或作出其他相应的处理决定。一般情况下，请求国都会积极要求引渡并马上实施移交手续。发出通缉令的国家也要在接到通缉犯已被拘捕的确凿信息后，应当立即向国际刑警组织或其他有关国家发出通报，解除对某一案犯的通缉状态，收回协助请求。这样一方面可以让被通缉人恢复正常的生活秩序，另一方面尽量减少有关国家为缉捕犯罪嫌疑人所付出的司法成本。

国际通缉制度在预防和镇压刑事犯罪方面已经发挥了巨大的作用，它有助于在世界范围内追捕在逃犯，及时将其交付法庭审判，通过法律制裁来强化国际法制。通缉制度带来的有效打击从客观上起到遏制刑事犯罪的作用，充分发挥刑罚的一般预防和特殊预防的威力。

第三节　刑事司法协助的基本程序

国际刑事司法协助涉及的程序问题复杂而又烦琐。具体来说包括刑事司法协助请求、刑事司法协助的审查、刑事司法协助请求的拒绝、刑事司法协助请求的受理和执行、刑事司法协助的终止和撤销等程序。

一、刑事司法协助请求

任何一个国家需要他国在刑事司法领域给予某种协助，无一例外都要向当事国提出请求。被请求国也只有在接到请求书后方可进行必要的司法协助活动。而且这种请求必须具备以下特征：

（1）请求是由一国的有权作出司法协助请求的主管当局提出的；

（2）这种司法协助请求必须是一国真实意愿的表示，而且是自愿提出的，不是被强迫的结果；

（3）这种司法协助请求是为了特定的司法问题的解决而要求给予某种帮助，而不是漫无目的索求；

（4）提出的司法协助请求必须是通过适当的途径向被请求国的主管当局送达，否则被视为无效。

刑事司法协助请求的提出必须以请求书的形式向被请求国送达。请求书又称委托书，是一国向另一国委托代办一定的司法事务的一种书面文件。被请求国只有在接到请求国的委托书后才能与请求国形成一种委托与被授权关系。请求书必须具有基本格式和内容。一般来说，主要包括：请求书出具机关的名称，受委托机关的名称，请求提出刑事司法协助的事项，有关当事人的基本情况（如被告人、受审人、被判刑人的姓名、住址、国籍、出生日期、职业、父母姓名、个人体貌特征等），委托内容和理由，犯罪分子或者嫌疑人实施犯罪行为的认定，犯罪的性质、手段、过程、结果及有关事实，请求书的效力，出具请求书的官方签字和印章，请求书签发的日期和其他附件等。

由于需要办理的委托事项不同，故请求书也不尽相同，必须根据请求事项的性质、类别及其特殊要求，分别在请求书中详细列出。一般情况下，每类请求书都有较固定的格式。请求书应用双方约定的文字制作。请求国有权用本国文字制作请求书，但是必须附有被请求国的官方语言或者附有双方约定的其他语言如法语或英语。没有使用双方特别是被请求国核准的语言的请求书将不被接受。《美洲国家间关于委托书的公约》《欧洲刑事司法协助公约》《欧洲刑事诉讼转移管辖公约》《欧洲引渡公约》《关于刑事判决国际效力的欧洲公约》等均有类似规定。

有权制作请求书的机关在不同的国家有不同的规定。在我国，凡遇到涉外刑事案件需要外国有关司法部门协查时，均需要通过我国公安部的国际刑事警察组织中国国家中心局负责办理。县、市公安局事先应通过本省（直辖市、自治区）公安厅向国家中心局提出具体协查要求，报请国家中心局核准，由国家中心局负责制作协查委托书，直接向被请求国国家中心局提交该委托书。如果被请求国不是国际刑警组织成员国，则通过外交部呈送该国。任何一个基层的公安机关均不能自行向外国的任何警察部门发出请求协查的委托书。

请求书的送达必须经适当的途径递交，否则将被退回或者拒收。任何强制送达，均被视为干涉他国内政的行为，其结果不仅是得不到任何司法协助，相反可能引发外交争端。

二、刑事司法协助请求的审查

被请求国接到请求国的请求书后，必须对请求书的进行审查，以决定是否接受该项请求。这就涉及一国审查请求书的机关、审查标准、审查的内容等问题。

（一）审查机关

负责审查请求国提出的委托书的机关由被请求国自行决定。根据各国的司法实践来看，一般是由各国主管司法的中央机关负责这项事务。中央司法机关在各国的含义不尽相同。有的国家的中央司法机关包括司法部、最高法院、最高检察院，如中国等国家；有的国家的中央司法机关是司法部和最高法院（或联邦最高法院），如美国等国家。但在国际警察组织成员国中，各该国国家中心局是指定的警察合作的中央机关。外交部门是否介入请求书的审查由各个国家自行决定，他国对此不能干涉。

（二）审查的依据

一个国家对另一个国家提出的刑事司法协助请求书的审查的依据主要是条约法和国内法。条约法是指该国缔结、参加的公约、多边或者双边条约。国内法是指涉及该项请求的国内法律、法规或者其他规章制度。当然，有的国家对请求书进行审查时，还考虑请求国与被请求国的外交关系和有关政治因素。

（三）审查的内容

审查包括两个方面：实质性审查和程序性审查。实质性审查是针对该项请求是否违反该国主权、安全、国家利益、公共秩序、法律制度，是否合乎法律要求，是否符合当事国的现实利益等。程序性审查则是以该项请求是否符合双方约定或国际习惯通过合法途径办理必要的手续，请求书送达是否合乎程序，办理该项请求是否可行，有无条件完成该项委托等。

通过审查，必须对此种请求作出决定：或者拒绝该项请求，或者接受并执行该请求，或者不予理睬。这些决定最终将由有权审查的机关决定。

三、刑事司法协助请求的拒绝

尽管"尊重政府间的请求"是一项国际习惯和国际礼仪，而且对于提出请求刑事司法协助的国家来说，任何一项请求都与本国的统治权密切相关，因而是很重要的，故请求国迫切希望被请求国给予协助，但并非每一项请求都会无条件地得到执行。其原因就在于事关被请求国的国家利益。因此，刑事司法协助是有条件的。如果某项请求不符合被请求国遵行的条件，被请求国将拒绝执行。

拒绝执行刑事司法协助的理由一般都在各国间刑事司法协助条约中采用列举方式载明。从各国的条约看，拒绝执行刑事司法协助请求的理由多种多样，但一致公认的理由主要是：任何一项请求不得有损被请求国的主权、安全或公共秩序，不得违犯被请求国的法律，不涉及政治、军事、宗教或种族性质的事务。以此为基础，各国分别引申出各种具体的含义，并用法律形式加以确认。

（一）关于请求协助不得有损被请求国的主权、安全或公共秩序

主权是国家独立地处理本国内外事务、管理本国的最高权力。主权是国家的根本属性，它与国家的存在密不可分；是国家的固有权利，不是外界赋予的；其表现形式是对内统治权即对其领土上的一切人和事物享有排他的管辖权，对外独立权即不受外国干涉，独立自主地处理对外关系。各国主权平等，各国有义务互相尊重对方的主权。每一国均有权利自由地选择其政治、社会、经济及文化制度，国家的政治独立和领土完整不受侵犯，各主权国家应和平相处。国家主权原则是国际法的基本原则。不管是国际司法协助，或是其他形式的合作，都只是国家间处理对外事务的一种手段。在实施这些手段过程中，必须遵守国家主权原则。

国家安全是与国家主权分不开的。依照国际法，国家享有独立权，其领土完整不受侵犯，一国不能以任何借口干涉他国的内部事务。国家安全是国家行使主权的保障。国家司法机关的一个重要使命是维护国家和平和安全不受破坏。因此，任何刑事司法协助都不得

构成对国家安全的危害。

公共秩序原是国际私法中的一个重要概念。它是用来限制适用外国法作为准据法，以调整涉外民事法律关系的。至于什么是公共秩序，有各种不同的表述，如"公共政策""法律秩序""道德规则""一般法律原则""善良风俗"等，其基本含义是国家所确立的社会经济统治秩序以及对内对外的基本政策、社会规范的总称。把公共秩序保障引入刑事司法协助，目的在于保障各国间在国家主权旗帜下本着互惠原则互相合作，正确地处理涉外刑事司法事务，维护各当事国的利益。

在各国所缔结的刑事司法协助条约中，关于协助请求不得有损于被请求国主权、安全或公共秩序的条款有若干不同的表述方法。《中华人民共和国和波兰人民共和国关于民事和刑事司法协助的协定》第 10 条规定："如果被请求的缔约一方认为提供司法协助有损于本国的主权、安全或公共秩序，可以拒绝提供司法协助，但应将拒绝的理由通知提出请求的缔约一方。"这样明确的规定直接为双方在审查刑事司法协助请求时提供了具体的准据。《美利坚合众国和墨西哥合众国相互司法协助合作条约》第 1 条第 3 款第 2 项规定，"被请求方认为请求的执行将损害其安全或其他基本公共政策或利益"，可以拒绝接被请求。《伊拉克和土耳其关于民事、刑事司法协助的协定》第 21 条第 2 款规定"在被请求国认为请求事项危害其主权和安全"的情况下，双方无义务相互提供刑事司法协助。《波兰和阿拉伯叙利亚关于民事和刑事司法协助的协定》第 13 条第 1 款规定："如果被请求方认为执行请求有损于本国主权、安全、公共秩序或其他基本利益，可不提供司法协助。"《西班牙和意大利关于刑事司法协助和引渡条约》第 2 条第 2 款规定，"如果被请求方认为，满足请求将有损于其主权、安全、法律和秩序的维持或者其他基本的国家利益"，可以拒绝司法协助。《法国和塞内加尔政府间的司法合作协定》第 27 条规定："如果某项刑事司法协助的请求不属于被请求机关主管，或该请求有可能损害执行国的主权、安全或公共政策，被请求机关可以拒绝执行。"

至于在何种情形下某一项请求将损害被请求国的主权、安全或公共秩序，其判断标准是什么，这完全由被请求国自行裁量。这种司法解释权是国家司法权的组成部分。在一般情况下，他国不能强制另一国接受自己的解释，否则就容易构成干涉他国内政的事实。

（二）关于协助请求不得违犯被请求国的法律的基本原则

刑事司法协助制度是国家法律制度的组成部分，它是建立在宪法和基本法律基础上的，因而刑事司法协助活动应在法律允许的范围内进行。这是刑事司法协助的一项重要的原则，请求国和被请求国双方在活动过程中除了要遵守各该国的法律之外，均应互相尊重对方的法律基本原则，这不仅仅只是互相尊重主权的一种体现，而且是国际刑事司法协助的现实要求。

从国际刑事司法协助的程序来看，提出请求的国家首先要遵循本国的法律，依照本国法律规定的程序正式提出请求。比如一个国家要求他国协助逮捕藏匿在被请求国领土上的罪犯时，请求国要由有权管辖的司法机关签发逮捕令和通缉令，然后通过正当途径将这些逮捕令和通缉令送交被请求国的主管部门，并正式办理必要的法律手续。然后，更重要的是，请求国决定向其他国家提出刑事司法协助请求时，要允许研究该项请求是否符合被请求国的法律。只有在符合被请求国法律的条件下才有可能得到合法合理的帮助。

1. 要符合被请求国的实体法

凡该国实体法明确规定了具体条款的，必须依照该实体法的规定办理。比如，许多国家的宪法都规定，对于因为政治原因要求避难的外国人，可以给予受庇护的权利。在涉及受理庇护案时，就要允许尊重该国宪法的精神。双重犯罪原则是刑事司法协助的基本原则，为各国所遵守。凡是一国认为不属于犯罪的行为，别国就不应针对某个行为人的此类行为向该国提出刑事司法协助请求。在伊斯兰教国家，通奸被认为是一种严重的罪行，但在英美等西方国家看来，这只是夫妇离婚的一条重要理由，因而如果某个伊斯兰教国家向美国提出要求逮捕逃亡到美国的该国的某个通奸人，那么将因其违反美国的刑法而得不到协助。

2. 要符合被请求国的程序法

凡是被请求国的程序法特别是刑事诉讼法规定的具体程序均应得到遵守。各国法律对于普通犯罪行为的追诉都有时效制度，凡刑事诉讼时效已过，任何一项犯罪行为都不再起诉。所以，在提出请求时，请求国要根据被请求国的立法规定，审查清楚被追究的行为是否超过被请求国刑事诉讼时效，然后才决定提出请求与否。在办理引渡、刑事诉讼移转管辖、逮捕、协查刑事案件等事项时尤其要注意时效问题。《欧洲引渡公约》《欧洲刑事诉讼移转管辖公约》《欧洲刑事司法协助公约》《美洲国家间引渡公约》以及各国间的引渡条约中大多载有关于时效的条款，这表明时效制度是刑事司法协助中必须特别注意的程序问题。另外，诸如管辖程序、管辖豁免程序、诉讼程序、刑事判决执行程序等，都是程序法中的重要内容，因而也是刑事司法协助必须特别注意的程序。

3. 任何请求均不应违反被请求国承担的国际义务

请求国不应要求被请求国违反它所缔结或参加的双边或多边条约的义务，而要求被请求国给予司法协助。比如，《欧洲刑事司法协助公约》的缔约国均承担下列义务：被羁押人不同意；被羁押人需要参加在被请求国境内进行刑事诉讼；移送可能导致羁押期的延长；存在其他表明不宜将其迁移到请求国境内的重要理由时，被请求国可以拒绝请求国迁移被羁押人。在出现上述任何一种情形时，有关缔约国如果请求暂时移送被羁押人出庭作证，将因违反上述义务而得不到协助。

（三）关于刑事司法协助请求不涉及政治、军事、宗教或种族性质的事项

由于政治、军事、宗教或种族性质的问题涉及国家间极其敏感的统治关系，而司法协助在很大程度上只限于解决司法领域的问题，因而不便也无须介入这些敏感的问题，否则将会超越司法协助的范围，造成国家间司法协助关系的混乱。而且更重要的理由在于，由于当今世界存在各种不同意识形态不同社会制度的国家，各国出于维护本国利益的考虑，在解决司法协助时优先考虑的是如何保障本国主权、安全不受侵犯，公共秩序不受破坏，然后才会考虑到与外国的关系问题。地球上不同肤色、不同种族、不同信仰的人们在各自的生存、生活、工作过程中，难免会发生各种种族、宗教等方面的冲突。这些冲突的背景往往都极为复杂。

总而言之，刑事司法协助请求的拒绝是国家主权范围内的权力，任何一个主权国家都可以独立决定，其他国家不得干涉。但本着互惠原则，在一般情况下，一国拒绝另一国的请求，应当向请求国说明其理由，防止因拒绝某项司法协助请求而恶化两国间的司法合作关系，进而影响到它们之间的外交关系。但对于明显干涉内政、侵犯主权的无理的司法协助请求，如果被请求国认为必要，完全可以不予理睬或者提出抗议。这样做在国际法上也是允许的。

四、刑事司法协助请求的受理和执行

（一）刑事司法协助请求的认可

被请求国接到请求书后，经过审查，认为符合双边刑事司法协助条约或协议，将予以认可。被请求国一旦认可了请求书后，即立案受理，并按照国内程序交付办理。

狭义的司法协助请求的认可通常由国内司法部作出。司法部根据本国与该请求国所订条约或协定的内容，结合本国的法律规定，考虑给予刑事司法协助的利害关系，然后作出决定。如果双方之间没有签订刑事司法协助条约，则由被请求国的司法部根据互惠原则处理，经商得请求国同意有关互惠条件（即如果未来被请求国遇到类似问题时请求国保证给予协助）后，可酌情给予受理，并由司法部部长或部长代表签署命令。有关侦查协助请求则由公安部或内政部（负责警察事务）受理。

引渡请求的认可，各国做法不一。有些国家规定由外交部作出决定。在双方没有签订刑事司法协助双边条约的情况下，大多数国家采取这种做法。有些国家则规定由司法部做决定，如日本规定由法务省负责办理引渡事宜，法务大臣签署引渡令。美国、法国、联邦德国、苏联等国均采取类似办法处理。被判刑人的移送则由刑罚执行主管机关决定是否接受请求。大多数国家的刑罚执行机关隶属司法部或内政部，因而法定主管机关即是司法部

或内政部。

对于刑事诉讼移转管辖的请求，大陆法系国家均指定由本国检察部门负责受理，因为检察部门负有起诉刑事犯罪案件之责，是否起诉或如何起诉主要由检察部门决定。所以，对于来自外国的请求，一般由被请求国的检察总长决定是否给予受理。英美法系国家则略有不同，由于英美法系的国家负责起诉的机关既可以是检察机关（附属于司法部），也可以是法院，这就使得受理外国的刑事诉讼请求复杂化。除了法律规定必须由检察机关受理的刑事案件之外，一般刑事案件（所谓的轻罪案或治安案件）则由有管辖权的法官作出判断和裁定，然后由本国司法主管部门转告请求国。

（二）刑事司法协助请求的受理

一国一旦认可了外国的刑事司法协助的请求，原则上就应依法予以办理。被请求国因受委托而获得了某种临时授权，在国际法基础上，被请求国完全可以根据本国法行使这种权力。这种权力主要包括：（1）立案权，即将该请求所涉及的事项予以立案办理的权力。（2）代理权，即根据请求国的请求，代为一定的司法行为，完成请求国的委托。（3）交涉权，即在代理刑事事务过程中可根据需要与请求国进行交涉、磋商。同时，因为接受委托，被请求国亦相应承担起某种义务。这些义务主要包括：（1）负责依法办理请求国的请求事项；（2）承担因办理该项事务而引发的义务，如回答请求国的查询，通报办理委托过程及其结果等。

受理程序则按国内程序进行。通常做法是：由接到请求书的主管机关确定办案单位；主管机关将外国请求书连同其内部指示发往办案单位；办案单位收悉上述文件后，着手办理各该委托事项，然后将办案结果报告指令机关；最后由主管机关将办案结果转告请求国。

（三）刑事司法协助的执行

执行外国刑事司法协助请求的过程是刑事司法协助的最后程序。对被请求国而言，刑事司法协助的执行，是被请求国根据外国的请求，在本国管辖范围内，依法代为特定司法行为的措施，是完成委托的关键环节。对请求国而言，请求国通过被请求国执行其请求，完成了特定的司法任务，实现了国家司法权。执行的程序由被请求国自行依本国法确定，请求国不得干涉。基本的程序大致是：根据被请求事项的性质，确定管辖权，然后交由有管辖权的司法机关依法办理。

执行结果应分别不同情况进行处理。凡依据请求事项全部履行的，应由办案单位报告本国主管机关，由主管机关裁定并将处理情况转告请求国；凡部分完成请求事项，除了将所完成的部分结果转告请求国外，可将其余未完成部分的原因予以说明，以便请求国研究采取其他必要措施；凡未能完成请求事项的，应将结果及其理由向请求国说明。

五、刑事司法协助的终止和撤销

（一）终止

因发生了特定情况，当事国可以结束正在进行的刑事司法协助程序。终止刑事司法协助程序既可由请求国提出，亦可由被请求国自行决定。

刑事司法协助终止的条件是基于发生了某种情势而使得无法执行该请求或执行该请求已无意义。在发生下列任何一种情况时，均可认为已出现了终止刑事司法协助的条件：

（1）当事国一方发生了政府更替，新政府不承认旧政府签订的刑事司法协助条约；

（2）当事国双方发生了战争，处于交战状态；

（3）当事国之间断绝了外交关系；

（4）当事国决定不再追诉请求事项涉及的行为；

（5）因当事国大赦或特赦请求事项涉及的当事人；

（6）被告死亡，当事国不再追究其法律责任；

（7）在执行请求期间，追诉时效到期；

（8）请求引渡的罪犯已逃亡至第三国；

（9）请求事实已灭失，无法执行该请求；

（10）当事国撤销了请求；

（11）其他应拒绝执行的情形。

刑事司法协助终止的法律后果是，请求国不再援引该请求，执行程序到此终结，被请求国不再办理该请求所涉及的事务。

（二）撤销

由于存在或发生了某种情况，当事国主动宣布放弃刑事司法协助请求权或执行权，这种程序被称为刑事司法协助的撤销。就请求国而言，在提出司法协助请求后，如果发生某种情势，请求国可以向被请求国提出撤销请求。比如，一旦发生了下列情况可宣布撤销请求：

（1）刑事案件已审理终结；

（2）被通缉的罪犯已由本国逮捕，无须再请求逮捕或引渡该罪犯；

（3）本国大赦或特赦原请求事项涉及的案犯；

（4）其他类似终结刑事司法协助的情形。

对被请求国来说，如果在它接受了请求国提出的司法协助请求之后发生了任何可拒绝受理或执行刑事司法协助的情形，或者出现了可终止受理或执行请求的任何情形时，那么被请求国可酌情予以撤销。被请求国宣布撤销接受某项司法协助请求后，就无须再予以协助。被请求国可以将其撤销决定通知请求国，以便请求国能够采取某种必要措施，完成其特定的司法任务。

第六章　引渡和驱逐出境

第一节　引 渡 概 述

一、引渡的概念和特征

引渡，是指一国的主管机关应有管辖权的他国主管机关的请求，根据国际刑法与国内法的有关规定，将本国境内犯有可引渡之罪的人送交请求国追诉和执行刑罚的法律制度。

引渡起源于古埃及，有关引渡的最早文字记载见诸圣经，历史上第一个引渡条约签订于公元 1280 年左右，即埃及的拉麦赛二世和赫梯族国王哈杜西里三世在结束叙利亚战争时就签订过一项"和平条约"，其中载有相互遣返逃到对方境内罪犯的决定。这种早期的引渡活动具有与现代引渡制度完全不同的特点，实质上是掌握在统治者手中的一种政治工具和政治交易的手段。现代引渡制度作为国际刑事合作与司法协助的重要形式之一，是从资产阶级革命以来所形成的。早期的引渡活动的特点表现为"政治协助"或"外交协助"，主要引渡对象是政治犯罪；现代的引渡制度特点表现为"国际司法协助"，主要引渡对象是刑事犯罪，引渡制度的法制化，受一系列原则、规则程序的限制。

1833 年 10 月 1 日，比利时颁布了世界上第一部引渡法，各国相继按照现代引渡制度的原则规定了引渡的国内法规范。由于规定的模式与特点不同，又有法国模式、意大利模式、英国模式、联邦德国模式和奥地利模式。法国模式是集中、全面地通过特别法形式规定引渡制度；意大利模式是在宪法、刑法典及刑事诉讼法典中规定引渡制度，不是以单项特别法调整引渡制度。英国模式也表现为"特别法形式"，但与法国模式不同，法国是以单一的《引渡法》调整与所有外国之间的引渡关系。我国 2000 年 12 月 28 日生效的《中华人民共和国引渡法》属于这一模式。英国则根据本国与各国之间的不同关系，以多种待遇不同法规调整引渡关系。英国有三种引渡法规：《引渡法》《逃犯法》《签发逮捕令法》。联邦德国在 1929 年 12 月 23 日颁布了一项《引渡法》，1982 年 12 月 23 日颁布了新的引渡法规——《国际刑事司法协助法》，其特点是把引渡与国际刑事司法协助的其他形式如外国判决的承认与执行、文书送达、国际委托调查、传唤证人或鉴定人出庭等统统安置在一部特别法中。在 1990 年 10 月 3 日两德统一后，《国际刑事司法协助法》继续得到适用。奥地利于 1980 年 7 月 1 日生效的《引渡和刑事司法协助法》的内容除了传统的刑事司法协助的内容即引渡和狭义的刑事司法协助外，还包括诉讼移管、监督移管和被判刑人移管等新的刑事司法协助形式等。同时生效的还有由司法部颁布的《引渡和国家间刑事司法协助规章》。可以说，奥地利模式是代表了国际社会决心和努力开展国际刑事司法协助活动，预防和惩治犯罪的最新趋势。

引渡涉及国与国的双边或多边关系，因而需要接受国际法调整，因此，迄今为止，各国之间不仅签订了大量的双边的引渡条约，而且一些地区性国际组织也签订了引渡公约，如美洲国家组织于 1889 年在乌拉圭、1902 年在墨西哥、1933 年在蒙得维的亚缔结了三个引渡公约最后形成《美洲引渡公约》，欧洲理事会 11 个成员国于 1957 年 12 月 13 日签订了《欧洲引渡公约》，阿拉伯国家联盟于 1952 年 9 月 14 日签订了《阿拉伯联盟引渡协定》，非洲和马尔加什共同体组织也于 1961 年 9 月与 11 个非洲国家签订了《非洲和马尔加什共同体组织公约》。在联合国为惩治劫机罪、毒品罪、种族隔离罪、酷刑罪等国际犯罪而制定的公约中，均含有引渡的条款。从 20 世纪 80 年代后期开始，联合国预防犯罪和罪犯待遇大会为扩大和加深在引渡领域的国际合作，起草了《引渡示范条约》提交各国讨论。

引渡制度具有以下特征：

（1）引渡是主权国家的一种国家行为。引渡的主体是请求国与被请求国，具体来说是代表国家的国家主管机关从事的国家行为。尽管有些国际组织如国际刑警组织在引渡中可以发挥刑事协助的作用，但引渡的主体还是国家。而且这种国家是具有主权的，一国是否接受他国的引渡请求，除非负有条约义务，由被请求国自行决定。其他任何国家或国际组织均无权强迫某国引渡罪犯给他国。

（2）提出引渡请求的国家必须有对该犯罪的刑事管辖权。例如，犯罪行为发生在请求国的领域内，根据属地管辖原则具有管辖权，就可以请求引渡。对罪犯无管辖权的国家，不能请求引渡罪犯。

（3）引渡的根据是国际刑法与国内引渡法和其他法律有关规定。引渡是国家间的刑事司法协助的行为，属于一国的司法活动。引渡活动涉及的国内法律主要有宪法、刑法、刑事诉讼法、引渡法等。

（4）引渡的对象是被控犯有可引渡之罪的境内之人。引渡的对象可能是被通缉的、追捕的刑事被告，也可能是已被判刑的人。这种人可能是请求国公民、被请求国公民、第三国公民。但许多国家明文规定拒绝引渡本国公民。

（5）引渡的内容是将犯有可引渡之罪的境内之人送交他国审判或惩处或将犯有可引渡之罪的在境外之人送还本国审判或惩处。也就是说引渡是对犯罪人的移送方面提供协助，目的是提出请求引渡的国家能对该罪犯人进行审判与惩处。引渡与狭义司法协助不同，后者主要是对证据、文书等"物"的移送方面的协助，就是为作证而涉及被羁押者的移送，目的是作证，事后必须保证羁押者的安全返回。

引渡制度有以下重要意义：

（1）引渡制度是国际社会的一种重要刑事司法合作制度，使各国追究外逃亡的刑事责任成为可能，维护一国主权与国际社会秩序。

（2）对请求国来说，通过引渡罪犯缉捕归案，维护法律尊严，有利于发挥刑罚的最佳社会效果。

（3）对被请求国来说，通过引渡罪犯，实际是从国境内逐出罪犯，维护了社会治安，不庇护罪犯，树立了公正的国际形象，增进了与请求国之间的友好关系。

（4）通过引渡罪犯，使罪犯在请求国受到惩处，落实了国际刑法惩处国际犯罪的要求，通过引渡各国通力合作，有利于制止国际犯罪。

二、引渡的种类

根据各国关于引渡制度的立法，有关国际条约和引渡的理论，根据引渡活动依据的不同法律规范，可以作不同的分类。这些不同分类，对于采用不同的程序与规则，实施引渡活动均有重要作用。

（一）主动引渡与被动引渡

前者又称为请求引渡或由内引渡，后者又称为被请求引渡或向外引渡。这两种引渡是根据引渡关系中国家主体地位不同而划分的。主动引渡，指请求国要求将刑事被告人或被判刑人引渡回国。被动引渡，是指被请求国向外国引渡刑事被告人或被判刑人的活动。

把引渡分为主动引渡与被动引渡的意义在于分别适用引渡的原则与规则。例如政治犯罪不引渡原则和一些国家坚持的公民不引渡原则就是针对被动引渡而言的；而"同一原则"是针对主动引渡的。

（二）提议引渡和应允引渡

这两种引渡是对被动引渡进行的划分。前者是指罪犯所在国在未接到引渡请求的情况下主动提出把逃犯引渡给对其拥有刑事管辖权的国家；后者则是指被请求国应一国的请求而同意进行的引渡活动。应允引渡是被动引渡的一般形式，它是以对引渡请求依法实行审查和裁断为基本特点。提议引渡在引渡中是个别形式，在各国引渡立法和国际条约中是很少见的，大概只有意大利的法律承认这种引渡形式。

（三）诉讼引渡与执行引渡

这两种引渡是根据被请求引渡者所处的刑事诉讼阶段划分的。诉讼引渡所针对的是处于侦查、预审或审判阶段的刑事被告人；执行引渡所针对的是已被判处刑罚或正服刑的被判刑人。在诉讼引渡中，请求国应当向被请求国提供关于被请求引渡者实施犯罪的证明材料；而在执行引渡中则只需要提供对被请求引渡者已宣告的判决书。一般来说，在请求国受到缺席判决的人不适用执行引渡的程序，除非请求国承诺给予被引渡人出庭重新审判。

（四）过境引渡

过境引渡是指一国通过第三国的领土或领空向另一国引渡被告人或被判刑人。在过境引渡中，请求国应当向过境国提供在一般引渡案件中所应当提供的一切证明文件。在经过第二国领空引渡罪犯时，如果飞机需要紧急着陆时，也应当采取过境引渡的程序。在此种情况下，向过境国事先发出的过境通知可视为过境引渡的请求。如联邦德国的《国际刑事司法协助法》规定了有关过境引渡的详细司法审查程序。

（五）补充引渡与再引渡

补充引渡，是指当请求国想就发生在引渡以前而且不包括在引渡请求之中的其他罪行进行追诉、审判或执行刑罚时，应当遵循一定的规则，首先取得原被请求国的同意进行补充引渡。再引渡，是指在将逃犯引渡到请求国进行审判或执行刑罚之后，再将其引渡到第三国进行审判或执行刑罚。再引渡与补充引渡的相同之处都是为满足对被引渡者在引渡前所犯其他罪行予以追究的请求而设置的国际司法协助程序；所不同之处是前者协助的是另一第三国，而后者协助的是原请求引渡国。

（六）简易引渡与附带引渡

简易引渡，指当被请求引渡者明确表示愿意被引渡到请求国接受审判或处罚时所进行的引渡。简易引渡省略了在一般的被动引渡中所需进行的司法审查程序。附带引渡，是指在请求国引渡请求所列举的数种犯罪中只有一项主要犯罪符合可引渡之罪的法定条件和标准，而其他几项次要犯罪未达到这些条件和标准时，被请求国在允许对主要犯罪实行引渡的同时，也允许对其他次要犯罪实行引渡。

（七）暂时引渡与延迟引渡

暂时引渡，是指为了便利请求国的诉讼活动，被请求国允许将需要在被请求国接受审判或服刑的被请求引渡者，暂时引渡给请求国。暂时引渡是被请求国向请求国提供的一种优惠协助。在暂时引渡的情况下，请求国应当保证按照预定的期限或者在被请求国要求归还时立即送还被引渡者。延迟引渡，是指被请求国出于本国诉讼活动的原因，如本国对被请求引渡者进行审判或执行刑罚，所以推迟向请求国引渡被请求引渡者。

（八）事实引渡与伪装引渡

事实引渡，是指一国将外国人驱逐出境时，由于一些偶然的原因，恰巧将被驱逐者送至了对其行使刑事管辖权的国家，无论驱逐国的主观意志如何，这在客观上仍造成了与引渡相同的结果。伪装引渡，是指一国以驱逐出境的手段作掩护，将外国人引渡给另一国。伪装引渡与事实引渡都发生在驱逐出境的情况下，都起到引渡效果，不同的是伪装引渡的驱逐出境是假，引渡是真，而且是驱逐国精心安排的；事实引渡的驱逐出境是真的，引渡是一种巧合，不是驱逐国安排的。

值得注意的，在国际刑事司法协助活动中出现了一种新型的移交罪犯以便审判的司法活动，即主权国家向国际刑事法庭或国际刑事法院移交罪犯以便提起审判的活动。有学者认为这是引渡制度的新形式，体现了引渡制度的一些新特征。① 我们认为，这不是引渡活动的表现形式，而只能称之为移交犯罪嫌疑人。

第二节　引渡的原则

一、双重犯罪原则

双重犯罪原则又称为相同原则、双重归罪原则，通常是指只有被请求引渡者的行为，依请求国与被请求国之法律，均构成犯罪时，才能引渡。如果有一方的法律不认为犯罪，则不能引渡。有的国家把双重犯罪原则又称为双罚性原则，即不仅某一行为依请求国与被请求国法律均认为犯罪而且依双方国家法律均要受到刑罚处罚，才能引渡。有的国家坚持引渡行为必须符合双罚性。因为它们认为，引渡逃亡罪犯，是以将犯罪人交付审判或执行刑罚为目的，而将犯罪人强制地引渡给对方国家，其实质与本国审判犯人或执行刑罚没有根本差别，所以在缺少双罚性时，就被认为不适宜引渡。

双重犯罪的原则是以互相尊重国家主权、互相互惠为基础的，平等地进行刑事司法合作，这样既有利于实现对罪犯的管辖权，使罪犯受到惩罚，被请求国又不致成为罪犯的庇护所，同时又要尊重被请求国的主权、法律和公共利益，保障被请求国引渡人的合法权益。如某种行为在请求国法律认为是犯罪，而在被请求国法律认为是合法行为，在这种情况下，必须从保护个人利益的角度出发，拒绝引渡。

应该指出的是双重犯罪原则是针对国内犯罪而言的，对于国际犯罪来说，则无此限制。因为国际犯罪不是由一国的国内刑法确认的，而是由国际刑法规定的，因此，不适用双重犯罪原则。许多惩治国际犯罪的国际公约明文规定，国际犯罪是可引渡之罪。

———————————

① 参见刘亚军：《引渡新论》，吉林人民出版社 2004 年版，第 7 页及以下。

二、特定犯罪不引渡原则

特定犯罪不引渡原则，是指请求国要求引渡的对象是政治性犯罪、军事犯罪或财税犯罪时，被请求国可以拒绝引渡。

特定犯罪不引渡原则中最主要的就是政治性犯罪不引渡，或者说这个原则允许被请求国将它认为具有政治性特点的犯罪排除在引渡合作范围之外。

在 19 世纪以前，引渡主要目的在于移交政治犯。法国大革命之后，资产阶级认为被统治者有权反对极权统治，既然如此，对反对极权统治的失败者当然要给予庇护。此种观念逐步发展成为政治犯不引渡原则。最早见于 1793 年法国宪法第 120 条规定，法国给予为了争取自由而流亡到法国的外国人以庇护，这是政治犯不引渡原则的基础。1833 年比利时颁布的世界上第一个引渡法做了规定，1928 年的《布斯塔曼特法典》也有规定。以后许多国家国内法或国际条约都做了规定，只是规定形式不同。如伊拉克与土耳其的引渡条约规定绝对不引渡的形式，德国与土耳其的引渡条约又规定相对不引渡的形式，巴西、海地、墨西哥等国家把政治犯不引渡原则规定在宪法中，阿根廷、英国、德国等把这一原则规定在本国引渡法中。

政治犯不引渡的原则在现代引渡制度中有重要意义：一方面它保障国际刑事司法协助在充分尊重各国主权平等基础上进行，对请求国追诉要求的可接受性进行独立自主的权衡；另一方面，它又保障刑事司法合作不因政治问题而受影响，反而有利于在打击普通刑事犯罪方面的国际合作。

关于什么是政治犯，各国的国内立法和各国之间的引渡条约尚无一个为国际社会普遍接受的定义，只由各国灵活掌握与决定。被请求国根据什么标准来确定被指称的罪犯是政治犯呢？从实践看，社会政治制度与意识形态不同的国家会采取不同标准，即使社会政治制度基本相同的国家，也会因法律传统等不同而不同。甚至一国之内适用于本国国内的政治罪与适用于引渡的政治罪的标准也有差别。

从国际条约及国内立法情况看，政治犯可以分为纯粹政治犯与相对政治犯。纯粹政治犯，是指以国家为对象，危害国家的存在与安全的犯罪，如内乱罪、叛国罪、间谍罪等。相对政治犯，是指某种普通犯罪因涉及政治行为，而将整个犯罪视为政治犯罪。在通常情况下，由于纯粹政治犯的范围较窄，并不难确定，而相对政治犯涉及的范围较宽，比较难以认定。鉴于此，有的法学家主张对政治犯不引渡原则加以限制，用逐罪排除方法，把一些可能带有某种政治色彩的犯罪"不以政治罪论处"，使其"非政治（罪）化"，从而限制了政治犯不引渡原则的适用范围。

在我国与外国签订的司法协助协定中，一般使用"具有政治性质"的犯罪（如

《中华人民共和国和波兰人民共和国关于民事和刑事司法协助的协定》第 24 条）或"政治犯罪或与之有关的犯罪"（如《中华人民共和国和土耳其共和国关于民事、商事和刑事司法协助的协定》第 29 条）这两种表述形式。在实践中，人们应根据行为所侵害的客体和对象，行为人实施行为时所怀有的目的和动机以及具体的政治背景来判断犯罪是否具有政治特点或与政治犯罪有关。有的犯罪虽然所侵犯的是政治性的客体，而且行为也可能怀有明确的政治目的，但是，由于它具有极端的残暴性和反人民性，受到国际社会的一致谴责和普遍痛恨，因而在引渡制度上被排除在政治犯罪范围以外。例如，《防止及惩治灭绝种族罪公约》第 7 条要求各缔约国对灭绝种族罪"不得视为政治罪行，俾便引渡"。

国际犯罪一般不适用政治犯不引渡原则。关于国际犯罪的多边公约通常用两种方式来表述。一种方式是明文规定，国际犯罪不得视为政治犯罪，如前述《防止及惩治灭绝种族罪公约》的规定。又如《欧洲引渡公约》第 3 条第 4 款规定："本公约的目的，不应将杀害国家元首或其家庭成员的行为或未遂行为视为政治犯罪。"另一种方式是规定该国际犯罪为可引渡之犯罪，如缔约国不予以引渡，必须对该犯罪嫌疑人提起诉讼，并按处理普通严重罪案件的方式作出判决。例如 1979 年《反对劫持人质的国际公约》第 8 条规定，领土内发现犯罪嫌疑人的缔约国，如不将该人引渡，应毫无例外地而且不论罪行是否在其领土内发生，通过该国法律规定的程序，将案件送交该国主管机关，以便提起公诉。此等机关应该按该国法律处理任何普通严重罪案件的方式作出判决。

近年出现的趋向是为适应与国际犯罪作斗争的需要，一方面限制"政治犯不引渡原则"的适用范围；另一方面是把着眼点从分析被指控行为的政治性转向分析请求国追诉活动的政治性，规定如果请求国的引渡目的在于其种族、宗教、国籍、政治见解等原因而对被引渡人进行追诉或执行刑罚，或者被要求引渡人在司法程序中的地位将因上述原因受到损害，被请求国应当拒绝引渡。

军事犯不引渡，是指对纯属违反一国军事刑法的犯罪，不予引渡的原则。

财税犯罪不引渡，是指对于涉及税收和关税犯罪，不予引渡的原则。财税犯罪不引渡其实是双重犯罪原则的引申。因为各国的税收和关税制度的不同，决定了涉及财税犯罪的犯罪构成也不相同。一国规定为犯罪的行为，在另一国可能不构成犯罪行为，所以，财税犯罪不引渡。

三、同一原则

同一原则，又称专一原则，是指请求国对被引渡的人，只能就引渡请求书中所指控的犯罪进行起诉、审判或执行刑罚。因此，凡是在引渡请求书中指控的犯罪行为，请求国非经被请求国同意不得对被引渡人进行追诉或处罚。这一原则又被称为特定罪审判原则、引渡效果有限原则或引渡与追诉一致原则。

这一原则的理论根据是国家主权和国家间的信赖关系。被请求国基于领土主权对逃亡的人犯有庇护权，但是被请求国又根据条约与国家间诚实信赖关系，把人犯引渡给请求国，请求国就只能在这种特定范围内行使管辖，即对被请求国同意请求引渡的人犯进行起诉、审判与处罚。如果请求国不约束自己对未准许引渡的犯罪予以审判与处罚，就破坏了国家间的诚实信赖关系。

同一原则还可以引申出禁止死刑和再引渡的问题，因而成为这一原则的另一层含义。所谓禁止死刑，是指在被请求国的国内法禁止科处死刑或执行死刑的情况下，得以请求国不对人犯科处或执行死刑作为准许引渡的条件。请求国如同意并接受这一条件，这一条件就变成为同一原则的一部分，请求国也就有责任恪守这一承诺，在引渡后不对人犯科处和执行死刑。所谓再引渡，是指请求引渡的国家接受引渡后，未经被引渡国同意，不得将人犯再交给第三国，使其受追诉或处罚。禁止再引渡通常由引渡条约明文规定，借以保障原被请求国对请求国遵守引渡目的的关切和利益。例如1957年《欧洲引渡公约》第15条规定，对引渡给请求国的人，被另一方或第三方为该人在送交前的犯罪而索求者，未得到被引渡国的同意，请求国不得引渡给另一方或第三方。但是如果该人有机会离开他被送交国家的领域，但在最后准其离境的45日以内他未离境，或离境后又返回该国者除外。

同一原则在适用上也会有例外。一般在以下三种情况下不适用这一原则：（1）被请求国同意。即从消灭犯罪与国际刑事合作的需要出发，被请求国同意追诉与处罚请求国请求书中未指控的犯罪。（2）被告人同意接受被请求国对其犯其他罪行的追诉或处罚。（3）被告人在请求国的诉讼程序终结或刑罚执行完毕后，还愿意留在该国居留。关于上述同一原则适用上的例外，在各国引渡条约中大致有以下几种方式规定：（1）规定被告人同意时例外（如美国与智利引渡条约第15条）；（2）规定被请求国同意时例外（如1973年美国与意大利引渡条约第18条）；（3）规定被请求国或被告人同意时例外（如1899年美国与墨西哥引渡条约第12条）。对于被告人同意的例外，有的学者提出不同看法，由于刑事诉讼是国家刑罚权的体现，是具有国家主权性质，被告人的同意不影响程序的进行，实际上被告人为了保护自己的利益，同意的可能性不大。况且如何确认被告人是在自由意志下同意的，十分困难。就被请求同意可以例外来说，因被请求国对人犯的审判与处罚并无直接利害关系（除非被告人是其国民），加上为了惩处犯罪与国际司法合作，似乎难以出现不同意的情况，但这对保护人犯利益来讲似嫌不周。

四、本国公民不引渡原则

本国公民不引渡原则，是指当请求引渡的人犯是被请求国公民时，被请求可以不予引渡。① 这个原则是大陆法系国家的主张，最早起源于法国。早在 1834 年，法国与比利时订立了引渡条约，就禁止引渡本国公民。到了 20 世纪，这一原则逐渐为欧洲大陆各国普遍采取，并扩展到拉丁美洲。大陆法系国家主张本国公民不引渡的主要理由是认为犯罪具有属人性，本国公民在外国犯罪也得由本国审判，因为在外国审判可能会受到不公正待遇，本国公民应受本国法律保护，国家对公民也有保护义务。另外，公民在外国受审判，远离亲友，语言可能不通，产生诸多不便。英美法系主张国家恪守刑法域内性的法律传统，认为一切犯罪均应由犯罪地法院审判，本国刑法无域外效力。本国公民在外国犯罪，除特殊情况，本国法院没有管辖权，不能对其进行审理，应该允许引渡本国公民，例如1879 年英国曾有个著名的引渡本国公民案例。英国人士维尔在提罗尔杀妻后逃回英国，英国应奥地利请求将他引渡给奥地利，该罪犯在奥地利被判处绞刑。

从理论上，大陆法系主张本国国民不引渡原则的理由似不充足。一国公民在他国领域内，既然享受他国法律保护的权利，亦有服从他国法律的义务，违者应受法律制裁，刑事犯罪也如此。从刑事诉讼来讲，犯罪由犯罪地法院审理，便于搜集证据，传唤证人，以保证审判质量。至于犯罪地法院处罚可能不公平，也非如此，人犯所属国还可进行外交保护以使审判公正，语言障碍可以通过翻译解决。但从立法与司法实践来看，目前多数国家从主权观念与保护本国公民的感情出发，还是倾向拒绝引渡本国公民。如德国在宪法中规定，危地马拉在刑法中规定，我国则在引渡法中规定。

大陆法系的本国国民不引渡原则已经出现了松动。首先，加入了《国际刑事法院规约》的成员国承诺，必要时向国际刑事法院移交涉嫌国际犯罪的本国犯罪嫌疑人。其次，欧盟成员国也有义务向欧盟其他成员国引渡涉嫌犯罪的本国国民。最后，特设的国际刑事法庭规约也要求相关国家必须将涉嫌犯罪的本国犯罪嫌疑人移交给特设的国际刑事法庭，接受特设国际刑事法庭的审判。

从引渡条约关于是否引渡本国公民规定有四种立法形式：（1）规定缔约双方同意引渡所有的人，包括本国公民也在引渡之列。英美法系国家相互签订的引渡条约，多采取此种形式。（2）明文禁止引渡本国公民。大陆法系国家相互间签订的引渡条约多采用这种形式。（3）规定缔约双方对其公民无引渡义务。这种规定虽不明文禁止引渡公民，但实践上是不得引渡公民，如1934 年美国与伊拉克引渡条约第 8 条规定。（4）规定缔约双方对其

---

① 我国《引渡法》第 8 条规定，当被请求引渡人具有中华人民共和国国籍的，中华人民共和国拒绝引渡。

公民无引渡的义务，但缔约国认为合适时，可以自由裁量，如美国与墨西哥引渡条约的规定。

鉴于拒绝引渡公民与同意引渡公民之国家间，可能会出现放纵犯罪的漏洞，国际法学会第 61 届会议关于引渡的新问题的决议，对本国公民是否引渡问题，做了可以自由选择的规定，即被请求国如果不引渡本国公民的话，就应该把被告人交付审判。该决议指出："每一国家均有拒绝其国民的自由，但在这种情形下，该国应依据其法律对罪行进行审判。在相互基础上引渡国民，有助于减少犯罪。"从比较上述主张与发展看，将"或起诉或引渡原则"作为"本国公民不引渡原则"的补充是比较好的办法。

第三节　引渡的规则

一、引渡规则的意义与表现形式

引渡规则是关于引渡的法律规范。一般来讲，国际上引渡罪犯都要以一定的引渡规则为依据。

引渡规则的表现形式有三种：一是国际引渡公约或国际公约关于引渡的规定；二是双边或多边的引渡条约的规定；三是国内法规定，如有的国家有专门的引渡法，有的国家将引渡规则规定于宪法、刑法或诉讼法等法律之中。

引渡条约是引渡规则的最主要表现形式，如双边条约。但双边条约适用范围很窄，仅限两个国家之间，为了实现国际司法合作的理想，最好签订全球性引渡公约，但由于种种原因还未达成共识与现实。目前有以下 8 个区域性多边条约存在：

1. 《欧洲引渡公约》

该公约于 1957 年 12 月 13 日在巴黎签订，1960 年 4 月 18 日生效，以欧洲理事会的会员国为成员，但非欧洲理事会的会员亦可加入。目前批准加入的国家有挪威、瑞典、丹麦、土耳其、希腊、意大利、冰岛和以色列等 45 个国家。

2. 《美洲引渡公约》

该公约又称《蒙得维亚引渡公约》，在 1933 年于乌拉圭首府蒙得维的亚签订。目前批准的有阿根廷、智利、哥伦比亚、多米尼加、厄瓜多尔、萨尔瓦多、危地马拉、洪都拉斯、墨西哥、尼加拉瓜、巴拿马和美国 12 个国家。

3. 《英联邦国家引渡体系》

参加此体系的有 35 个国家，都是原大英帝国的殖民地或附属国，它们之间关于逃犯引渡的规则，过去是根据 1881 年英国《逃犯法》。后来，这些国家先后独立，但在逃犯引渡方面一直沿袭旧的法律传统。1944 年英联邦各国主管司法的部长在伦敦开会时，对旧规章作了若干修改，形成一个《英联邦内关于引渡逃犯的制度》的文件，作为英联邦各成员国国内立法时对等原则的依据。这个文件的效力，相当于一个多边引渡公约。

4. 《北欧国家合作协定》

该协定被俗称为《北欧国家条约》。该协定由丹麦、芬兰、瑞典、挪威、冰岛于 1962 年 3 月 23 日在赫尔辛基签订。五国一致同意广泛的司法合作，以使在各自域内的所有斯堪的纳公民达到"最大可能的法律平等"，因此，实际相当于一个多边引渡条约。

5. 《比荷卢引渡公约》

该公约由比利时、荷兰、卢森堡三国于 1962 年 6 月 27 日签订。该三国未参加《欧洲引渡公约》，但此公约的基本条款是仿效《欧洲引渡公约》。

6. 《阿拉伯联盟协定》

该协定于 1952 年 9 月 14 日由阿拉伯国家联盟理事会通过，签署国包括埃及、伊拉克、约旦、黎巴嫩、叙利亚及沙特阿拉伯，但只有埃及、约旦和沙特阿拉伯三国批准。

7. 《法语国家公约》

这是西非洲与赤道非洲的原法国十二块殖民地获得独立后，于 1961 年 9 月在马尔加什共和国塔那那利佛签订的一个司法合作条约，后吸收多哥参加。该条约是以该区域各国独立后分别与法国签订的双边引渡条约为原型而制定的，其目的在于"简化引渡"。

8. 苏联、东欧国家的引渡条约网

由于这些国家的社会、政治制度基本相同，彼此签订的双边条约又基本相似，从而构成了同一类型的引渡条约网。

除了引渡条约之外，还有很多的国际公约亦载有引渡条款，规定可引渡之犯罪。例如，《国际制止伪造货币公约》《修正 1961 年麻醉品单一公约议定书》《制止贩卖人口暨利用他人卖淫公约》《防止及惩治灭绝种族罪公约》《航空器上所犯罪行及其他某些行为公约》《制止非法劫持航空器公约》等均对可引渡之犯罪做了规定。

二、引渡规则的内容

（一）可引渡罪的范围

按照国际惯例，对轻微犯罪一般不使用引渡程序，或者说实行微罪不引渡原则。至于哪些罪可以引渡，哪些罪不可以引渡，各国引渡公约与引渡法均作出了规定。规定形式主要有两种：一种是列举式的规定，把可引渡的犯罪列举规定在条约或公约中。其优点是清楚明确，缺点是缺乏弹性。若要扩大引渡罪的种类，必须修改相关规定，同时各国刑法对犯罪定义不同，使条约适用增加了困难。另一种是概括式的规定，可以弥补列举式规定的缺陷，即以双方法律规定的法定刑为准决定引渡，有的以最低法定刑为准，有的以最高法定刑为准，形成适用上的弹性。我国《引渡法》第 7 条第 1 款第 2 项规定，"根据中华人民共和国法律和请求国法律，对于引渡请求所指的犯罪均可判处一年以上有期徒刑或者其他更重的刑罚"。当然这也有不足之处，如采用不定刑的国家适用则有困难，即使采用定期刑国家，各国对同一犯罪法定刑的规定也不同，而且以刑罚轻重决定可否引渡，也会让人产生强调刑罚相应功能而忽视刑罚的教育改造功能的印象。

有的条约也采取折中的方式，即将列举式与概括式规定结合，例如，1978 年美国与日本引渡条约第 2 条及附件，列举了 47 种可引渡的犯罪，同时又规定，所列举的犯罪，必须依双方的法律得处死刑、无期徒刑或 1 年以上有期徒刑者才可引渡。由于各国法律对引渡犯罪的范围规定不同，一些国际条约对劫机、从事恐怖活动和制作贩卖麻醉品等国际犯罪规定为可引渡犯罪，各缔约国一般应承担"或起诉或引渡"的国际义务。

（二）引渡顺序

引渡顺序是对同一人犯、同一犯罪或不同犯罪数国提出引渡请求时，被请求国应给哪一国引渡的问题。一般来说，对同一犯罪同一人犯请求引渡，条约有规定时从条约规定，无条约规定时由被请求国自由裁量。从各国条约规定来看又有三种情况：一是由被请求国自由裁量，二是以人犯所属国优先，三是以犯罪行为地国优先。如果同一犯罪行为跨越两国以上，行为可分主次，则优先引渡给主要行为地国。当同一人犯犯有不同罪行时，数国请求引渡，被请求国应将人犯优先引渡给哪一个国家？对此做法也不同，有的由被请求国自由裁量，有的则按不同罪行轻重，以罪行最重的行为地国优先。若罪行轻重相同，则以请求之先后定顺序。有的完全以请求先后为准，凡请求引渡在先的国家获优先引渡；有的按条约提出引渡的国家优先。

以上各种做法各有利弊得失，自由裁量有弹性可灵活掌握，但裁量无法确定标准随意太大；犯罪行为地国优先，有利于对犯罪的追诉与处罚，有利于了解犯罪真相和搜集证据，但犯罪行为地分散在两国以上的，则难以适用；请求先后顺序制便于处理，但难以实现国际刑事合作目的；人犯所属国优先制，对刑事追诉专采属地主义的国家不能提出引渡请求；按条约请求引渡优先制，对数国与被请求国有引渡条约也无法适用。基于此，一些国家采用折中办法，即原则上依条约请求引渡者优先，同时兼采其他方法以作为补充来决定引渡顺序。

（三）引渡请求的提出

确定引渡顺序之后，要执行引渡的下列程序：提出引渡请求、引渡审核、对被请求引渡者采取强制措施、被告人抗辩、人犯交保、上诉、人犯押解移交、财物交付、人犯过境、引渡费用负担等。

引渡的请求一般由外交途径提出，此外也有通过领事途径、司法部直接通信及司法机关直接联系。我国《引渡法》规定除有引渡条约规定之外，请求国的引渡请求应当向中华人民共和国外交部提出。引渡请求应通过书面提出，并在请求中指明下列事项：提出请求的机关名称，被请求引渡者的姓名、年龄、国籍、身体特征等身份情况，被请求引渡者的下落，在被请求国的居住地址，所犯罪行及犯罪的时间、地点等证据材料，应适用的法律，请求国的法院拘票、起诉书、判决书等。在引渡实践中，大陆法系国家与英美法系国家对引渡程序中所需要的证据材料和文件要求不同。大陆法系国家比较注重对引渡请求的形式合法性审查，因而它们所要求的证明文件就以有关的诉讼文书和法律文本为主；而英美法系的大部分国家则更注意对被控事实的审查，因而它们所要求的证明文件就以有关的证据材料为主。

（四）为引渡而采取的强制措施

被请求国收到引渡委托书之请求前，首先应依据请求国之请求在紧急情况下，对人犯进行羁押，以免人犯逃匿。等收到引渡委托请求书之后，应由被请求国对人犯采取羁押的强制措施或者补办羁押人犯的手续。羁押措施可以分为引渡拘留措施、引渡逮捕措施和引渡监视居住。羁押人犯的请求可以通过邮寄、电报、电传、传真、国际刑警组织联络网以及其他任何留下书面证明的手段或被请求国所许可的手段提出。请求国在提出羁押人犯的请求后，应尽快提出正式的引渡请求，如果被请求国在法定期限内未接到正式的引渡请求，则将释放被采取强制措施者。

（五）引渡的审查

现代引渡制度的审查制可分两种：单一审查制与双重审查制。单一审查制，是指由行政机关或司法机关审查决定是否引渡。双重审查制，是指由司法机关与政府行政机关共同审查并决定是否引渡。在双重审查制度中，如果司法机关审查后认为不可引渡，即可作出拒绝引渡的决定，如司法机关认为可以引渡，则得将此意见移交行政机关作出最后是否引渡的决定。双重审查制较单一审查制完善，但是较为烦琐。一国采用何种审查制不由国际条约规定，而由一国内部自己决定。我国采用的是双重审查制度。我国《引渡法》规定外交部和最高人民法院指定的高级人民法院对引渡请求进行审查。最高人民法院对高级人民法院作出的裁定进行复核。外交部在接到最高人民法院不引渡的裁定后，应当通知请求国；外交部在接到最高人民法院符合引渡条件的裁定后，应当报国务院决定是否引渡。国务院决定不引渡的外交部应当通知请求国。

司法机关在进行审查时，应当认真审查请求国提出的关于案件事实和涉及法律问题的材料，讯问被请求引渡者，确定该人是否具有足够犯罪嫌疑并有该可引渡罪，追诉权与行刑权是否因时效完成而消灭等。不得对人犯是否有罪或无罪的问题进行审理。行政机关的审查则侧重审查引渡请求的形式要件是否齐备，并注意是否存在排除可引渡性的其他因素。被请求国在作出有关引渡决定后，应将决定通知对方。在拒绝引渡的请求的情况下，亦应告知拒绝引渡的理由。

（六）被告的抗辩

现代引渡制度注重在引渡诉讼中对被请求引渡者合法权益的保护，允许他们充分行使辩护权，被请求引渡国应当保障被请求引渡者能够获得律师或法律顾问的帮助。但是在引渡程序上，被告究竟能够提出何种抗辩与抗辩范围，一般引渡条约多无规定。如墨西哥引渡法规定被告仅能在三方面可以抗辩：一是引渡之请求违反引渡条约，二是被告并非所要请求引渡之人，三是如准予引渡则违反墨西哥宪法赋予个人的权利。在学说上一般认为，被告可以提出证据，主张引渡请求不合条约规定，如被告是被请求国国民等。但被告不得提出有关犯罪的实质证据作为抗辩的理由，如犯罪行为发生时被告不在场、精神错乱等证明。因为，引渡程序不是审判程序，有罪与无罪应由请求国法院经审判程序依证据确定。提出犯罪的实质证据不仅混淆了两种程序的区别，还会拖延引渡时间，不便于请求国的刑事诉讼，也不利于保护被请求国及被告双方利益。

（七）人犯的交保与上诉

在引渡程序中，人犯是否可以交保？对此引渡条约通常未予明文规定，只有一些国家国内法对此做了规定。例如1954年《以色列引渡法》第22条规定，人犯之引渡尚未最后决定之前，得申请交保。但是在理论和实践上一般认为人犯在引渡程序上无权请求交保，司法部门也以不准交保为宜，否则，被告弃保逃亡时，被请求国将无法履行引渡条约下的义务。至于被引渡请求人犯对于被请求国法院关于引渡的决定，能否向上级法院提起上诉？各国引渡法及实际做法不同，有规定可以上诉的，有规定不可以上诉的。虽然从被请求国仅审理人犯的可引渡性和节省时间、费用的角度考虑，引渡程序实行一审终结不准上诉的制度较为合适。但为保障被引渡人的合法权益和保证引渡裁决的正确性，应当允许对一审法院的引渡裁决上述或采取其他补救措施。德国允许对引渡裁决上诉；英美及加拿大则设立提审程序作为不许上诉的补救措施。所谓提审程序，就是被告以其羁押违法为理由，向法院申请颁发人身保护令。

（八）人犯移交及财物的交付

被请求国作出准予引渡的决定后，应通知请求国，请求国应在规定时间内接受人犯，被请求国办理移交人犯事项；如请求国逾期未接受的，为保障人犯的权益，应将人犯释放，请求国以后不得再就同一案件提出引渡请求。至于接收人犯的时间，各国规定不尽相同。我国《引渡法》规定为约定移交之日起15日。请求国在上述期限内因无法控制的原因不能接受被请求引渡人的，可以申请延长期限，但是最长不得超过30日。1938年巴西引渡法第 16 条规定为自通知之日起 20 日；1933 年芬兰与荷兰引渡条约第 13 条规定，接受人犯时间由被请求国政府指定，但不得少于 1 个月；美国联邦法律规定为 2 个月期限。关于接收人犯的地点，有规定在人犯羁押的监狱，有规定在被请求国的边境或适当的出入境口岸。人犯交付后，在请求国境内运送过程中逃亡的，应由请求国自行负责。

被请求国在就引渡作出决定之后可以推迟移交即"延迟引渡"和"暂时引渡"。所谓"延迟引渡"的推迟移交人犯，是因为被引渡者患有可能危及生命的严重疾病，以及由于被请求引渡者在被请求方境内的接受审判或已判刑的情况下执行对引渡请求以外的犯罪宣告的判决。所谓"暂时引渡"，是指为了便利请求国的诉讼活动，被请求国也可以不推迟移交被引渡人，而将被引渡人暂时移交，等引渡诉讼行为执行完毕后，再将被引渡人员送回，再使被引渡人在被请求国接受审判或服刑。

在移交人犯时，人犯财物并不在引渡之列，但犯罪行为所获得的物品与刑事诉讼中可作证据的物品，通常要移交给请求国。当然，被请求国对人犯财物的交付，应考虑第三国的利益。

（九）过境第三国

在引渡中，除了毗邻国家外，往往会涉及一国通过第三国的领陆或领空向另一国引渡人犯问题。在这个问题上条约的规定与理论上的主张均不一致。有的条约规定，过境第三国引渡人犯应按照该条约规定的引渡相同条件获得批准；[1] 有的条约对过境第三国不要求批准；有的条约对过境第三国中的本国国民加以限制。通常条约都强调了过境引渡中应遵循适用于引渡的一般原则，对过境请求的提出和处理依请求和处理引渡的程序进行。对过境的条件，各国趋向于从宽。从理论上讲有三种不同见解：第一种主张是认为第三国无允许过境的义务，但一旦允许，不应审查引渡的合法性。又由于过境使被引渡的旅程缩短，对引渡人有利，所以引渡人即使是过境国的国民，也应准许过境。第二种主张认为从惩治和打击犯罪与开展国际司法合作的必要性看，应要求第三国承担过境义务。第三种主张认为，过境应比照引渡办理，只有符合引渡的条件下，才允许过境。司法实践中的做法是区分停留过境或非停留领空过境。对于在一国境内停留的过境引渡行为，必须在过境前按照引渡的程序，提出引渡过境申请，经该国中央主管机关批准后，方可过境并停留。对于仅仅领空过境而没有在该国境内停留计划的，不必提出引渡过境申请，也不必得到该国的批准。为了顺利引渡，应慎重选择过境第三国。

（十）引渡的费用承担

引渡的费用如人犯的逮捕、羁押、食宿、医疗、交通及请求国聘请律师的费用，究竟

---

① 例如我国《引渡法》第 44 条第 1 款之规定。不过，我国对仅航空运输并且在我国领域内没有着陆计划的，不适用该规定。

由请求国还是被请求国负担？从理论上讲此项费用应由请求国负担才算公平合理。因为引渡是请求国要求并为请求国利益而进行的。但是条约规定与实际做法并不一致。从条约规定与实际做法看，在本国境内费用由请求国或被请求国负担，过境费用由请求国负担。1982 年《布斯塔曼特法典》规定关于拘留和移交的费用，应由请求国负担，但同时请求国对被请求国政府有报酬公职雇员所提供的服务，不必支付任何费用。

（十一）引渡的拒绝

在一些国际公约、条约以及双边或多边条约中规定了在一定的条件下应当或可以拒绝引渡，有的学者在理论上又分为应予拒绝型引渡与可予拒绝型引渡两种。1990 年 12 月 14 日联合国大会决议通过的《引渡示范条约》又分为拒绝引渡之强制性理由与拒绝引渡之任择理由两种。

该条约第 3 条拒绝引渡之强制性理由规定，遇下述任一情况，不得准予引渡：

（1）被请求国认为作为请求引渡原因的犯罪行为属政治性罪行；

（2）被请求国有充分理由确信，提出引渡请求是为了某人的种族、宗教、国籍、族裔本源、政治见解、性别或身份等原因而欲对其进行起诉或惩处，或确信该人的地位会因其中任一原因而受到损害；

（3）作为请求引渡原因的犯罪行为系军法范围内的罪行，而并非普通刑法范围内的罪行；

（4）在被请求国已因作为请求引渡原因的罪行对被要求引渡者作出终审判决；

（5）根据缔约国任何一方的法律，被要求引渡者因时效已过或大赦等任何原因而可免予起诉和惩罚；

（6）被要求引渡者在请求国内曾受到或将会受到酷刑或其他残忍、不人道或有辱人格的待遇或处罚，或者没有得到或不会得到《公民权利和政治权利国际公约》第 14 条所载的刑事诉讼程序中的最低限度保障；

（7）请求国的判决系缺席判决，被定罪的人未获有审判的充分通知，也没有机会安排辩护，没有机会或将没有机会在其本人出庭的情况下使该案获得重审。

该条约第 4 条拒绝引渡之任择理由规定，遇下述任一情况，可拒绝引渡：

（1）被要求引渡者为被请求国国民。如被请求国据此拒绝引渡，则应在对方提出请求的情况下将此案交由其本国主管当局审理，以便就作为请求引渡原因的罪行对该人采取适当行动。

（2）被请求国主管当局已决定不就作为请求引渡原因的罪行对该人提起诉讼，或已决定终止诉讼。

（3）被请求国即将就作为请求引渡原因的罪行对被要求引渡者提起诉讼。

（4）按请求国的法律作为请求引渡原因的罪行应判处死刑，除非该国作出请求国认为是充分的保证，表示不会判处死刑，或即使判处死刑，也不会予以执行。

（5）作为请求引渡原因的罪行系在缔约国双方领土境外所犯，而被请求国的法律没有对其在境外类似情况下所犯的这种罪行规定管辖权。

（6）按被请求国的法律作为请求引渡原因的罪行被视为系全部或部分在该国境内所犯，如被请求国据此拒绝引渡，则应在对方提出请求的情况下将此案交由其本国主管当局审理，以便就作为请求引渡原因的罪行对该人采取适当行动。

（7）被要求引渡者在请求国已由特别或特设法院或法庭判刑或者将有可能受审或判刑。

（8）被请求国虽考虑到罪行性质和请求国的利益，但认为在该案情况下，鉴于该人的年龄、健康或其他个人具体情况，将该人引渡将不符合人道主义的考虑。

我国《引渡法》明确规定了强制性拒绝理由和任择性理由。

我国《引渡法》第 8 条规定："外国向中华人民共和国提出的引渡请求，有下列情形之一的，应当拒绝引渡：

（一）根据中华人民共和国法律，被请求引渡人具有中华人民共和国国籍的；

（二）在收到引渡请求时，中华人民共和国的司法机关对于引渡请求所指的犯罪已经作出生效判决，或者已经终止刑事诉讼程序的；

（三）因政治犯罪而请求引渡的，或者中华人民共和国已经给予被请求引渡人受庇护权利的；

（四）被请求引渡人可能因其种族、宗教、国籍、性别、政治见解或者身份等方面的原因而被提起刑事诉讼或者执行刑罚，或者被请求引渡人在司法程序中可能由于上述原因受到不公正待遇的；

（五）根据中华人民共和国或者请求国法律，引渡请求所指的犯罪纯属军事犯罪的；

（六）根据中华人民共和国或者请求国法律，在收到引渡请求时，由于犯罪已过追诉时效期限或者被请求引渡人已被赦免等原因，不应当追究被请求引渡人的刑事责任的；

（七）被请求引渡人在请求国曾经遭受或者可能遭受酷刑或者其他残忍、不人道或者有辱人格的待遇或者处罚的；

（八）请求国根据缺席判决提出引渡请求的。但请求国承诺在引渡后对被请求引渡人给予在其出庭的情况下进行重新审判机会的除外。"

该法第 9 条规定："外国向中华人民共和国提出的引渡请求，有下列情形之一的，可以拒绝引渡：

（一）中华人民共和国对于引渡请求所指的犯罪具有刑事管辖权，并且对被请求引渡人正在进行刑事诉讼或者准备提起刑事诉讼的；

（二）由于被请求引渡人的年龄、健康等原因，根据人道主义原则不宜引渡的。"

第四节　驱逐出境

一、驱逐出境的性质

外国人来到一个主权国家，经过正当合法的途径得到该国的批准，可以合法地居住在该国，并且依照国际法和该国的法律，可以享受外国人应有的待遇。只要外国人遵守驻在国的宪法和法律，尊重驻在国的公共道德和善良风俗，外国人在驻在国期间就获得驻在国的法律保护，不受非法驱逐。但是，由于某个外国人的存在足以构成对驻在国的威胁或因其行为违反了驻在国的法律或善良风俗，驻在国政府和公民难以容留时，驻在国可以停止其居住权，勒令离境，如果该外国人不愿自动离开，则由司法机关或军警强制其离境。这种措施就是驱逐出境。

驱逐出境是一项古老的制度。统治者为了维护自己的统治，往往将政敌驱逐出境，不准其继续居留。现代国家沿用了驱逐出境的制度，但其实际含义、具体措施已不同于往昔。

第一，驱逐出境是一项国家权力。国家依照属地最高权原则，行使其对领土上的居民的管辖权。国家在其管辖权所及的范围内；可以决定是否准许外国人居留，可以限定外国人停留的期限。凡是驻在国认为某外国人继续居留将有害于本国时，有权将其驱逐出境；这种权力是国家主权的一种具体体现。因此，任何一个独立的主权国家都享有这种权力。

第二，驱逐出境通常又作为政府行政权的体现。国家享有驱逐外国人出境的权力，但并非任何机关或团体、个人都可以行使驱逐出境权。这种权力只能由代表国家的机关行使，其行为是国家行为。只要政府认为有必要采取这种措施时，就可以依法行使这种权力。在和平时期，驱逐出境是"一种以政府命令指令一个外国人出境的行政措施"。比如，在外交实践中，某个外交官因其行为不能为驻在国容忍时，驻在国政府往往宣布此人为"不受欢迎的人"，勒令其出境；在这种情形下，驱逐出境仅仅由政府主管当局通过发布驱逐令的形式来完成，而无须经过司法程序。

第三，驱逐出境又可以作为刑罚手段来使用，这在现代国际司法实践中已成为一项重要的司法制度。《中华人民共和国刑法》第30条规定："对于犯罪的外国人，可以独立适用或者附加适用驱逐出境。"《意大利刑法》第235条规定："除法律另有明文规定外，外国人受十年以上徒刑之宣告时，法官应命令驱逐出境。"苏联、东欧许多国家的刑法也都有这方面的规定。很显然，驱逐出境是可以作为法院的刑事判决中的一种刑罚来执行的。在这种情形下，驱逐出境的对象是那些犯有某种罪行的外国人，驻在国认为该外国人继续居留将有害于国家和公民的利益时，可以适用驱逐出境的刑罚方法，将其驱逐出境，以避免其在驻在国继续进行违法犯罪活动。

第四，驱逐出境又是保安处分的一种手段。保安处分作为一种新兴的刑事制裁措施在西方很盛行，它主要适用于一般违法行为的人。我们的治安处罚近似于保安处分，它不是一种刑罚方法，而只是一种保安措施。某个外国人在驻在国虽然没有实施任何犯罪行为，但由于某些特殊原因而被驻在国认定，如果继续允许其居留将导致某种危害驻在国的后果发生，驻在国可以保安处分为由将其驱逐出境。此种驱逐出境既不是刑罚制裁，又不是政府行使外交权力的体现，而仅仅是一种临时性的保安处分措施。一些西方国家特别乐意采取这种方式驱逐外国人，《意大利刑法》第 2 条第 2 款第 4 项就明文规定，驱逐出境可以作为非剥夺自由刑的保安处分措施来执行。《西班牙刑法典》中有关"丙级驱逐"的规定，基本上也属于保安处分措施。

另外，在战争状态下，敌对国之间为了防止居住本国的敌对国公民采取破坏或间谍活动，互相驱逐敌对国公民出境。有时，一国出于政治上或军事上的考虑，以国家安全为借口，单方面将大批外国侨民驱逐出境。1934 年 12 月，南斯拉夫大批驱赶匈牙利人，1964年，印度尼西亚大批驱赶华侨，1987 年越南大批驱赶包括越籍华商在内的华侨，这些都属于这种形式的驱逐出境。从国际法意义上讲，这种做法是缺乏法理根据的，因而会受到强烈的抗议甚至报复。

二、驱逐出境的适用对象

哪些外国人应被驱逐出境，哪些外国人不应被驱逐出境，这在理论上是由各国自行决定的。根据各国现有的司法实践来看，下列几种人通常是被驱逐的对象：

第一类是违法犯罪的普通外国人。所谓普通外国人，是指那些没有外交特权和豁免权的外国人。一些外国人在驻在国就业、生活、旅行、留学期间，不能很好地遵守驻在国法律，实施了某种被驻在国法律规定属于违法犯罪的行为时，驻在国可将这些违法犯罪的外国人驱逐出境。不论他们居住在本国的哪个地区，也不论他们是短期居留还是长期居留。例如《中华人民共和国外国人入境出境管理法》第 29、30 条规定：对违反本法规定，非法入境、出境的，在中国境内非法居留或者停留的，未持有效旅行证件前往不对外国人开放的地区旅行的，伪造、涂改、冒用、转让入境、出境证件的……情节严重的，公安部可以处以限期出境或者驱逐出境处罚。我国《刑法》第 35 条规定，对于犯罪的外国人，可以独立适用或者附加适用驱逐出境。

第二类是享有外交特权和豁免权的外国人，主要是外交官及其家属。由于这些外国人享有外交特权和豁免权，他们利用所享有的豁免权作为掩护，从事间谍、特务活动，或者从事颠覆驻在国政府的活动，而为驻在国所不容；但驻在国又不能对他们进行法律诉讼，因而只能将其驱逐出境。

第三类是可能危害居留国公共秩序的外国人。这些人主要是指非法入境者、非法停留者、麻风病患者、艾滋病患者、性病患者、精神病人、与卖淫有关的人等。这些人在居留国居民中间极不受欢迎。他们的存在足以引起当地社会的严重不安，造成当地社会秩序的混乱。有关政府当局为了维护当地的社会局势的平静，不得不将这些外国人驱逐出境。我国《外国人入出境管理法实施细则》第 7 条明确规定上述各类人员不准进入我国境内。如果非法入境，一经发现即驱逐出境。许多国家的法律也都有诸如此类的规定。

对于上述各类人员的驱逐出境，是否应限定一个合理的居住期限，特别是对于那些连续在一国居住一代或一代以上的侨民应否限定期限，国际上并没有明确规定。但某些学者主张应有所限定。英国学者认为，"无可否认的是，特别是被驱逐的外国人居住在驱逐国家内已经有相当时期，而且在该国内从事业务的情形下，被驱逐的外国人的本国依据它的保侨权利，可以向驱逐的国家提出外交交涉和质问驱逐的理由"。这个问题尚需要进一步研究。

三、驱逐出境的正当理由

《世界人权宣言》第 9 条规定：任何人不容加以无理逮捕、拘禁或放逐。这一精神已为国际社会所广泛认同。1966 年 12 月 16 日联合国通过的《公民及政治权利国际盟约》第 13 条规定得更具体："本盟约缔约国境内合法居留之外国人，非经依法判定，不得驱逐出境。且除事关国家安全必须急速处分者外，应准其提出不服驱逐出境之理由，及申请主管当局或主管当局特别指定之人员予以复判，并为此目的委托代理人到场申诉。"所以，驱逐外国人出境应有正当的理由。

至于什么是驱逐出境的正当理由，到目前为止国际法并没有形成统一的准则。从各国的实践来看，这是由各国自行判断的。各国社会制度不同、意识形态各异，法律规定也不相同，因而在认定驱逐出境的理由上也各不相同。一般认为，国家安全和公共秩序的需要是驱逐出境的正当理由。问题关键在于哪些属于国家安全需要，哪些属于公共秩序需要，这都不明确，因而各国完全可以根据本国政治、军事或法律上的情况任意解释。按照各国司法和外交实践来分析，可以把驱逐出境的正当理由归纳为下列几个方面：

（1）在侨居国实施了危害该国社会关系的犯罪行为，不管该行为指向何方。

（2）在侨居国预谋实施犯罪行为，如抢劫行为，不管该预谋行为是指向侨居国及其公民或其他外国人。

（3）从事颠覆驻在国合法政府的活动，或实际支持该国持不同政见者策划、指挥、参与颠覆活动。

（4）刺探驻在国政治、军事情报，从事间谍活动。

（5）实施或预谋实施对在侨居国的外国政府机构、团体、商人、军事机构及其人员的暴力活动。

（6）实施或预谋实施针对侨居国国家或公民的暴力恐怖活动。

（7）入境后可能从事贩毒、走私活动或其他类似活动。

（8）在侨居国从事有伤该国伦理道德和善良风俗的活动。

（9）在侨居国从事损害该国宗教事务的活动，如煽动不同宗教信仰的教徒的冲突。

（10）患有艾滋病、麻风病、天花、霍乱、性病、精神病的外国人，如继续居留可能危及侨居国的公共秩序。

（11）其他曾被侨居国驱逐出境而复入境或者不准入境而非法入境的。

（12）其他可能被认为该外国人继续留在驻在国将会给该国带来重大麻烦或可能危害国家安全和公共秩序的。

四、驱逐出境的执行方式

驱逐出境应遵循法定程序进行，而不能非经合法程序而即予执行。由于驱逐出境涉及他国，不能草率从事，否则容易损害国家间关系，造成不应有的损失。驱逐出境必须由享有行使驱逐出境权的主管当局及其指定的人员执行。具体做法主要有下列几种：

（一）宣告驱逐出境

即由政府主管当局，如外交部、内政部、公安部、司法部或移民局发布驱逐令，指明某人为"不能接受的人"或"不受欢迎的人"，限令他在规定的期限内必须离境。在驱逐令发布后，被宣告驱逐的人在接到通知后应自动离开驱逐国。

（二）强制驱逐出境

即由驱逐国派出军警用强制手段将某外国人驱赶出该国国境。按照强制程度来分，有驱赶出境和递解出境。前者指由驱逐国派人强制收缴被驱逐的外国人的居住证，剥夺居住便利权，不准其继续居留，使其失去居住条件或财产，而无法再继续居住在驱逐国。后者指由驱逐国军警将被驱逐的人临时拘留或逮捕，将其押解到边界驱逐出国境。

（三）移送出境

即由驱逐国将被驱逐的外国人移交给其所属国官员如领事馆官员，令其遣送回国。

被驱逐的外国人必须离开驱逐国，否则驱逐国可以加重对被驱逐人的处罚。被驱逐的外国人的去向问题，驱逐国没有义务指定，可以由被驱逐人自行决定。一般来说，被驱逐的人可以回到自己的国籍国。因为按照国际惯例，母国不能拒绝本国国民入境。

五、驱逐出境的限制

驱逐出境虽然是一个国家的主权范围内的司法权的独立行使的表现，但是驱逐出境的行使，必须受到一定的限制。根据《世界人权宣言》《关于难民地位的公约》及各国的实践来看，驱逐出境是有一定限制的。

（一）不驱逐本国国民原则

一国不能驱逐本国国民出境，除非法律明确规定，对触犯某些危害国家安全罪行的人，不驱逐出境将构成对该国的重大威胁的情况。这个时候就已经不是驱逐，而是放逐了。

（二）政治犯不驱逐出境

这一原则是政治犯不引渡原则的延伸。如果将居住在该国的外国政治犯驱逐出境，往往会造成变相引渡政治犯，这将严重违反国际法准则。《关于难民地位的公约》第33条规定："任何缔约国不得将难民驱逐回至生命或自由因为他的种族、宗教、国籍、参加某一社团或具有某些政治见解而受到威胁的领土边界。"该条款的内容实际上体现了政治犯不引渡的旨趣。

（三）可引渡之人不适合驱逐

如果按照法律的规定，应当驱逐某国公民，正好另一国提出了引渡申请，并且符合引渡的条件的，为了保障该应被驱逐人的权利，驱逐国应当停止执行驱逐，而改用引渡的方式向引渡请求国移交该罪犯。因为引渡比驱逐更能保护当事人的利益的，引渡请求国必须作出不对该被引渡人判处死刑等保障当事人的合法权益的保证；相比之下，驱逐就使当事人失去了这样的保证。

我国司法实践中涉及驱逐出境时没有明确适用的标准。我们建议有关部门结合实践中的经验作出可以操作的司法解释或者有关部门规章，以规范和指导我国的司法实践活动。

第五节　我国引渡制度的完善

我国《引渡法》的立法历史是与具体国家的引渡条约在前，而统一的《引渡法》立法在后。我国《引渡法》于2000年12月10日生效，这是一部指导我国与外国进行引渡合作的法规。这部法规的制定和颁布，使得我国的引渡工作真正走上了法制轨道。但是，我国的《引渡法》的立法规定也存在很多值得改进的地方。

一、中央主管机关

一国的引渡法中都会规定该国对引渡工作进行合作的主管机构的名称。一般来说，引渡条约中指定的中央主管机关是司法部或者外交机构。《欧洲引渡公约》规定的中央主管机关是外交机构，并规定，如果成员国的引渡条约中有规定的，按照引渡条约的规定。《联合国引渡示范条约》是通过外交渠道交司法部或者其他指定的中央机关联系。我国《引渡法》中规定的是外交部。但是在我国与其他国家签署的大多数引渡条约中指定的中央主管机关是司法部，或司法部和最高人民检察院。

引渡活动是国家间司法机关之间的合作，其主要性质是司法活动。以外交部为中央主管机构的做法主要是在引渡活动初期，各国之间对开展国家间的刑事司法活动是否侵犯本国主权的顾虑很多，请外交机构介入可以最大可能保护本国利益。例如1957年的《欧洲引渡公约》就是将外交机构作为进行引渡工作的中央主管机构。但是，外交机构作为中央主管机构的弊端也逐渐显现，外交机构介入引渡活动使得引渡的成本增加和时间延长，而且外交机构作为中央主管机构，使得外交机构要承担司法机关之间的协调和指挥作用。在司法协助活动已经越来越法制化、经常化和司法化的今天，司法机关和司法行政机关完全能够胜任这些工作。同时，我们注意到我国与外国签订的引渡条约和刑事司法协助条约中所规定的中央机关是不一致的，有的条约中规定的是司法部，有的却是外交部。但我国所签订的移管被判刑人条约规定的中央机关全部是司法部。这种中央机关不一致的情况不利于我国包括引渡等刑事司法协助工作的法制化、专门化和科学化。

我们的设想是将司法部作为我国主管引渡工作的中央机关，由司法部部长作为对外司法协助工作的联系人，司法部司法协助局作为具体经办职能部门，负责国内司法机关之间的联系和协调，并负责对司法机关的司法审查进行最后的行政审查。当然，对于没有引渡条约或司法协助条约的国家间，只能通过外交途径递交和转达有关司法协助请求。

二、引渡审查制度

引渡审查制度，是指一国对外国提出的引渡请求进行是否符合本国引渡条件的审核，并作出是否引渡的决定的制度。引渡审查制度包括单一审查制度和双重审查制度。

单一审查制度是指由一国司法机构对引渡的请求作出司法裁决，决定是否引渡的决定。而双重审查制度是指由一国司法机构对引渡的请求是否符合该国引渡的条件作出裁决，再由行政或外交部门作出是否同意的最终决定。

双重审核制度能够最大可能保护一国的外交利益，但是也有其弊端，如成本增加和周期延长。对于引渡的司法裁定应该由哪个司法机关主管？引渡的前提是根据我国刑法判断该被请求引渡人是否构成犯罪，是否符合我国《引渡法》的规定，或者是否应当被判剥夺自由刑，所以，引渡的司法审查实质上就是审判活动，理应由审判机关来裁决。鉴于案件的涉外性，故可以考虑由被引渡人所在的省高院作为一审机关；当我国向外国请求引渡时，由犯罪行为地所在的省高院作为一审机关。如果被引渡请求人对该裁决不服的，可以向我国的最高人民法院申请复核。最高人民法院的复核是司法审判机关的最终效力的司法决定。

三、互惠原则

我国《引渡法》没有对引渡的互惠原则做详细的规定，只是在该法第 3 条第 1 款规定，中华人民共和国和外国在平等互惠的基础上进行引渡合作。同时，第 15 条规定，在没有签订引渡条约的情况下，请求国应当作出互惠的承诺。

互惠原则，又称对等原则，指只有在外国承诺在同等情况下同意我国的类似请求时，我国才能同意该请求国的请求。德国《国际刑事司法协助法》第 5 条和奥地利《引渡和刑事司法协助法》第 3 条都规定了对等原则。对等原则其实是国家主权平等原则的具体体现。法律规定对等原则的后果是，在每一个请求国向我国提出引渡请求时，都必须在请求书中明确载明其在类似情况下承诺向中华人民共和国进行引渡。

四、执行机关

我国《引渡法》中规定的执行机关包括司法部、检察院、法院和公安机关。

对于具体的执行机关的级别，我国《引渡法》中规定的都是在外交部进行形式审查后交给最高人民法院或者最高人民检察院，再在最高审判机关或最高检察机关审查后交有关指定的高级人民法院或者省人民检察院，这样不仅浪费时间，并且不利于保护被引渡人的利益和保障引渡工作的顺利进行。

我们的设想是由司法部作为中央主管机关，司法部部长作为中央主管机关的联系人，司法部司法协助局作为引渡工作的具体联系和协调部门，在接到外国的引渡请求的两个工作日内，由司法协助局对有关引渡请求的材料是否齐全和是否符合我国法律的要求，作出审查。对于材料不全的，要求请求国补充；对于材料不符合我国法律要求的，责令请求国按照我国法律的要求提供材料，并提出具体的要求。对于材料齐全的，按照请求书的具体情况分送不同职能部门。

对于被请求人已经羁押的，将材料送羁押所在地的省检察院审查后再向省高院起诉。省高院组成合议庭对符合我国《引渡法》和其他法律规定的引渡条件的，裁定同意引渡，并将同意引渡书及时送达被请求引渡人，并指明其可以向最高人民法院申请复核。在规定的期日内，被请求引渡人没有向最高人民法院请求复核的，将同意引渡裁定书送省检察院和司法部，检察院向司法部门移交羁押的被请求引渡人。由司法部进行行政审查，司法部进行行政审查后，决定引渡的，向请求国送达我国的引渡裁决书，并约定被引渡人和有关证据的交付。在约定交付后，由司法警察按照约定的时间和地点向外国的有关人员移交被引渡人。

如果被请求引渡人没有羁押的，司法部向公安部提出查找被请求引渡人的请求。在公安部门查找到被请求引渡人以后，将其交付给所在地的省检察院羁押，在由省检察院审查后向省高院起诉。省高院组成合议庭对符合我国《引渡法》和其他法律规定的引渡条件的，裁定同意引渡，并将同意引渡书及时送达被请求引渡人，并指明其可以向最高人民法院申请复核。在规定的期日内，被请求引渡人没有向最高人民法院请求复核的，将同意引渡裁定书送省检察院和司法部，检察院向司法部门移交羁押的被请求引渡人。由司法部进行行政审查，司法部进行行政审查后，决定引渡的，向请求国送达我国的引渡裁决书，并约定被引渡人和有关证据的交付。在约定交付后，由司法警察按照约定的时间和地点向外国的有关人员移交被引渡人。

第七章 国家间刑事诉讼移管

第一节 国家间刑事诉讼移管的一般考察

一、国家间刑事诉讼移管的性质

刑事诉讼移管，就是指一国将本应由其管辖的刑事案件委托他国进行刑事诉讼管辖的一种程序。所以，一国将刑事事件转移给他国诉讼的过程实际上就是国家转让司法权的过程。它不同于国家内部各司法机关之间的移转管辖。众所周知，在国内诉讼中，一个检察机关或法院可以依法将不属于其管辖权限内的案件移交给有权管辖该案的检察机关或法院，这种移转管辖对国家的司法权并不产生直接的影响，国家的司法主权并不因此而受到任何冲击。而国家间的刑事诉讼移管对一国的司法主权可能会构成某种特殊的影响。因为请求国在请求他国代理本国行使对某个案件的刑事司法时，实际上已经把该国对此案的司法权移交给他国了，由此就会发生各种法律效果。请求国必须对这种刑事诉讼权的移转承担责任。

国家间刑事诉讼移管是一种新兴的刑事司法协助形式。在 20 世纪 60 年代以前，这种形式鲜为人知，只是到了 20 世纪 70 年代初才逐渐被西欧各国所接受并传播开来。这种司法协助形式是由西欧国家所创设。1972 年欧洲共同体各国缔结了《欧洲刑事诉讼移管公约》。该公约的缔结标志着这种新的司法协助形式的正式诞生。这部公约总结并概括了欧洲共同体国家在刑事诉讼移转管辖方面的司法实践，系统地规定有关原则、规则、条件和程序。随后，苏联及东欧国家之间相继采用这种新的司法协助手段。刑事诉讼移管制度由此在欧洲得到普及。由于它的特殊功能，很快为欧洲各国司法当局所接受。但是，近几十年来，刑事诉讼移转管辖制度并未在世界范围内形成完整的体系。为了促进这种新的司法协助的发展，加强各国在刑事问题上的国际合作，第七届联合国预防犯罪和罪犯待遇大会呼吁联合国各会员国应考虑缔结有关刑事诉讼转移的协定，吁请联合国鼓励国际合作研究刑事诉讼转移的问题，并考虑拟订有关刑事诉讼转移方面的模式。第八届联合国预防犯罪和罪犯待遇大会重申了上届会议的精神，深信采取上述步骤对处理跨国犯罪的各方面复杂问题具有重要性，通过专门决议并拟订了《刑事案件转移诉讼示范条约》，供各会员国参考。联合国所采取的这种重大步骤是国际社会寻求国际合作的预防和惩处犯罪的重要尝试。它对促进国家间刑事诉讼移管制度的建立和发展已经并将起到推动作用。

任何一个主权国家都不会无缘无故地把本国的司法主权拱手奉送给外国的，这是由国家主权至上原则所确定的。国家间刑事诉讼移管乃是国家间合作预防和惩处犯罪的客观需要的产物。在司法实践中，各国都会经常遇到下述问题：甲国公民在乙国犯罪后逃回本国，乙国要求引渡此人，但甲国依本国法拒绝引渡本国公民；甲国公民在本国犯罪后逃到乙国，因其罪行较轻，甲国不愿诉诸复杂的引渡程序而宁可委托乙国对其起诉和审判；甲国公民在乙国损害甲国利益而构成犯罪，因其主要证据和证人多在乙国，甲国出于诉讼上便利的考虑而愿意委托乙国管辖；甲国公民在乙国损害了第三国，第三国要求引渡，但依乙国法律禁止引渡时，第三国委托乙国管辖该案件，或者第三国未提出引渡请求，而只要求乙国给予起诉，等等。诸如此类的客观实际迫使各个当事国不得不采取这种新的合作形式来预防和惩处犯罪。

二、国家间刑事诉讼移管的意义

在当前的形势下，国与国之间实施刑事诉讼移管方面的合作，不仅是必要的，也是可行的，具有重要的现实意义。

第一，它有助于弥补引渡程序中的缺陷。在引渡程序中有两个天然的缺陷。其一是，绝大多数国家的引渡法中都规定了本国国民不引渡原则，当一个罪犯在外国犯罪后逃回本国，犯罪地国提出引渡该犯时，按照该原则，罪犯国籍所属国将予以拒绝。在这种情况下，犯罪地国就无法实现对该案的真正的刑事管辖权。其二是，许多国家的引渡法都规定引渡必须以存在引渡条约为先决条件，如果没有引渡条约，将不予引渡。遇到此种情况时，一些罪犯居住国将以此为由不实施对该犯行使刑事管辖权，这势必将使其逍遥法外。国家间刑事诉讼移管正好可以有效地克服这些难题。遇到第一种情形时，犯罪地国可以委托罪犯所属国对犯罪人进行刑事管辖，从而实现本国对罪犯进行处罚的刑罚目的。遇到第二种情形时，与罪犯藏匿国未订有引渡条约的受害国可以顺水推舟委托该国对该案进行刑事管辖。只要该国接受了受害国的请求，受害国就达到了司法目的。

第二，它有助于避免因刑事管辖权冲突而造成的障碍。在国际司法实践中，因刑事管辖权问题而引发的冲突非常普遍。因属人管辖权而引发的情形主要有：某个罪犯拥有双重国籍，当他在第三国犯罪后，其国籍国都提出刑事管辖权主张而要求引渡此人时，这两个国家的管辖主张便发生了冲突。在某个案件中同时受害的被害人分别属于多个国家的公民，当被害人所属国都主张对该案拥有管辖权时同样也会发生管辖权冲突。因属地管辖权而引发的情形则包括：犯罪发生地和犯罪结果地不属于同一国家时，这两个国家都可以主张刑事管辖权；犯罪在两个或两个以上国家连续发生，其犯罪地的国家各自也都有权提出刑事审判，劫机案最易引起此类冲突。因刑事管辖权引发的冲突也很多，当某个犯罪案所损害的对象涉及两个国家的国家利益时，这两个国家关于保护本国利益都可以主张对该犯罪适用本国刑法进行审判，在这种情况下两个国家的刑事审判权的实现便成为问题。因刑事管辖权而引发的冲突更为常见了。几乎在每一个跨国犯罪案件中都存在刑法效力范围冲突问题。因为基于条约义务原则，每一个相关国家都可以理直气壮地宣称本国对某个国际犯罪拥有刑事管辖权，而事实并不容许各个相关国家重复处罚某个罪犯时，那么刑事管辖权的冲突便是必然的了。除上述种种相对单纯的刑事管辖权冲突外，更为普遍的情形是因交叉提出审判权主张而引发的冲突。比如，某个罪犯属于甲国，在乙国和丙国贩毒，然后逃往丁国继续贩毒被丁国逮捕。甲国可以因此人属于该国国民为由而要求丁国引渡此人，而乙国和丙国则同样可以此人贩毒危害了他们的国家利益为由而要求引渡此人，丁国则因此人在本国领土上犯罪而有权审理此案，在这种情况下，对此案的刑事审判的冲突是显而易见的。为了解决刑事管辖权冲突，各当事国可通过刑事诉讼移管的方式移交某个国家管辖，委托其代理本国进行审判和处罚。这样一来，当事国都会认为本国已实现了自已对犯罪的审判权，完成了各自惩罚犯罪的司法任务。

第三，它有利于更快地处罚犯罪。一些比较轻微的犯罪案件，尽管各有关国家都有权主张管辖，但因其犯罪社会危害较小，往往都不需管辖，反而愿意推给别国去管辖。这样一来，既可以减轻对本国的司法压力，又可更快地实现本国的司法权，当事国何乐而不为？

第四，它还有利于当事国节省司法资源，符合诉讼效益原则。在涉外案的审理中，除了涉及引渡程序需要花费大量的人力物力外，有关外国证人被逃到本国作证而发生的费用也很可观。在某些情况下，除非特别需要，许多国家往往宁愿放弃对某个案件的管辖权，也不需花费巨资去办理此案。当事国如果把该案移交给罪犯所在国进行审理，则又省去上述麻烦，节省大量的开支。

第五，它还有利于罪犯的改造和重返社会。当某个罪犯在他国犯罪后逃回本国时，犯罪地国要求罪犯所属国进行刑事诉讼，一旦罪犯所属国对其审理判刑后，该罪犯就可在本国熟悉的社会制度、文化背景和风俗习惯下服刑。这对罪犯的改造、教育和管理都有实际意义。不仅罪犯本人可以因此而受益，而且其家属也可以经常去探视，保持家属间的友好感情，这符合人道主义刑罚原则。第一届联合国预防犯罪和罪犯待遇大会于 1955 年在日内瓦通过并经联合国经济及社会理事会于 1977 年 5 月 13 日核准的《囚犯待遇最低限度核准规则》中特别提到了囚犯同外界的接触问题。1985 年第七届联合国预防犯罪和罪犯待遇大会通过的《联合国少年司法最低限度标准准则》（"北京规则"）再次重申此项原则。同样，有些罪犯在某个国家长期居住，对居住国拥有特殊的了解和感情，如果其在犯罪后逃回该居住国时，尽管该国不属于其国籍国，但一旦该国接受委托审理此案，对案犯进行判刑后该犯即可在该国服刑，这也有利于对其改造。否则，外国罪犯在其国籍国或居住国以外服刑，不仅增加了服刑国管理、改造、教育外籍囚犯的种种困难，也会给外籍囚犯带来许多不便，同时也增加了罪犯所属国外交或领事机构在保护罪犯上的麻烦。

第六，从更广阔的角度来讲，刑事诉讼移管对维护公正具有现实意义。按照《世界人权宣言》的精神，人人在法律上平等，有权在刑事诉讼程序受到法律保护，公正地受到审判，不受酷刑、有辱人格或不人道待遇。国家之间通过刑事诉讼移管程序，可以结成某种特定的权利义务关系，被请求国在审理和处罚被告人时至少是会有所顾忌的，被请求国毕竟要或多或少地尊重国际刑事司法的基本准则，否则将容易受到指责，有损国家形象。这对实现上述人权准则，维护司法公正性是有助益的。

三、当事国在刑事诉讼移管程序中的权利义务关系

在刑事诉讼移管程序中，提出委托刑事管辖的请求国和接受委托的被请求国在其委托过程及实现司法权过程中相互结成了特殊的司法互助关系，由此就在请求国和被请求国之间产生了相应的权利义务。

（一）请求国的权利义务

1. 权利

在整个刑事诉讼移管过程中，请求国的权利是因委托刑事管辖而获得的。

基于国内法而获得的权利主要包括：（1）请求权。一国没有提出明确的请求，除非此前有条约规定，否则另一国不得假定别国已提出刑事诉讼移管请求，而强行实施本国无权管辖的活动。（2）复诉权。请求国委托被请求国代为刑事诉讼一般都是有条件的。当被请求国未按各该条件履行其职责时，请求国可以依照本国法重新对该案进行追诉。这是请求国恢复诉讼权的一种方式。按照《欧洲刑事诉讼移转管辖公约》第 21 条第 2 款的规定，缔结该条约的请求国在下列情形下应当恢复行使追诉权和执行判决权；被请求国因法定理由无法接受被请求国的委托的；被请求国拒绝请求国的请求；被请求国撤销对请求的接受；被请求国把关于不提起或者不继续实行追诉的决定通知请求国后；请求国在被请求国通知它对请求采取行动的决定之前撤回了自己的请求，等等。

2. 义务

由于刑事诉讼移管是一种授权过程，委托国在整个程序中相应地要承担起某些法律上

的义务。这些义务包括：（1）请求国要善意履行刑事诉讼移辖制度中设定的国际义务，诸如尊重被请求国的主权和司法独立，不干涉他国内部法律事务，不侵犯他国合法利益，行使权利要符合法定程序等。（2）一事不再理。当请求国提出转移诉讼，而被请求国已经接受其请求，并且进入法定程序后，除非被请求国又撤销接受请求或者具有明显司法不公的情形之外，在没有出现任何可以主张恢复追诉权的情形下，请求国不应就同一案件行使管辖权，不应对同一案件中的同一嫌疑人提起刑事诉讼，也不得再执行请求国在提出请求前就同一案件的同一被告所作的判决。毕竟刑事诉讼移转管辖是以请求国承认被请求国的司法主权及其司法制度的合法性和公正性为基本前提的。这是国家间友好相处的一种信任表示。离开这一前提，这种司法协助是不可能顺利进行的。换句话说，违背了这个前提就将损害两国间的信任关系。（3）提供必要的司法协助。比如，请求国应主动将有关证据移交被请求国；特别是有关被告人曾在请求国犯罪的有关证据及相关材料更应移交，以便被请求国证实犯罪，科处刑罚。此外当被请求国提出某项具体的狭义上的司法协助时，诸如请求提供请求国某项法律文件或提供某项鉴定材料，要求协助对某项证据进行司法检验和鉴定，那么，请求国应尽量给予支援和协助。

（二）被请求国的权利义务

1. 权利

被请求国在刑事诉讼移管程序中享有许多权利。这些权利包括：（1）独立决定是否接受被请求国的请求。被请求国接到请求国提出的刑事诉讼移管请求后，有权对该项请求进行审查，有权依照国际法和本国法自行决定是否接受被请求国的委托，有权决定接受委托的方式，有权拒绝请求国的委托，有权撤销已接受的委托。这种权利是独立的、排他的，其他国家不能也不应干涉。（2）独立司法。对已经接受委托的案件，被请求国有权按照本国法律，根据犯罪事实，独立行使起诉权、审判权。请求国不得干预被请求国对该案的司法权。对于依法作出的判决，被请求国可以依法予以强制执行，请求国可以承认或不承认其判决效力，但不得干涉被请求国的执行权。（3）适用本国法审理案件。在刑事诉讼移管中不存在反致和转致问题。被请求国有权独立适用本国法来定罪量刑。被请求国在刑事诉讼移管正式实施后，享有下列具体的权利：临时拘留或逮捕被告人；扣押被告的文件、财产；搜查被告的住所、办公场所及相关场所，查获物证；查封被告的财产；没收被告的犯罪所得及犯罪工具；采取监视措施，对被告进行监控，防止其逃跑或继续作案；对在逃的被告人进行通缉和追捕；采取本国法律允许的其他法律措施。必须指出，上述权利的行使与否由被请求国自行决定。但是，除非有特别明显的证据并经过法定程序之外，被请求国的某个司法机关不能自行随意执行上述权利。

2. 义务

被请求国享有权利的同时要承担相应的义务。第一，被请求国要保证程序合法。在整个诉讼过程中，被请求国要严格按照本国刑事诉讼程序进行，不得违反刑事诉讼程序。第二，被请求国要保证司法公正性。这就必然地要求被请求国按照国际社会公认的司法原则，保障请求国的权益不受侵犯，保障被告的合法权利包括辩护权、请求回避权、申诉权等，保护被害人权利的行使，防止出现侵犯被害人合法权益事态的发生。第三，及时向请求国通报结果。被请求国一旦接受了请求国的委托，在审理受托管辖的案件过程中出现的问题有义务通报请求国；审理终结后更应把审理结果通知请求国，以便请求国决定下一步的行动。

第二节　国家间刑事诉讼移管的限制

一、国家间刑事诉讼移管的法定条件

每个国家刑事法中都规定其刑法的适用范围，这些范围均属各该国办理刑事案件的法定前提。无论是以单行法形式规范刑事诉讼移管的国家，还是以附列于刑事诉讼法形式规范涉外刑事诉讼移管的国家，在实际工作中，无一不是恪守本国刑事法的适用范围予以办理的。纵观各国的法律和司法实践，刑事诉讼移转管辖的法定条件主要包括：

（一）双重犯罪

几乎在每一部涉及刑事司法协助的法律中都规定有双重犯罪原则的条文，涉及刑事诉讼移管事项时更不例外，《欧洲刑事诉讼移管公约》第7条第1款就明文规定：只有当被要求追诉的犯罪如在被请求国发生也构成犯罪并且罪犯也将按照法律受到处罚时，才可以在被请求国提起诉讼。

（二）超过时效后不再办理

几乎每个国家的刑法典中都有时效制度方面的规定。凡在一国看来，某个犯罪案件在本国已超过追诉时效时，该国就不应提出刑事诉讼移管的请求。同样，被请求国根据本国法律认为被请求事项已因超过时效而导致刑罚权消失时，被请求国也不应受理。

（三）刑罚权消灭不得再提出请求

除了超过时效而导致刑罚权消失的情形外，由于其他原因（比如大赦、特赦宣告之罪等）而导致对案件的刑罚权消失时，一国也不应诉诸另一国代为诉讼。

（四）一罪不二罚

当一国已就某个犯罪案件进行审理并作出有罪判决后，另一国不应就同一案件向判刑国提出再行起诉的请求。很显然，被请求国无论是主动管辖还是被委托而行使管辖权，都是适用本国法。因而不可能对同一个罪犯的同一个罪行重复两次审判或判决。除了发现同一罪犯的新罪或者审判有误而被提起再审或审判监督的情形之外，任何国家都会维护本国已生效判决。瑞士《国际刑事司法协助法》第 85 条第 1 款第 3 项就明确规定，"请求国保证在瑞士宣判无罪或执行刑罚后，不因同一罪行对之予以起诉"，瑞士方可代替犯罪发生地国对于在境外所犯罪行行使管辖。

二、国家间刑事诉讼移管的限制

除了上述法定条件外，各国在其双边条约或多边条约中还设定了许多其他条件；一些国家的国内法也规定了某些为本国必须遵守的条件。这些条件实际上是对刑事诉讼移管的限制。

（一）犯罪性质的限制

如同引渡制度一样，刑事诉讼移管制度中对犯罪性质问题也有特殊要求。第一，政治犯罪或具有政治性质如种族事务的犯罪被排除在刑事诉讼移管之外。尽管作为新兴的刑事司法协助制度已日趋现代化，但刑事诉讼移管制度仍然把这项习惯规则纳入其中。各国间在缔结多边或双边条约中涉及刑事诉讼移管问题大多有此规定。比如《欧洲刑事诉讼移管公约》第 11 条第 4 款就明文规定了上述内容。波兰和叙利亚在 1985 年缔结的《关于民事和刑事司法协助协定》第 13 条也规定了这方面的内容。一些国家新制定的有关刑事诉讼移管方面的国内法中同样载有此类条款，如瑞士联邦《国际刑事司法协助法》第 3 条、德国《国际刑事司法协助法》第 6 条。至于什么是政治犯罪，其释义则各有千秋，大体上和引渡制度的含义相同。第二，军事犯罪也在被排除之列。其基本出发点和政治犯罪除外的出发点是一致的。第三，财税犯罪是否应被排除在外似乎是个有争议的问题。在欧洲国家的司法协助公约或双边条约中基本上倾向于排除对财税犯罪方面的司法协助，如《欧洲刑事诉讼移管公约》第 11 条第 4 款就把财税犯罪的政治犯罪、军事犯罪并列为应予拒绝给予刑事诉讼移转管辖的范畴。但在《联合国禁止非法贩运麻醉药品和精神药物公约》第 8 条规定移交诉讼中，却没有特别规定财税问题除外原则，相反在其第 7 条第 5 款中特别规定，"缔约国不得以保守银行秘密为由拒绝提供该条规定的相互法律协助"，而且同时还规定对于贩毒收益要采取必要措施予以没收。由于国际贩毒、有组织犯罪、恐怖主义活动的日益猖獗，特别是这些犯罪大量利用国际金融系统进行洗钱活动的加剧，国际社会已经逐渐趋向于在财税方面的司法合作，因而现在没有特别理由认为把财税犯罪排除在刑事诉讼移管之外是必要的。

（二）犯罪地点的限制

犯罪发生地国一般对于犯罪发生于本国的事实都会给予足够的重视，基于属地管辖原则，犯罪发生地往往愿意自行对犯罪立案侦查并采取相应的紧急措施缉捕罪犯。一旦该国已实际立案侦查并把案犯缉捕归案，该国自然而然要依法诉诸起诉和审判，在此种情形下如要该国将案件移交他国办理，无论是以行使审判权还是诉讼便利的角度来讲，都是难以为犯罪发生地国所接受的。

即使是《欧洲刑事诉讼移管公约》也没有明确规定应进行诉讼移管的案件的范围，而只列举了某些情形。从司法实践来看，下列案件似乎宜于移交外国进行审判：

（1）不予引渡案件。由于大多数国家的引渡法规定了许多严格的条件，众所周知，根据这些严格的条件，有许多被告是不会被引渡给他国受审或受罚的。不引渡本国国民是引渡法的一个重要原则，大多数国家遵行这一原则，基于此，被请求国对于针对本国国民或针对永久居住在本国的居民的引渡请求，一般都会予以拒绝的。对于此类案件，请求国不妨委托被请求国对被告进行追诉。瑞士《国际刑事司法协助法》第85条第1款就是这么规定的。

（2）轻罪案件。按照请求国法律看来，将被追究的人所犯的罪行属于本国法中的轻罪，请求国完全有理由认为，对此种轻罪不值得诉诸引渡程序，因为一旦诉诸引渡，反而不利于对轻罪罪犯的处罚，一旦引渡完毕，按请求国法律被告应受追诉的期限已超过就得立即释放他，这无形中会造成放纵罪犯的结局。这种结局有违引渡初衷。为了避免各种结局的发生，对于轻罪案，请求国完全可以委托罪犯所在国进行诉讼。

（3）数罪并罚案。当某个罪犯在甲国实施了两个或两个以上的案件，而被请求国正在对该罪犯的同一个犯罪或其他犯罪进行起诉时，那么甲国就可以委托被请求国合并审理本应由甲国管辖的案件，以便数罪并罚。很明显，如果甲国坚持不委托被请求国受理，那么该国就很有可能失去任何追诉犯罪人的机会。

（4）证据集中于外国的跨国犯罪案。由于罪犯在两国或两国以上作案，受害国、犯罪地国或罪犯所属国都有权主张管辖权，但当犯罪证据主要集中于其中的某个国家，而且该国已实际控制被告人并对此案提起诉讼时，相关国家就可以委托该国一并管辖，同样，对于无法确保嫌疑人出席本国的庭审从而可能造成缺席审判的结局时，本着司法公正的精神，该国也可以请求已经对此案行使实际控制权的国家予以追诉。

（5）外国已起诉的集团犯罪案。许多国际性犯罪属于集团犯罪。这些集团犯罪的成员往往来自不同国家，其国籍分别隶属于数个国家。当各该集团实施某种犯罪活动如贩毒而被某个国家侦查，其犯罪成员被该国逮捕时，该国按照本国法律和犯罪集团的犯罪事实实行管辖后，其他相关国家尽管按照属人管辖原则也可以主张对本集团成员中的本国犯罪人进行管辖，但是，实际上罪犯所属国很难有效地进行侦查、起诉和审判，在此情况下罪犯所属国就可以考虑将案件明示或默示移交已实际控制此案的国家，由其代行诉讼。

（6）附带民事诉讼案。因被告实施了某个犯罪活动而附带承担民事责任时，当事国一般都可以提起刑事诉讼附带民事诉讼。如果该民事诉讼的结果对非诉讼国没有任何影响但对诉讼国却有重大影响时，非诉讼国就应考虑把可由其管辖的刑事案件移交给诉讼国，由该国自行起诉和审判。

从维护国家根本利益的立场来看问题，一个国家是否把某个刑事案件移交外国管辖，完全取决于该国的自愿，因而国家对于可能危及本国国家主权、安全、公共秩序，损害本国国家重大利益的案件显然是不会轻易移交外国代为管辖的。具体说来，对于那些犯罪情节恶劣、社会危害性巨大、民愤极大的犯罪案件，当事国一般是不会也不应移交外国管辖的。

第三节　国家间刑事诉讼移管活动应遵循的原则

国际间刑事诉讼移管是国际社会在刑事司法方面的国际合作与互助的新形式。尽管这种合作将有助于促进公理和正义，有利于提高司法工作效率，减少对同一犯罪进行双重审判，有助于罪犯的安置和被害人利益的保护，但在实施过程中如果操作不当，就会适得其反。因此为了保障当事国之间顺利完成刑事事件转移诉讼，实现国家间司法合作与互助的目的，各有关国家都必须遵守刑事诉讼移管的基本原则。

一、尊重国家主权原则

在刑事诉讼移管过程中，请求国和被请求国都要相互尊重对方的国家主权，不能采取任何行动损害对方的主权。对于请求国来说，就是要尊重被请求国的主权。具体要求包括：（1）任何刑事事件转移诉讼请求不得有损被请求国的主权、安全、公共秩序。（2）这种请求不得以被请求国所禁止的方式提出，而应遵循正常的、合法的途径提出。（3）请求国不得违反被请求国的法律。（4）请求国不得无视被请求国司法当局的司法独立权，损害被请求国司法主权的正常行使。（5）请求国不得强迫被请求国接受其请求。

对于被请求国来说，则要尊重请求国的主权。首先，被请求国应善意履行因缔结有关刑事诉讼移管而承担的国际义务，依法协助请求国行使司法权。其次，被请求国不得蔑视请求国的善意请求，无视请求国的存在而故意怠慢请求国。最后，被请求国不能采取任何有害于请求国主权和尊严的步骤。被请求国不得把请求国的请求作为某种借口肆意采取为该国国家主权原则所不允许的措施，诸如派遣军警人员到请求国去执行本应由请求国执行的司法任务。

二、尊重当事国司法权原则

刑事事件转移诉讼的根本出发点就是避免对同一犯罪的重复审判，有效地预防和惩处犯罪。当事国在司法实践中就要相互尊重对方的司法权。具体要求在于：

从请求国来讲，请求国在提出请求之前应确定本国是否对该特定的案件拥有司法权，其司法权的根据何在；应保证所提出的任何刑事诉讼移管的请求必须建立在本国确实拥有司法权的基础之上；这种请求应由拥有该案管辖权的司法当局按照正当途径提出，无权管辖该案的单位不宜擅自超越权提出申请。请求国在提出刑事诉讼移转管辖之后，就意味着授权被请求国对所请求事件进行管辖。既然如此，那么请求国就应该尊重被请求国针对所委托事项所采取的任何司法行动。对于被请求国依照本国刑法和刑事诉讼法所作出的有效裁定的判决，请求国应予以承认。对于被请求国基于某种特殊理由而拒绝请求国的请求，请求国应该接受这个事实，不得强制被请求国接受其诉讼移转管辖的请求。

对于被请求国来讲，在接到一国提出的刑事诉讼移管的请求后，应该从形式上进行审查，确定本国司法当局对该犯罪是否有权行使司法权，是否能够接受其委托。如果被请求国法律禁止其司法当局对拟请办理的事项进行刑事审判时，被请求国应拒绝接受此种请求。在决定接受他国的请求后，被请求国就应按照本国诉讼法中规定的警察当局或司法当局的管辖权限进行分工，逐项办理。与请求事项有关的任何司法行动都应由有特定管辖权的司法当局或警察当局来完成。被请求国不能假定请求国无限制地授权本国办理涉及请求国的刑事事务，只能专案专办。

三、不干涉内政的原则

在国际法上，不干涉内政是一项基本原则，它是和平共处五项基本原则的重要内容。在刑事诉讼移管领域，由于请求国和被请求国在合作和互助过程中所结成的特定的法律关系，极容易牵涉到当事国的内政问题。所以，不干涉内政也是国家间刑事诉讼移转管辖的一项基本原则。不干涉内政原则在刑事诉讼移管中的具体体现在于：

（一）一国不能以委托他国代为刑事诉讼为由而随意插手该国内部的法律事务

请求国不能寻求指派侦查员到被请求国调查取证，请求国不能派员到被请求国拘留逮捕逃犯；不能寻求派遣检察官出席被请求国法庭提起公诉；不能委派法官到被请求国主持庭审，除非得到被请求国的特别许可之外。

（二）一国不能强迫他国按照本国意愿办理案件

请求国不得干涉被请求国审查其司法协助请求的进程；不得越俎代庖指定某个警察当局、检察当局或法院为其办理所移转的案件，自然也不能指定某个警官、检察官或法官为其服务。在被请求国办理诉讼事务过程中，请求国不应对被请求国针对其受理的案件所采取的行动进行干扰、阻挠或破坏，不得故意施加某种政治、军事或经济压力，影响被请求国的司法活动；请求国也不能直接或间接授意或强迫被请求国按照本国意愿对案犯定罪量刑。

（三）一国不能故意制造某种混乱，加剧另一国内部的矛盾

一国不能利用办理刑事事务之机，搅乱另一国的司法秩序。特别是请求国不得以转移诉讼为手段插手被请求国的政治、军事、宗教或种族事务。

（四）当事国之间不应以刑事诉讼移管为借口互相刺探对方的政治、经济、军事和外交情报

被请求国搜集的情报和证据应限于与其受理的刑事诉讼事务密切相关且应通过合法的正当途径获取，而不能超出这个界限。任何非法窃取他国情报的行为都是对该国内政的侵犯。

第四节 国家间刑事诉讼移管的程序

从国内法的角度上讲，在刑事诉讼移管程序中，一个国家既可能是请求国，也可能是被请求国。当一国需要向外国代为办理某个刑事诉讼事务时，该国就可以成为请求国；而当外国需要其代为办理某个刑事诉讼事务时，它就可以成为被请求国。所以，国内法规范刑事诉讼移管时，都要分别规定作为请求国时的办案程序和作为被请求国时的办案程序。而从国际刑法的角度来讲，刑事诉讼移转管辖的程序应该是统一的。国际刑法侧重规范其完整的过程，即把请求国和被请求国在刑事诉讼移管中的各个程序加以体系化。本节重点阐述国际刑法意义上的刑事诉讼移管。

一、转移诉讼请求的提出

一国根据本国的司法实际，需要向外国提出刑事事件移转管辖的要求时，必须遵循法定程序进行。

（一）请求权的确定

一个国家内部的某个警察当局或司法当局在办理具体的刑事事务过程中，遇到需要将某个刑事案件向外国移转时，是个比较复杂的问题。首先，该办案单位必须按照本国法规定的级别管辖程序逐级上报；其次，该办案单位的主管当局要加以审查，决定其请求的合法性和必要性；再次，该主管当局要向中央司法主管机关提出报告；最后由中央司法主管机关确定是否允许向外国移转该刑事诉讼。每个国家的司法体系都不同，如何确定移转管

辖请求权完全由各个国家自行决定。一般说来，国家间在缔结此类司法互助条约时都要明确指定办理司法协助事务的中央机关的。比如侦查事务移转的中央主管机关应是各国最高警察当局或联邦警察当局，如国际刑警组织会员国的国家中心局；起诉事务移转的中央主管机关应是各国最高检察当局如总检察长；审判事务移转的中央主管当局应是有终审权的最高法院。许多国家都把本国的司法部指定为司法协助的中央主管机关，凡涉及侦查、起诉或审判事务时分别不同情况由各中央主管机关予以确定，然后根据本国和被请求国达成的协议确定的负责司法协助事务的中央机关正式确认刑事诉讼移管的请求权。

（二）请求书

刑事诉讼移管请求书由请求国中央机关制作。请求书的内容应包括：（1）进行请求所涉及的调查或起诉的主管机关的名称；（2）转移诉讼所涉及的犯罪案件的性质；（3）被告人的姓名、出生日期和地点、体貌特征、住址及相关情况；（4）犯罪的主要事实经过；（5）犯罪证据的说明；（6）移转管辖的法律根据，等等。如有必要，还应包括：（1）有关证人的身份和住址的说明；（2）对获取的证言或陈述方式的说明；（3）对有关证人出国作证的费用的说明；（4）被搜查和扣押的物证的说明；（5）被告犯罪前科的说明，等等。请求书应明确提出具体的请求，不能含糊其词。另外，请求书应用被请求国可以接受的文字制作。

（三）转移诉讼请求书的送达

转移诉讼请求书的送达方式，因请求国和被请求国之间是否存在相关条约而有所不同。

1. 请求国和被请求国间订有条约

凡是两个相关国家之间缔结了有效的刑事诉讼移管条约，且条约中规定了文书送达的方式，就应严格按照条约规定的方式进行送达。比如，《美国和墨西哥相互司法协助合作条约》第2条规定两国负责司法协助的协调机关分别为：美国指定联邦司法部为其协调机关，墨西哥指定共和国检察长为其协调机关，这两个国家之间的请求书的送达就通过其协调机关进行。被请求国协调机关收到请求书后负责将该请求书转送给本国主管机关，予以落实，并按照请求书中指定的方式送回送达证明。

2. 请求国和被请求国间未订有条约

在此种情况下，一般不互相给予这种司法协助，但在某种临时安排下也可以采取个案处理的方式解决。从国际司法实践来看，能够允许采用的送达方式主要有下列几种：（1）通过外交途径送达；（2）通过领事馆送达；（3）根据临时商定的方式送达；（4）在紧急情况下，可以通过国际刑警组织送达。

二、审查和受理

被请求国接到刑事诉讼移管请求后，需要进入审查程序，决定是否接被请求国的请求。

被请求国对刑事诉讼移管请求的审查制度大体上与引渡程序中的审查制度相同，但审查内容却略有不同。刑事诉讼移管请求的审查内容侧重于：

（1）请求国是否对所请求事项拥有管辖权；

（2）请求国所提出的请求是否合法；

（3）请求国的请求是否有损本国的主权、安全、公共秩序；

（4）本国对被请求事项是否拥有刑事管辖权；

（5）请求国所请求事项是否与本国的管辖权发生冲突，等等。

经过审查，凡是具有某项足以构成不能给予司法协助的情形的，被请求国将予以拒绝。从《欧洲刑事诉讼移管公约》来看，具备下列情况之一的，都会被拒绝协助：

（1）请求所依据的理由不正当；

（2）嫌疑人在被请求国没有惯常居所；

（3）嫌疑人不是被请求国的国民且无居所；

（4）被追诉之罪被认为是具有政治性质或纯军事性质的犯罪或财税犯罪；

（5）追诉请求是基于种族、宗教、民族或政治信仰的考虑而提出；

（6）追诉时效已过；

（7）犯罪是在请求国领域以外实施的；

（8）追诉活动将违反被请求国所承担的国际义务；

（9）追诉活动将违反被请求国法律制度的基本原则；

（10）请求国违反有关程序规则。

非欧洲国家在从事刑事诉讼移管时，根据何种理由将拒绝给予刑事诉讼移转管辖方面的协助，因为各大洲并没有各自类似公约规定，所以很不统一。不过，无论从法理上讲，还是从司法实践上讲，任何一个被请求国都可以自行决定拒绝外国提出的此类请求。至于拒绝的理由，则非常有弹性。凡是一国不想给予请求国协助的，该国都不难找到拒绝的理由和根据。比如，被请求国可以请求国的请求存在某种实质性的缺陷而拒绝接受其请求，也可以请求国的请求存在某种程序性缺陷而予以拒绝。

相反，只要被请求国不拒绝请求国的请求，就会决定予以办理，当被请求国决定受理请求国的刑事诉讼移管的请求后，被请求国将就请求所涉及的事项诉诸国内诉讼程序。（1）立案。由该国拥有管辖权的警察当局或司法当局将该案列为国内法上的案件，使之进入国内诉讼程序。（2）履行各项诉讼程序。根据请求所涉及事项的具体案情选择适当的诉讼程序，并完全按照本国诉讼程序进行。

到目前为止，国际上尚未真正建立起任何常设国际刑事法院，因而还不存在由国内法院将某个刑事诉讼移转国际法庭的先例，反之亦然。因此，上述程序主要还是在国与国之间进行的，不超出这个界限。

三、被请求国的临时措施

被请求国在接到请求国提出的移转诉讼请求后，在没有进入国内诉讼程序之前，根据请求国的书面请求可以先行采取某些临时性措施。这些措施包括：

（一）临时拘留和逮捕

这种临时拘留和逮捕从实质上讲与引渡法中的拘留和逮捕的效力是一致的，但在某些方面也有所区别。这种区别主要表现在：（1）目的不同。刑事诉讼移管中的临时拘留和逮捕是为了使未来的移转管辖程序顺利进行；而引渡中的临时拘留和逮捕则是为了保证引渡的顺利进行。（2）后续程序不同。实施引渡后，临时拘留和逮捕将改为正式逮捕，由请求国执行；而实施转移诉讼后，则由被请求国依法确定是否应继续拘留和逮捕嫌疑人，如确属必要，则由被请求国执行。

（二）扣押物证

为便于未来进入诉讼程序后能顺利办案，被请求国可以扣押嫌疑人的财产和物品，扣押程序和协助侦查中的扣押程序是相同的，因而无须赘述。

（三）其他强制措施

只要与本案有关且实属必要，被请求国可以采取取保候审、监视居住等种种强制措施及侦查措施对被指控的人进行控制。

四、结果通报

被请求国在办理请求国的移转案件后，应将办案结果通报给请求国。结果通报的内容应包括：刑事诉讼移转受理情况；请求书中所涉及的情况的处理；对被告人的处理决定，如有罪判决或无罪判决的情况；物证的返还安排；证人遣返问题的说明；受害人利益的保护问题等。结果通报应通过正常途径送达请求国的中央机关；在一般情况下，结果通报应附有判决书的副本以及其他相关的文件。结果通报不需要认证。

第五节 当事人在国家间刑事诉讼移管中的地位

一、被告人在国家间刑事诉讼移管中的地位

被告人在刑事诉讼移管中的地位主要是指被告人在刑事诉讼移转管辖过程中所享有的权利和应承担的义务以及在权利受到侵害所能得到的法律保护。

从理论上讲，刑事诉讼管辖的对象主要限于在请求国内犯罪的被请求国国民，因而对于被请求国来说，本国国民在刑事诉讼移转管辖中的地位问题并不存在特殊的困难，只须依法予以处理，但司法实践中的情况往往比较复杂。国际性犯罪往往不只是由于个人所为，而通常是由有组织的集团所共同实施的，共犯成员可以由具有不同国籍的人所组成。当被转移诉讼的案件涉及具有不同国籍的共犯问题时，便出现了外国被告人在诉讼中的法律地位问题，被请求国在审理案件过程中就要面对这个实际问题。因为被请求国在受理此类案件中显然都乐于并案侦查、起诉和审判，这有利于取证、证实犯罪，有利于公正适用法律。

在国际法上，各国原则上可以根据属地管辖原则确定外国人在刑事诉讼中的法律地位。从国内法的角度来讲，外国人在刑事诉讼中的法律地位的规定具有特殊性。综观各国法律原则规定，各国对外国人在刑事诉讼中可以采用下列几种：（1）国民待遇，即赋予在一国领域内的外国人和本国人拥有同等的法律地位，外国人在本国享有同等权利，承担同等的义务。（2）最惠国待遇，即一国给予另一国人的待遇不低于现在或将来给予任何第三国人的待遇。（3）区别待遇，即予在一国境内的外国人和本国人不同的法律地位。

一般说来，关于诉讼过程中的外国被告人的法律地位在原则上是不存在问题的。从维护司法程序的公正性讲，按照法律面前人人平等的原则，本着《世界人权宣言》的精神，外国人和本国人在诉讼程序中的法律地位应是同等的，即外国人享有国民待遇，所以，外国被告人有受到公正审判的权利，有权不受非法拘留和逮捕，有权获得辩护，有权申诉，有权请求法律上的保护，有权获得符合人道主义的待遇，不受酷刑、有辱人格待遇；外国被告人同样要遵守审判国的法律和法规，遵守审判国的司法规则，承担其应履行的各种法律义务。

但是，在实体法适用上，外国人和本国人的法律地位是有差别的，比如，中国刑法规定，对于犯罪的外国人可以独立适用或附加适用驱逐出境。当中国某个法院接受某个外国提交的移转管辖的案件，如果该案属于中国人和外国人共同犯罪，那么，该法院在审理过程中尽管可以赋予外国被告人和中国被告人相同的法律地位，但在适用法律上就可能有所区别。对于外国犯罪人除了可以依法作出有罪或无罪判决外，还可以作出驱逐出境的处罚；而对中国犯罪人却不能作出驱逐出境的裁决。

在转移诉讼程序中，还有一个保护被告人权利问题。联合国《刑事事件转移诉讼示范条约》第 8 条规定："涉嫌者可向请求国或被请求国表示其关心转移诉讼。同样，涉嫌者的合法代表或至亲也可以表示这种关心。"这种规定反映了各国对转移诉讼中的被告人的权利保护的关注。根据这一规定所体现的精神，应该认为，不仅被告本人有权提请当事国在即将诉诸转移诉讼中保护自己的权利，被告人的律师、法定监护人、亲属都可以提出类似请求。当事国对于这种人权保护的请求应该予以受理，除非这种请求属于某种借口可能导致妨碍司法进程而必须予以驳斥之外，当事国不应漠视被告人的这种权利。

二、受害者在国家间刑事诉讼移管中的权利保护

在请求国和被请求国转移诉讼过程中经常遇到受害者的权利保护问题。由于受害人在刑事诉讼中不是以公诉人的身份出现而只是以证人身份证明犯罪人的犯罪事实，无法在诉讼中进行自我保护，这就要求国家必须对受害人的权利予以保障。否则，一旦刑事诉讼从一国转移到另一国后，受害人的权利便无法得到任何保护了，这对于维护当事国的公共秩序是不利的。

犯罪受害者的保护问题由来已久，进入 20 世纪 70 年代以后，许多国家都制定了有关受害者援助法。奥地利于 1972 年制定了《对犯罪行为的受害人提供援助法规》，联邦德国于 1976 年制定了《暴力活动受害人赔偿法》，英国于 1982 年通过了《证人、受害人保护法》。欧洲议会于 1983 年主持制定了《欧洲关于暴力活动受害人补偿协定》。这些法律奠定了判罚作案人缴纳赔偿金作为法庭可以运用的手段的法律基础。在西方国家对犯罪受害者保护已成为刑事诉讼程序中必须考虑的问题。因此，在刑事诉讼移管中就必须解决这个问题。

联合国《刑事事件转移诉讼示范条约》第 9 条规定了这个问题，其内容是："请求国和被请求国在转移诉讼中应确保罪行受害者的权利，特别是受害者追复原物或取得赔偿的权利不应由于此种转移而受到影响。如受害者的索赔未能在此种转移前达成解决，被请求国如其法律规定有此可能时，应许可将受害者的索赔要求在所转移的诉讼程序中提出，遇受害者死亡，本规定应相应地适用于受害者的受抚养人。"这项规定体现了各国对受害者保护的思想。

罪行受害者的权利保护应由请求国和被请求国作出某种安排，比如，请求国在请求书提出要求被请求国在诉讼中判罚作案人赔偿受害人损失，由被请求国予以承诺；或者由请求国承诺以国家赔偿方式保证先行赔偿受害者的损失然后再追究作案人的法律责任。

第八章 外国刑事判决的承认与执行

第一节 外国刑事判决的承认与执行概述

外国刑事判决的承认与执行，是指一国的主管机关，根据国际公约、多边或双边条约或互惠原则以及国内法的有关规定，承认他国对本国公民或特定关系人在他国领土内的犯罪所作出的特定刑事判决的法律效力，并在本国境内执行这种有效判决所确定的刑罚。

外国刑事判决的承认与执行是一种重要的国际刑事司法协助的形式与制度。但这种形式与一般的国际刑事司法协助形式不同，因为这种形式更深层次地触及有关国家的主权，所以国家对这种形式持非常慎重的态度，并对承认与执行外国刑事判决的范围与条件严加限制。根据外国刑事判决的内容的不同，我们可以将对外国刑事判决的承认与执行分为广义的外国刑事判决的承认与执行和狭义的外国刑事判决的承认与执行。广义的外国刑事判决的承认与执行包括对有条件判刑或有条件释放罪犯的转移监管和狭义的外国刑事判决的承认和执行。前者指执行国执行判决国对缓刑犯或有条件释放罪犯的监督以及对撤销缓刑或重新收监后的余刑的执行；后者指执行国对判决国对罪犯剥夺自由刑刑事判决效力的承认和执行。一般的外国刑事判决的承认与执行仅指后者。本书使用广义的外国刑事判决的承认与执行的概念。

一、对外国生效的刑事判决的承认和执行的一般理论

外国生效的刑事判决是指主权国家的审判机关代表国家对刑事案件经过审理后作出的最终发生法律效力的判决和裁定。

传统理论认为，刑罚权是国家主权属性之一，刑事判决是国家行使刑罚权的体现，因而对外国刑事判决的效力是不能承认的，即主张不考虑主义。但是，也有一些例外的法律规定与事例。如中世纪时就出现的国家间缔结的条约，规定实施国外宣告的判决。但这种对国外判决的实施目的不是进行刑事司法合作与协助，而是因为他们需要剥削这些被判刑

人的劳动力。① 1868 年 10 月 17 日关于莱茵河航行的修正法令是 19 世纪缔结的条约中包含有关承认和执行外国判决条款的一个例子，这个条约至今仍然有效。按照该法令，莱茵河的沿岸国——比利时、德国、法国、荷兰和瑞士基于互惠，实施莱茵河沿岸国的判决。这种实施外国的判决限于罚金。根据 1892 年 1 月 22 日的《瑞士联邦引渡法令》第 30 条规定，瑞士有权实施外国所宣告的刑罚。

对外国刑事判决的效力的承认可以分为积极效力承认和消极效力承认。积极效力承认是指在对外国刑事判决法律效力承认并积极执行其刑事判决的内容。外国刑事判决的积极效力，又有三种形态：

第一种是外国判决的完全执行方式，称之为执行力的授权，又称之为执行主义。如《瑞士刑法》第 3 条第 2 款与第 5 条第 3 款规定，犯人在国外没有服刑或只服刑一部分时，执行其刑罚的全部或剩余部分。《瑞士刑法》还规定，外国的无罪判决确定后，外国宣告的刑罚执行完毕，免除处罚或时效完成时，就同一行为瑞士不重处罚。外国宣告刑罚的全部或一部分未执行时，不承认一事不再理的效力。

第二种是特定承认主义。即根据国家间的双边或多边条约的规定，缔约国或参加国对条约规定的特定的刑事判决内容的效力予以承认，符合移管条件的，在移管后，对该特定刑事判决的内容执行。即不是对判刑国所有的判决内容都执行，只是执行特定的判决内容，例如，对有期自由刑或无期自由刑。一般来说特定的判决刑罚仅包括主刑，而不包括从刑。

第三种是外国判决的缓和执行方式，一般称为单纯考虑，或称考虑主义。即国内法院以外国刑事判决为基础，根据国内法令宣告处分的方式。考虑主义又可分为两种情况：一种是契机效果，另一种是补充效果。所谓契机效果，指国内法院对犯罪重新考虑制裁时，采取承认在此之前确定的外国刑事判决的法律效果的立场。这一问题最初只适用于累犯，即把外国刑事判决看作是前科，国内法院可以把重新的犯罪认定为累犯。在此情况下，以此国内宣告制裁为契机，授予外国判决与国内判决相同的前科性，故把这种效果称为契机法律效果。所谓补充效果，是指可以在国内所犯新的判决为契机，承认由来于外国原判决的间接效果的立场。这种间接效果— 是表现为对犯人产生丧失权力、职业禁止、资格限制的法律效果；还可适用保安处分、驱逐国外、警察监视、没收、告诫等法律后果。

消极效力承认是指仅仅承认外国对本国公民或特定关系人所犯罪行所做刑事判决的效力，本国刑事司法机关不再对该罪行进行管辖。第二次世界大战以前，世界各国对外国刑事判决的消极效力承认与否，有不同立法例：一种是承认外国刑事判决的消极效力，即一

---

① 参见迪奇奥勒：《关于承认刑事判决的欧洲体制》，载巴西奥尼：《国际刑法》第 2 卷，1986 年英文版，第 200 页。

事不再理，如英国完全承认外国刑事判决的消极效力；在特定情况下肯定外国刑事判决的消极效力，即符合在外国作出的无罪判决、刑罚全部执行、刑罚时效完成、特赦等特定事由的情况下，禁止国内追诉。这种立法例见于荷兰、法国等国刑法的规定。《瑞士刑法典》第3条作出了折中规定：外国人在瑞士境外犯罪，如应瑞士司法机关的请求而受外国司法机关的追诉，瑞士承认外国司法机关的刑事判决效力；除此之外，瑞士对外国刑事判决采用算入主义。另一种是否认外国刑事判决的消极效力，如1926年《土耳其刑法》的规定。日本否认外国刑事判决的消极效力，采取算入主义，即把外国执行的刑罚一部或全部算入国内宣告之刑罚的观点。有论者主张这是算入主义对不适用一事不再理原则的一种补偿，因而算入主义也属于承认消极效力的一种。第二次世界大战前全部乃至原则上否定外国判决消极效力的立法例占多数，第二次世界大战后许多国家又转而承认刑事判决的国际效力。这是因为随着国家间的防止犯罪加强连带性的要求，刑法的国家性原则有所缓和。同时由于国际交流的加强，国际规模的犯罪增长，犯罪人每每出现在犯罪地国以外的国家，犯罪的证据也出现在犯罪地国以外，因而在犯罪地国执行对居住外国的罪犯的制裁判决越加困难，所以，就提出了把外国判决与国内判决同等看待的立场，也就是要求用条约规定，承认外国刑事判决，并予以执行的问题。简言之，对外国刑事判决的承认与执行是同国际犯罪作斗争的实践中发展的一个司法协助活动，也是斗争需要与经验的总结。

第二次世界大战后，对外国刑事判决的承认与执行作为一种刑事司法协助与合作的方式，首先在欧洲国家间得到了发展。1948年，瑞典、丹麦和挪威缔结了关于承认和执行刑事判决的协定，涉及罚金、没收财产和诉讼费用。这个协定在1963年扩展到芬兰、冰岛。1963年的协定包括执行有关监禁的判决，该协定并作为在上述五个北欧国家内的国内法令予以适用。与此同时，关于承认和执行外国刑事判决在比利时、荷兰、卢森堡三国间也通过有关条约使之成为三国间进行国际刑事合作的一种形式。

1961年在里斯本召开的第八次国际刑法会议把"由国内审判官适用外国刑法"作为会议议题之一。1964年在海牙召开的第九次国际刑法会议，通过了非常广泛的范围承认外国刑事判决法律效力的决议。1964年，欧洲理事会成员国通过了《欧洲关于处罚道路交通犯罪的公约》，1970年通过了《欧洲关于刑事判决的国际效力公约》，1983年通过了《欧洲被判刑人移管公约》等，使欧洲理事会成员国间关于承认与执行外国刑事判决这一国际刑事司法合作的原则进一步系统化与具体化。1988年联合国《禁止非法贩运麻醉品和精神药物公约》也规定了关于承认和执行外国刑事判决的问题。该公约第6条第10款规定："为执行一项刑罚而要求的引渡，如果由于所要引渡的人为被请求国的国民而遭到拒绝，被请求国应在其法律允许并且符合该法律的要求的情况下，根据请求国的申请，考虑执行按请求国法律判处的该项刑罚或未满的刑期。"

与国际社会对外国刑事判决的承认经历了一个从不承认到消极承认再到积极承认的发展过程一样，在 2002 年 10 月 12 日《中华人民共和国和乌克兰关于移管被判刑人的条约》生效前，我国刑事立法和理论界基于国家主权理论，对外国的刑事判决采取了消极承认主义。在该条约生效后，才开始采取消极承认为主、对移管被判刑人的外国刑事判决积极承认的做法。①

我国对外国刑事判决的承认和执行比较特殊。一方面，我国已经与乌克兰签署了移管被判刑人条约，该条约已经生效；同时我国签署并批准了同俄罗斯联邦的移管被判刑人条约，条约生效后，对乌克兰国对我国公民所作出的特定刑事判决，我国根据条约义务予以执行。如根据《中华人民共和国和乌克兰关于移管被判刑人的条约》第 1 条第 4 项的规定，缔约国对另一缔约国被判处有期徒刑（在乌克兰为有期的剥夺自由刑）和无期徒刑（在乌克兰为无期的剥夺自由刑）的刑事判决在被判刑人移管以后予以执行；根据《中华人民共和国和俄罗斯联邦关于移管被判刑人的条约》第 1 条第 4 项的规定，中俄双方对对方所作出的有期徒刑的刑事判决在被判刑人移管之后予以执行。另一方面，我国《刑法》第 10 条规定的我国对于在我国领域外实施的属于我国刑法效力范围内的犯罪，我国法院仍然可以追究行为人的刑事责任。这样，根据系统解释理论，我国公民因实施犯罪行为在乌克兰和俄罗斯受到刑事制裁的，我国法院根据双边移管被判刑人条约的精神和一事不再理原则，不再追究行为人的刑事责任；在其他外国已经受过刑罚处罚的，则可以免除或减轻处罚。

我国《刑法》第 10 条是我国对外国刑事判决承认的一般规定，并且这个规定不仅仅适用于在我国境外被判刑的我国公民，而且适用于对其他一切在我国境外实施的在我国刑法效力范围内的犯罪行为所作出的外国刑事判决。具体包括：外国对我国公民在境外实施的犯罪的所有刑事判决；外国对外国公民在境外对我国国家或公民实施的犯罪的所有刑事判决。

而我国签署的移管被判刑人条约中的刑事判决只是外国对我国公民在我国境外相应的国家实施犯罪的部分刑事判决。这样，我国《刑法》第 10 条的规定和在我国生效的移管被判刑人条约关于我国对外国刑事判决的承认和执行的关系就是一般和特殊、全体和部分的关系了。原则上我国不承认外国刑事判决的效力，只是对在被判刑人在外国受到的刑罚处罚酌情减免，既可以减免也可以不减免；同时决定减免时，即可以减轻也可免除。即外国刑事判决不影响我国刑法对该犯罪行为的适用效力。

---

① 即使《中华人民共和国和乌克兰关于移管被判刑人条约》生效，同时签署并批准了《中华人民共和国和俄罗斯联邦关于移管被判刑人条约》，我国《刑法》第 10 条的规定仍然适用于除在我国生效的移管被判刑人条约之外的其他外国刑事判决。

二、对外国刑事判决的承认和执行的目的

执行国对于判刑国对被判刑人所判处的刑罚的承认和执行的目的是加强两国在刑事司法领域的合作，基于人道主义考虑，并利于被判刑人重返社会。

（一）加强双方在刑事司法领域的协作

在联系紧密、息息相关的现代社会里，一个国家不可能能闭关锁国。犯罪分子利用社会现代化所创造的条件，利用他国作为犯罪基地，实施犯罪后逃往异国以逃避惩罚，这种情况比比皆是。如果不开展与他国在刑事司法领域的合作，就会让犯罪分子逍遥法外，受害国只能徒呼奈何！而在刑事司法协助领域，对外国刑事判决的承认和执行是最高级别的刑事司法协助刑事。因为对外国刑事判决的承认和执行，表示执行国承认判刑国对该判决的效力，并愿意执行之。申言之，这种刑事司法协助活动意味着执行国对判刑国的刑事判决的尊重和礼遇，也就意味着对判刑国主权的尊重。同时，这种对国家主权的尊重和礼遇是对等的。这样，判刑国是通过在国家主权内对判刑国主权的尊重来换取对方国家对本国主权的尊重和礼遇，有利于双方进一步加强在刑事司法领域的合作。

（二）基于人道主义考虑

被判刑人有义务接受因为其犯罪行为而给予的刑事惩罚。但是，其作为人的基本权力却没有丧失，并且也不能被剥夺。同时，保护被判刑人的权利。例如，在移管被判刑人的过程中，执行国可以对被判刑人进行赦免等。当执行国不能完全按照判刑国的要求执行刑罚时，执行国可以根据本国的刑罚执行方式对判刑国的刑罚执行方式予以转换，转换的刑罚执行方式不得将刑罚转换为财产刑；转换后的刑罚应不得加重判刑国所判处的刑罚，也不得超过执行国法律对同类犯罪规定的最高刑；但不受执行国法律对同类犯罪规定的最低刑的约束；同时应扣除被判刑人在判刑国已被羁押的期间。

（三）有利于被判刑人重返社会

现代文明社会中，国家的刑罚的目的不仅仅是惩罚犯罪人，而是为了使被判刑人能够顺利回归社会，不至于再危害社会。也就是说，国家在刑罚执行范围内不断创造条件，以便被判刑人能够早日重返社会。其中，重要的就是社会环境，其中包括对主流文化的认同、适应社会生活等方面。被判刑人身在异国他乡，不同的文化氛围，要经常进行文化角色的转换，想要突破文化隔阂已非易事，要想融入当地社会的主流文化本来就困难重重。再加上语言的障碍，家人探视的困难，其环境使得被判刑人重返社会希望渺茫。如果能让被判刑人回到自己的母国，语言和文化的障碍相对就减轻了，同时，也方便被判刑人的家人探视，可以使被判刑人安心服刑，积极改造，早日回归社会。

三、对外国生效的刑事判决的承认和执行应遵循的原则

（一）尊重国家主权原则

在被判刑人移管中，判刑国和执行国在各种权力的转让和接受中有时会出现"权力交叉"的情况，需要按照相互尊重国家主权和管辖权的原则处理。联合国《关于外国囚犯移管的示范协定》总则第 2 条明确规定，移交囚犯应在相互尊重国家主权和管辖权的基础上进行。第 15 条规定，若是继续执行，则执行国应受判决国所作判决的法律性质和期限的约束。第 17 条规定，执行国应受判决国所作判决书上所有事实结论的约束。因此。只有判决国有权复审。1983 年《欧洲移交被判刑人公约》第 9 条第 3 项规定，刑罚的执行应依执行国法律，仅该国有权作出一切适当的决定。第 13 条规定，仅判刑国有权决定复查判决的申请。

（二）互惠原则

与其他的司法协助活动一样，国家间签订的对外国刑事判决的承认或执行的条约，例如《有条件被判刑或有条件释放罪犯转移监督条约》或《对外国刑事判决的承认或执行条约》，并不意味着缔约国有义务向另一缔约国移交或接受有条件被判刑或有条件释放罪犯的监督或执行另一缔约国的刑事判决。签订条约的目的只是表示缔约国赖以指导国家间进行有条件被判刑或有条件释放罪犯转移监督或执行对方国家刑事判决活动的法律规范。对外国刑事判决的承认或执行完全是一国国家主权事务。只是当一方通过所签订的条约向另一缔约国提出承认本国的刑事判决对执行该刑事判决的内容的请求时，由请求国向被请求国承诺，在类似情况下，接受被请求国请求。只有这种承诺才使得国家间有义务履行某项请求。

对外国刑事判决的承认或执行是一项互惠的国家间司法协助活动。无论是对判刑国的刑罚得以顺利执行，还是执行国通过对被判刑人的行为监督来保护社会等方面来说，都是一项双边互惠的活动。同时，被判刑人在他所熟悉的文化、社会环境中，有利于他早日顺利回归社会。

（三）双重犯罪原则

双重犯罪原则，通常指只有当被判刑人所判定的罪行根据判决国和执行国的国内法律均构成犯罪时方能移交被判刑人。有些条约要求双重犯罪还意味着双罚性。例如 1970 年《关于刑事判决的国际效力的国际公约》就强调双罚性，只有当被制裁的行为发生于本国领土之内也是犯罪，而且被制裁人如果在本国犯罪也应当受到惩罚时，执行国才能执行判决。1983 年《欧洲移交被判刑人公约》第 3 条第 1 项第 e 款明确规定：只有据以科处刑罚的作为或不作为依执行国法律构成犯罪，或如在其境内的行为构成犯罪，被判刑人方可予

以移交。1985 年联合国预防犯罪和罪犯待遇大会通过的《关于外国囚犯移管的示范协定》所建议的是双罚性原则，而且还规定应处的刑罚标准是按照双方国家的法律都处以剥夺自由。

（四）一事不再罚原则

这个原则的意义体现在两个方面。一方面，对判刑国说，一旦执行国对被判刑人移管后执行了由判刑国科处的刑罚，判刑国就应当承认该执行与在自己国家内执行具有同等效力；另一方面，对于执行国来说，它不得因同一罪行对被移管的人再次进行审判、关押或处罚。

（五）有利于被判刑人原则

执行国在适用本国法规对被判刑人执行刑罚时，不应当提高原判刑罚的强度和量度。如果判刑国所科处的刑种因在执行国不存在而需转换成执行国相应的刑种，转换的刑罚必须在性质上尽量与原刑罚相似，并且不得超过执行国法律为该种刑罚规定的最高限度，不得在强度或量度上超过判刑国原判处的刑罚。

移管活动应当以能够有利于被判刑人的服刑生活和刑满后的重返社会为宗旨。这个原则的重要表现是移交被判刑人应尊重被判刑人的自主选择，以判刑人的同意为基础。联合国《关于外国囚犯移管的示范协定》规定，移交应由判决国和执行国之间的协定决定，并应以囚犯的同意为基础。应充分告诉囚犯移交的可能性与法律后果，特别是他是否有可能会因在移交前犯过的其他罪行而被起诉。应让执行国有机会证实囚犯是否自愿同意。如该人没有自由决定其意愿的能力，他的法律代理人应有权同意移交。1983 年《欧洲移交被判刑人公约》规定，只有该被判刑人同意移交，被判刑人方可按本公约予以移交。在公约规定的条件下，也可经被判刑人的法律代理人同意。有利于被判刑人原则的另一重要表现是囚犯的处境不得因移交而恶化。联合国《关于外国囚犯移管的示范协定》规定，在任何情况下，囚犯的处境不得因移交而变坏。1983 年《欧洲移交被判刑人公约》规定，就转换刑罚而言，不应加重被判刑人所受的刑罚。

四、对外国刑事判决的承认和执行的条件

对外国刑事判决的承认与执行，是指根据双边或多边条约，条约缔约国或签约国对另一缔约国或签约国对双方法律认为可罚的行为所作出的生效的刑事判决的效力予以承认，并执行其刑事判决所确立的刑罚的活动。

对外国刑事判决的承认和执行所涉及的刑事判决内容比较广泛，包括剥夺自由、罚金和没收财物以及取消资格等。

1970 年 5 月在欧洲理事会主持下缔结了一项《关于刑事判决国际效力的欧洲公约》①。其目的是致力于在国际层面，不断使用超越国家界限的现代化的行之有效的措施同犯罪做斗争的需要，同时确认执行一项保卫社会的刑事政策的必要性，认为有必要尊重人权和推动被判刑人重返社会以及促进欧洲议会加强成员国之间的联合。

该公约第 2 条规定，一个缔约国执行另一个缔约国终审刑事判决的适用范围是判处剥夺自由、罚金或没收财物以及取消资格的刑罚。该公约第 4 条规定，一个缔约国执行另一个缔约国终审刑事判决的前提是，如果被制裁的人的犯罪行为，在该国领土内所犯，也是应受惩罚的犯罪行为，也就是说要存在双重犯罪的情况。如果判决涉及两个或两个以上的犯罪行为，但不是所有的犯罪行为都符合双重犯罪的要求时，那么判决国应该说明制裁的哪一部分符合这个要求。

该公约第 5 条规定，一个缔约国要求另一个缔约国执行它的生效刑事判决，应该具备下列一项或一项以上的条件：

（1）该罪犯是被请求国的常住居民；

（2）在被请求国执行判决，有助于该罪犯重返社会；

（3）在一个需要判处剥夺自由的案件中，其罪犯正在服（剥夺自由）刑或者将在被请求国判处剥夺自由；

（4）被请求国是罪犯的本国，它愿意为执行对该被判刑人的刑罚；

（5）即使依靠引渡，判决也无法在请求国执行，但却能在被请求国执行。

该公约第 6 条还规定了被请求国拒绝执行请求国的终审刑事判决的条件。这些条件包括：

（1）执行判决违反被请求国法律秩序的基本原则；

（2）被请求国认为判决的罪行涉及政治因素，或者是纯军事罪行；

（3）被请求国认为判决是由于种族、宗教、民族或政治观点的理由而作出的；

（4）执行判决违反被请求国的国际义务；

（5）罪犯的行为是被请求国已经起诉或者决定自行起诉的行为；

（6）罪犯的行为是被请求国当局决定不予起诉，或者已撤销起诉的行为；

（7）罪犯的行为是在请求国领土以外所犯的；

---

① 本书作者依照该公约的奥地利官方（德文）译文和英文版互相印证翻译。在翻译中，作者将 der ersuchende Staat 和 der ersuchte Staat 分别根据字面意思译为请求国和被请求国。因为在对外国的刑事判决内容的承认中，主要是判刑国请求执行国执行其生效的刑事判决，故，请求国仅指判刑国，而被请求国实际上就是执行国。在该公约中，双方国家都可以作为请求国提出移管要求。所以，在该公约中同时使用 der ersuchende Staat 和 der esuchte Staat ，以及 der Urteilsstaat 和 der Vollstreckungsstaat 术语，即请求国和被请求国，判刑国和被判刑国。

（8）被请求国无法执行制裁；

（9）如果请求的要求仅仅是因为第 5 条第（5）项所规定的原因，而没有满足该条其他条件的；

（10）被请求国认为请求国自己能执行制裁；

（11）按照被请求国的法律，被判刑人因为在行为时的年龄不能被起诉的；

（12）按照被请求国的法律，该刑罚已经超过时效的；

（13）判决仅仅涉及取消资格者。

被请求国如果同意执行请求国法院终审刑事判决所加的制裁，那么它的法院需要对此作出决定。被请求国法院在做决定时，需要听取被判决人的意见。如果制裁只涉及罚金和没收财物的话，被请求国也可以授权其他当局作出决定。对其他当局作出的决定，允许向法院提出上诉。

该公约就执行剥夺自由、罚金和没收财物以及取消资格的制裁，分别做了详细规定。

关于执行剥夺自由的制裁，如果执行的要求被接受，关押在请求国的被判决人应及时转移给被请求国。被请求国的法院应该以按照本国法律对同样罪行所加的制裁，来取代请求国关于剥夺自由的制裁。被请求国可以改变罪行的性质和制裁的期限，但是不得加重对被判决人的刑罚。被判决人在请求国被拘留的时间和已服徒刑的时间，应该从新制裁中扣除。

关于执行罚金和没收财物的制裁，被请求国的法院或其他当局应把罚金和没收的财物，按当时的汇率换算成本国的货币额。如果要求没收的是特定的物品，只有根据被请求国的法律对同样的罪行能予以没收者才能执行。如果索取不到罚金，且两国的法律都规定对这样的案件可以用剥夺自由代替罚金，那么被请求国的法院可以决定用剥夺自由来代替，除非请求国清楚表示只要索取罚金。被请求国的法院在决定以剥夺自由来代替罚金时，不应加重对被判处人的刑罚。

关于执行取消资格的制裁，只有被请求国的法律规定对同样的罪行也允许取消资格时才予以执行。被请求国的法院在决定取消被判决人的资格时，其时间不应超过请求国法院判决所规定的时间。被请求国有权恢复被判决人按照判决被剥夺的权利。

这个公约还对缺席判决的执行程序，做了详细的规定。如果判决是在被告人缺席的情况下作出的，判决国应将判决通知被判决人本人。被判决人可以对判决提出反对意见。他的反对意见是在请求国的法院审查，还是在被请求国的法院审查，由被判决人自行选择。如果被判决人没有加以选择，那么他的反对意见将在被请求国的法院审查。提出反对意见的有效期限是从通知送达之日起 30 日内。

如果反对意见是在请求国的法院审查，被判决人将被传出庭发表意见。传票至少应在出庭前 21 日送达。如果被判决人不亲自出庭，也没有他的代理人出庭，法院得宣布他的反对意见无效，并把此决定通知被请求国的主管当局。如果法院宣布被判决人的反对意见是不可接受的，也适用同样的程序。在这两种情况下，缺席判决被认为是听取了被告人的意见以后作出的。如果被判决人亲自出庭，或者他的代理人出庭，同时被判决人的反对意见被法院接受，那么要求回执行判决的要求被认为无效。

如果反对意见是在被请求国的法院审查，被判决人将被传出庭发表意见。传票至少应在出庭前 21 日送达。如果被判决人不亲自出庭，也没有他的代理人出庭，法院得宣布他的反对意见无效。如果法院宣布他的反对意见无效，或者宣布他的反对意见不可接受，那么缺席判决被认为是听取了被告人的意见以后作出的。如果被判决人亲自出庭，或者他的代理人出庭，同时他的反对意见被法院接受，那么请求国作出的判决被认为无效。

如果被判决人对缺席判决没有提出反对意见，那么判决被认为是听取了被告人的意见以后作出的。

如果被判决人是在被请求国，当判决国已经提出执行判决的要求时，如果根据被请求国的法律，罪犯需要被关押，同时罪犯有逃亡的危险或者藏匿证据的危险时，被请求国可以将该被判决人加以逮捕。关于释放他的条件，也适用被请求国的法律。

如果被捕的被判决人对判决提出反对意见，需要到请求国出庭发表意见，被请求国可以把该人转移给请求国。出庭后，请求国应尽速将该人送回被请求国，除非请求国决定释放他。

该公约还规定，关押在请求国的被判决人转移给被请求国执行，被请求国不能因为该人以前所犯的任何罪行再对他进行起诉或判刑，但是下列两种情况除外：

（1）根据请求国的法律，该人以前所犯的罪行是可引渡的罪行，或者只是因为量刑没有达到一定的期间而没有被引渡，那么请求国可以同意被请求国对该人以前所犯的罪行再进行起诉或判刑。

（2）当被判决人服刑期满后 45 日内有机会离开被请求国，但是他没有离开，或者离开后又重返被请求国。

该公约还规定，被请求国有权对被判决人予以有条件地释放，只有请求国有权重新审查它的判决。请求国和被请求国都有权行使大赦或赦免的权利。

这些条约还规定，被判处徒刑的罪犯转移后继续服徒刑，刑期不变。接收国不能对被转移的罪犯所犯的罪行，重新进行起诉和惩罚。

被判处徒刑的罪犯在接收国服刑期间，接收国法律关于假释的规定对它们亦适用。但是移交国保留赦免的权力，接收国只有在移交国建议赦免的情况下，才能释放该罪犯。移交国对它的法院所作的判决的任何修改和撤销的程序，具有专属的管辖权。

我国目前没有与其他国家签订双边或多边刑事判决效力承认和执行的条约，但是，为了加大打击跨国犯罪的力度，加强地区间的刑事司法协助，可以考虑在刑事司法传统比较相似的国家间，例如上海合作组织六国，签订一项对刑事判决的效力承认和执行的多边公约。待积累经验后，再考虑同其他周边地区区域性组织签署国家间刑事判决的效力承认与执行的多边条约。

第二节　有条件被判刑或有条件释放罪犯转移监督

有条件被判刑或有条件释放罪犯转移监督，是指对判刑国将被判缓刑或假释的外国罪犯由其国籍国移交监督的司法活动。

有条件被判刑或有条件释放罪犯转移监督是国家间的一项重要形式的司法协助活动。因为无论是对法院的缓刑判决、管制刑判决还是监狱机关的假释，都要通过司法机关对被判刑人或有条件释放的罪犯进行监督，以确认其符合不再执行该判决中确认的刑罚的条件。

对有条件被判刑或有条件释放罪犯转移监督的前提是判刑国允许有条件被判刑或有条件释放罪犯离开判刑国，并回到其国籍国或常住国。我国刑法中没有禁止有条件判刑或有条件释放罪犯返回其国籍国或常住国。我国刑法规定，如果被判刑人需要离开的，我国《刑法》第39条第1款第5项规定：离开所居住的市、县或者迁居，应当报经执行机关批准。第75条第4项对被判缓刑人的人身自由也做如上限制。第84条第4项对被宣告假释的人的人身自由做了如下限制：离开所居住的市、县或者迁居，应当报经监督机关批准。通过以上法律规定，我们可以得出结论，无论是缓刑判决、管制刑还是假释，都只是限制自由，并不是剥夺自由。作为自由的一个最重要的方面——人身行动自由当然也没有被剥夺，只是受到限制。在得到执行机关或监督机关的批准后，外国被判刑人是可以离开我国国境的。如果外国被判刑人离开我国领域，我国的有关机关就无法行使监督权了，也就使得有关刑罚的判决无法执行，不仅无法使被判刑人顺利回归社会，而且会损害我国刑事判决的法律效力。我国可以通过向外国被判刑人国籍国或经常居住国转移监督的形式来执行监督任务。当判刑国将这种监督权移交给执行国后，判刑国不再有行刑权。执行国需要对有条件被判刑或有条件释放罪犯进行监督，以确认其是否需要执行原来判决中判处的刑罚。

有条件被判刑或有条件释放罪犯转移监督不是一项新的司法协助活动。但是，没有像引渡活动一样受到重视。欧洲议会在1964年11月30日就制定了《欧洲有条件被判刑或有条件释放罪犯转移监督公约》供成员国签署。该公约于1975年8月28日生效。目前仅有 17 个国家批准了该公约，另有 6 个国家签署，但尚未批准该公约。

联合国第 45 届大会第 68 次会议制定了一项《有条件被判刑或有条件释放罪犯转移监督示范条约》，以期望对有关国家谈判和缔结双边或多边条约以改进预防犯罪和刑事司法事项方面的合作有所裨益。

我国迄今为止没有规定这方面的内容的法律法规。

一、有条件被判刑或有条件释放罪犯转移监督的条件

对有条件被判刑人或有条件释放罪犯的转移监督必须符合一定的条件。

首先，被转移监督的有条件被判刑或有条件释放罪犯是被请求国本国国名或在本国领域内有经常居住地的人。如果被监督人不是被请求国的国民，或者该被监督人在执行国没有常住地，被请求国没有义务执行判刑国的刑事判决。如果被转移监督人不是被请求国国民或在被请求国没有常住地的，转移监督就没有意义（在有条件被判刑或有条件释放罪犯所熟悉的文化和社会等环境中帮助被监督人早日回归社会）。

其次，转移监督的对象是被判处剥夺自由刑缓期执行的或假释的罪犯（在执行一定的刑罚期限后，有条件释放）。有的国家的法律规定，有条件不予起诉的人也可以是被转移监督的对象。对于其他被判处刑罚的罪犯是不允许转移监督的。

最后，该转移监督必须是可以执行的。可以执行包括判刑国决定的可执行措施和执行国根据本国国情及执行机关的实际情况变更的可执行的监督措施。如果该监督措施是不能执行的，该执行请求会被请求国拒绝执行。

二、有条件被判刑或有条件释放罪犯转移监督的程序

有条件被判刑或有条件释放罪犯转移监督活动必须按照一定的程序来进行。

（一）请求的提出

由请求国向被请求国提出转移监督的请求。一般来说，判刑国为请求国，执行国为被请求国。判刑国请求执行国代为执行其对被判刑人或有条件释放的罪犯的监督工作。而执行国作为请求国请求代替判刑国执行对判刑人或有条件释放罪犯的监督工作的情况很少见，但是理论上是成立的。被判刑人能否提起向判刑国或者执行国提出转移监督的要求的问题值得研究。联合国《有条件被判刑或有条件释放罪犯转移监督示范条约》第 8 条规定了被判刑人的立场。该条规定：不论是已被判刑或还在受审的人，均可向判刑国表示其关心转移监督以及愿意履行所限定的任何条件。同样，其合法代表或至亲也可以表示这种关心。该规定没有提出有条件被判刑或释放罪犯可以提出请求的权利。我们认为该规定的主要含义是被转移监督人或其近亲属可以向有关国家或国家机关表示关注被转移监督人的合

法权利免受侵害意向。

我们认为，被判刑人作为请求人是不合适的。因为，有条件判刑或有条件释放罪犯的转移监督是国家间的刑事司法协助活动，是双边互惠的。作为个人只能是向判刑国提出向国籍国进行转移监督的建议，由该判刑国的司法机关作出是否同意转移监督的裁决。

请求国必须以书面的形式向被请求国提出转移有条件被判刑或有条件释放罪犯监督的请求。请求书必须以被请求国本国语言或其他可接受的语言表达。

请求书一般包括：被判刑人的身份、国籍和住所等必需的资料；法院的判决书和证明该判决书为生效判决的文件；提出请求的机关的名称和作出本国在类似情况下接受对方起初类似请求的承诺等内容。

送达途径和中央主管机关在双边条约中作出规定。送达的途径，包括外交途径和司法途径。所谓外交途径就是通过外交机构来转达请求书。通过司法途径一般是将请求书通过本国的司法部向被请求国的司法部送达请求书。送达途径按照双方签订的条约中规定的中央主管机关的性质决定。如果指定的是司法部，就通过司法途径；如果是外交部，那就通过外交途径。送达途径不影响请求的执行。如果双方没有签订有关有条件判刑或有条件释放罪犯转移监督的条约，则通过外交途径提出。

（二）审查

当中央主管机关接到请求国的请求书后，首先进行形式审查。即审查请求书是否符合本国要求，是否附加条约中规定的材料，材料是否经过中央主管机关认证等形式要件是否齐备。如果材料不符合本国要求，将材料退回请求国，要求请求国按照本国要求重新制作请求书。如果材料不齐备，则要求请求国在规定的期限内提交补充材料。如果请求国没有按照要求重新提出请求书或补充材料的，该项请求视为请求国放弃。

材料经审查齐备后，中央主管机构将请求书转交给有关职能机构。即将材料交给被判刑人所在地的法院，对请求书中所载的犯罪事实按照执行国法律是否构成犯罪以及是否符合执行国提供监督移管的条件进行审查。

司法审查内容包括：

（1）请求书中所载的犯罪事实根据执行国法律是否构成犯罪；

（2）犯罪类型是否执行国禁止提供刑事司法协助的犯罪类型，即是否政治性犯罪、军事犯罪或财税犯罪；

（3）该犯罪事实是否执行国已经起诉或审判的罪行；或该犯罪事实是否已经在第三国受到审判并执行刑罚完毕或被判终止刑事诉讼的；

（4）对该被判刑人执行监督是否会违反执行国法律秩序等问题。

在司法审查完毕后，根据审查结果作出不同的裁定。对不符合我国提供监督条件的请求予以拒绝。对符合执行国提供监督条件的请求，按照执行国法律作出在本国可行的监督措施，当然，如果请求国的监督要求是可行的，并且不违反执行国法律，就尽量按照请求国的要求进行监督。

司法机关进行司法审查后，可以由司法部对该请求作出行政审查。行政审查的内容主要包括执行该请求是否损害执行国国家利益。如果经审查，发现执行该请求会损害执行国国家利益的，拒绝该项请求。对符合转移监督条件的，作出同意监督的决定书，送到请求国。并将决定书和有关法院的监督裁定书送交执行机关执行。

（三）执行

中央主管机关交材料交被判刑人所在地的监督执行机关。监督执行机关根据法院的监督裁决依法对被判刑人进行监督。在执行时，尽量按照请求国的执行要求执行，如果按照请求国的执行要求，无法执行的，可依照执行国有关法院的裁决对执行方式予以变更，并将变更的执行方式通报对方国家中央主管机关。

三、法律后果

如果被监督人在被监督期间遵守执行国的监督规定，监督期满，应该解除监督，并向被监督人说明；原来的判决中判处的剥夺自由刑不再执行。如果被监督人违反执行国的监督规定，执行国应当撤销监督的决定，立即将被监督人收监执行判刑国刑事判决中决定的剥夺自由刑的刑罚。执行国在执行完毕其监督工作后，可以将执行情况通过中央主管机关向请求国作出情况通报。

如果按照判刑国法律，对被转移监督的被判刑人赦免或者减刑的，应及时通报执行国，执行国对判刑国的赦免或减刑决定予以执行。同样，执行国如果按照本国法律对被转移监督的被判刑人赦免或者减刑的，也应当将上述决定及时通报判刑国。

第三节　外国被判刑人移管

外国被判刑人移管，又称为被判刑人移管，是指一国将触犯本国刑法并在本国受到审判的外国被判刑人移交给另一国行刑监督。一般情况下，判刑国是不会将被判刑的本国公民或者在本国有常住地的居民移交给其他国家执行其刑罚。从执行国的角度讲，执行国的主管机关，经判刑国请求，将在判刑国定罪判刑的本国公民或常住居民移至本国执行刑罚，因而是对外国刑事判决承认与执行的一种合作形式；从判刑国的角度讲，判刑国的主管机关经被判刑人的国籍国或居留国请求，将在本国定罪判刑的他国公民或居民移交他国执行刑罚，是一种对判决执行的司法协助形式。

外国被判刑人的移管，属于外国刑事判决的承认与执行的范畴，但与不涉及移交被判刑人的承认与执行外国刑事判决相比，又具有一些新特点。外国被判刑人的移管这种新的国际刑事司法合作方式，是基于这样考虑，即被判刑人国籍国基于对其公民利益的关注，希望罪犯在自己国家服刑可以更快返回社会，关押外国囚犯的国家又希望解决外国囚犯造成的困难，因此双方国家协商，缔结外国被判刑人移管的双边或多边国家条约。例如 1972 年 2 月 3 日丹麦和西班牙订立了被判刑人移管的条约；1976 年 11 月 25 日美国与墨西哥订立关于被判刑人移管条约，以后又相继与许多国家签订这种条约。在国内立法方面，一些国家修改或补充了立法，使有关移交被判刑人的条约可以在国内得到执行。有的国家规定在没有条约时可以基于互惠原则移交被判刑人。例如奥地利于 1980 年颁布的关于引渡和刑事司法协助的法令含有上述内容。欧洲议会在 1983 年制定了《移管被判刑人欧洲公约》。

联合国也对移交被判刑人的问题予以关注，在 1975 年第五届、1980 年第六届、1985 年第七届联合国预防犯罪和罪犯待遇大会上讨论了这一问题，第七届大会还通过了《关于外国囚犯移管的示范协定》。联合国经济及社会理事会于 1986 年 5 月 21 日通过了一项决议，提请犯罪预防和控制委员会参照以往的经验，拟定了一项关于缓刑和假释监督移管的示范协定，以便在全世界扩大这一司法协助形式。中国参加联合国预防犯罪和罪犯待遇大会的代表团参与了上述两项示范协定的讨论。

被判刑人移管的内容包括两方面：一方面是由判刑国将被判刑人移交给被判刑人的国籍国或居留国，另一方面是由接受国对移交的罪犯执行判决。被判刑人移管，既可由判决国请求，也可以由接受国请求，但法律根据是必须有国际刑法和国内法规定，被移交的人只能是在判决国犯有可移管之罪的接受国的国民或居民。

被判刑人移管与被判刑人引渡不同，它们在原则、条件和程序上均有差别。

一、外国被判刑人移管的条件

根据《移管被判刑人欧洲公约》第 3 条规定，在下列条件，被判刑人可予以移管：

（1）该人为执行国国民；

（2）该判决为生效判决；

（3）在收到移管请求时，该判刑人至少仍需服 6 个月刑期或服刑期没有确定；

（4）被判刑人同意移交，或鉴于年龄或者身体或精神状况，判刑国和执行国中任何一国认为有必要时，经该被判刑人的法律代理人同意；

（5）据以科处刑罚的作为或不作为依执行国法律构成犯罪，或如其境内所犯则构成犯罪；

（6）判刑国或执行国均同意移交。在例外情况下，即使被判刑人应服刑期少于上述第 3 项中规定的时间，当事国也可同意移交该人。

1976 年 11 月美国和墨西哥签订了互相执行刑事判决的条约。1977 年 3 月美国和加拿大也签订了这样的条约。美国和墨西哥签订的条约成了美国和加拿大同其他美洲国家之间签订转移罪犯和互相执行刑事判决的条约的样板。后来，美国同玻利维亚（1978 年）、巴拿马（1979 年）和秘鲁（1980 年），加拿大同墨西哥（1977 年）、巴拿马（1980 年）和秘鲁（1980 年）也签订了类似的条约。根据这些条约的规定，缔约一方可以把定罪判刑的罪犯转移给另一方执行，但是应该具备下列各项条件：

（1）被转移的罪犯必须是接收国的国民，该罪犯在移交国没有常住所；

（2）存在双重犯罪的情况，即被转移的罪犯所犯的行为，按照移交国和接收国的法律，都被认为是犯罪行为；

（3）罪犯所犯的罪行不是政治罪行，也不是纯军事罪行；

（4）对被转移的罪犯的判决必须是终审的判决；

（5）移交国认为转移合适，罪犯本人也同意转移；在接收国执行判决，有助于该罪犯的重新做人。

二、外国被判刑人移管的程序

被判刑人移管有以下程序：移管请求的提出、移管请求审查和答复、被判刑人移交的执行以及移交效果等。

（一）被判刑人移管请求的提出

被判刑人移管的请求可以由判刑国提出，也可由执行国提出，有的法律中还规定可以由被判刑人首先向判刑国提出移管的申请，由判刑国决定是否向其国籍国提出移管的请求。

提出的机关按照法律规定的中央机关的不同而有所不同。一般来说是由请求国的司法部部长向对方司法部部长提出。我国与乌克兰规定的中央机关是双方的司法部部长。但是，我国与俄罗斯联邦联系的中央机关在中华人民共和国是司法部，俄罗斯联邦的中央机关是俄罗斯联邦总检察院。

提出的形式大多数条约都要求是以书面的形式提出。在有的条约中还要求由中央机关对所有的文件进行确认。例如，《中华人民共和国和俄罗斯联邦关于移管被判刑人的条约》第 7 条第 5 款就规定："双方相互提交的文件均应由本国中央机关确认。这些文件不需要其他确认和认证。"

（二）被判刑人移管请求的审查与答复

被请求国在接到被判刑人移管的请求后，应进行审查，并应将是否同意移交请求的决定立即通知请求国。审查的内容主要是看请求是否符合移交被判刑人的条件。如果被请求国在进行审查后，同意请求国的请求，则应当与请求国商定实施移交被判刑人的时间与地点。另外，大多数条约规定，如果执行国提出要求，判刑国应当保证执行国在交接被判刑人前对被交接人所表达意愿的真实性进行最后核实。

1. 形式审查

所谓形式审查，是指被请求国对请求国所提供的移管被判刑人的材料是否符合被请求国的要求、其材料是否齐全等问题进行审查。如果所提供的材料不符合被请求国的要求的，例如，所提供材料不是按照被请求国所接受的语言书写的，则被请求国可能要求请求国按照其要求重新提供有关材料。如果所提供的材料不齐全的，例如，没有提供指定的中央主管机关等，或被请求国要求提供其他材料的，则被请求国要求请求国在规定的期限内提供有关材料。如果请求国没有按照被请求国的要求在规定的期限内提供或补充有关材料，则视为请求国放弃该请求。

2. 实质审查

实质审查，是指有关机关对请求国提出的移管被判刑人的请求是否符合本国法律规定，执行该请求是否会危害本国法律秩序或损害本国利益等问题进行审查。

请求是否符合被请求国法律的审查，一般是查明该请求是否符合被请求国有关移管被判刑人的法律法规或双方所签订的移管被判刑人的条约等规定。其具体内容一般包括移管被判刑人的条件等。

请求是否会危害被请求国的法律秩序或损害本国利益的审查，主要是查明该请求的执行是否危害本国民主、法治制度，是否会损害本国国家安全、主权完整等问题。

形式审查一般是由中央主管机关审查。不同的国家进行实质审查的机关也不同。有的国家是由司法机关进行实质审查，也有的国家对请求是否符合移管被判刑人的条件的由司法机关审查；而对执行该请求是否危害本国法律秩序或损害本国国家利益的审查交给外交机关或行政机关。

如果经过审查后，查明移管被判刑人的请求符合本国法律规定的条件，并且不至于危害本国的法律秩序和损害本国国家利益的，中央主管机关应当将同意移管被判刑人的决定尽快通知请求国的中央主管机关，以便安排移交被判刑人的手续。

（三）被判刑人移交

当请求国的中央主管机关接到被请求国中央主管机关的同意移管被判刑人的决定时，就应该同被请求国的中央主管机关或者中央主管机关指定的联系机关联系具体的移交被判刑人的时间、地点等问题。双方的中央主管机关或指定的联系机关按照约定的时间和地点移交被判刑人。

三、对被判刑刑罚的执行

当执行国接受被判刑人后，就应该按照本国审判机关对判刑国的刑事判决所作的裁定中确定的刑期和执行方式对被判刑人执行刑罚。一般情况下，所执行的刑罚是判刑国所确定的刑种和刑期。当执行国执行其刑罚后，就相应地产生了相关的法律后果。

根据《移管被判刑人欧洲公约》第 8 条规定，移交判刑国的效果包括：（1）执行国当局对被判刑人的接管应具有在判刑国中止执行刑罚的效果；（2）如执行国认为刑罚已执行完毕，判刑国不再执行刑罚。

该公约第 9 条规定，移交对执行国的效果包括：（1）执行国的主管当局应根据第 10 条规定的条件直接地或通过法院或行政命令继续执行刑罚，或根据第 11 条规定的条件，通过司法或行政程序将该刑罚转换为该国的决定，从而用执行国法律中对同一犯罪所规定的制裁措施取代判刑国所判的制裁措施。（2）执行国如经请求，应在被判刑人移交之前，把将要采用的程序通知判刑国。（3）刑罚的执行应依执行该国法律，仅该国有权作出一切适当的决定。（4）如果一国根据其国内法，认为该人因其精神状况对所犯罪行不承担刑事责任，因而不能适用第 1 款所提及的任一程序对其执行在另一方境内所科处的措施。

第四节　我国关于移管被判刑人的法律规定

我国已经分别与乌克兰等 16 个国家①签署了移管被判刑人的双边条约。我国关于移管被判刑人的法律规定丰富了我国参与国际刑事司法协助的实践，扩大了我国参加国际刑事司法协助的内容。

一、移管的前提条件

（一）对刑期的要求

我国所签署的移管被判刑人条约对刑期的规定不一样。根据《中华人民共和国和俄罗斯联邦关于移管被判刑人条约》的规定，依中华人民共和国法律，必须是判处有期徒刑的刑事判决；依俄罗斯联邦法律，必须是判处有期的剥夺自由刑的刑事判决。

---

① 与我国签订关于移管被判刑人的条约的国家有澳大利亚（2011 年 11 月 9 日生效）、大韩民国（2008 年 5 月 27 日签署，全国人民代表大会 2009 年 4 月 24 日批准）、伊朗伊斯兰共和国（2012 年 9 月 10 日签订，全国人民代表大会 2015 年 12 月 27 日批准）、西班牙王国（2007 年 4 月生效）、乌克兰（2002 年 10 月 12 日生效）、泰王国（2011 年 12 月 22 日签订，全国人民代表大会 2012 年 10 月 26 日批准）、塔吉克斯坦共和国（2014 年 9 月 13 日签订，全国人民代表大会 2017 年 4 月 27 日批准）、葡萄牙共和国（2009 年 10 月 15 日生效）、蒙古国（2011 年 6 月 16 日签订，全国人民代表大会 2014 年 6 月 27 日批准）、吉尔吉斯共和国（2012 年 6 月 5 日签订，全国人民代表大会 2013 年 12 月 28 日批准）、哈萨克斯坦共和国（2011 年 2 月 22 日签订，全国人民代表大会 2015 年 7 月 1 日批准）、俄罗斯联邦（2006 年 12 月 9 日生效）、阿塞拜疆共和国（2015 年 12 月 10 日签订，全国人民代表大会 2019 年 4 月 23 日批准）、巴基斯坦伊斯兰共和国（2018 年 11 月 3 日签订）、比利时（2016 年 10 月 31 日签订）和哥伦比亚共和国（2019 年 7 月 31 日签订）等 16 个国家。

根据《中华人民共和国和乌克兰关于移管被判刑人的条约》的规定，依中华人民共和国法律，系指有期徒刑或者无期徒刑，依乌克兰法律，系指有期的剥夺自由刑或者无期的剥夺自由刑。按照最低限度原则，移管被判刑人至少还需服刑 1 年。

（二）对被移管的当事人的要求

被移管的当事人，即被判刑人，系指根据判决服刑的人，且具有执行国国籍之人。

二、移管的请求与答复

（一）联系途径

中央机关在中华人民共和国方面系指中华人民共和国司法部，在俄罗斯联邦方面系指俄罗斯联邦总检察院，在乌克兰方面为司法部。在执行移管被判刑人条约时，中央机关应直接联系。

双方如根据该条约另行指定中央机关，应通过外交途径书面通知对方。

（二）移管的提出

被判刑人、其近亲属以及其合法代理人可向判刑国或执行国的中央机关提出移管的申请，由接到该申请一方的中央机关决定是否向另一方中央机关提出移管请求。任何一方中央机关均可向另一方中央机关提出移管请求。

被请求的中央机关应在收到所有必要文件之日起 90 日内将是否同意移管的决定通知提出请求的中央机关。如拒绝请求，则应说明理由。

双方中央机关在作出是否移管的决定后，应书面通知在本国境内的被判刑人或其合法代理人。

（三）移管的条件

只有符合下列条件时，方可移管被判刑人：

（1）被判刑人是执行国的国民；

（2）对被判刑人判处刑罚所针对的行为按照双方的法律均构成犯罪；

（3）被判刑人还需服刑至少 1 年；

（4）被判刑人书面同意移管，或者在被判刑人行为能力受限制或者无行为能力时，经其合法代理人书面同意；

（5）双方的中央机关均同意移管。

在特殊情况下，即使被判刑人尚需服刑的期限少于 1 年，双方中央机关亦可同意移管。

（四）移管的拒绝

在下列情况下，可以拒绝移管：

（1）一方认为移管有损其主权、安全、公共秩序或违反本国法律的基本原则；

（2）因犯危害国家安全罪对被判刑人作出判决；

（3）被判刑人在判刑国境内有尚未偿清的债务或因其他刑事案件被立案而尚未作出终审判决；

（4）请求被移管的人被判处死刑或者无期徒刑（《中华人民共和国和乌克兰关于移管被判刑人的条约》规定，中乌之间对判处无期徒刑的被判刑人可以移管）。

除上述规定的情形外，任何一方对于是否同意另一方提出的移管请求可自主决定。

（五）请求的形式和所附文件

双方中央机关应以书面形式相互提出移管请求。

执行国提出移管请求时，应附有下列文件：（1）被判刑人的个人情况，即姓、名（名和父称）、性别和出生日期；（2）证明被判刑人是执行国国民的文件；（3）如可能，关于作出判决的日期、地点、判决理由和服刑地点的说明。

判刑国提出移管请求时，应附有下列文件：（1）被判刑人的个人情况，即姓、名（名和父称）、性别和出生日期；（2）证明被判刑人是执行国国民的文件；（3）经证明无误的判决书副本以及判决所依据的有关刑法规定；（4）被判刑人已服刑期的说明，包括判决生效前羁押和其他有关执行刑罚事项的说明；（5）经证明无误的对被判刑人或其合法代理人同意移管的书面确认；（6）被判刑人健康情况以及其服刑期间表现的说明。

如有必要，双方中央机关可相互要求提供补充文件或者材料。

双方相互提交的文件均应由本国中央机关确认。这些文件不需其他确认和认证。

（六）被判刑人的同意及同意条件的核实

判刑国应确保被判刑人或其合法代理人在完全知晓移管的法律后果的情况下自愿表示同意移管，并在同意移管的声明中对此予以确认。

如执行国请求，判刑国应提供机会，使执行国通过指定的官员核实被判刑人已自愿表示同意。

三、移管的执行

如双方就移管的请求达成一致，双方应通过执行刑罚的机关尽快协商确定移管的时间、地点和程序。

任何一方如为履行与第三国达成的移管被判刑人协议需从另一方领土过境，应向该另一方提出过境的请求。但此规定不适用于使用航空运输且未计划在另一方领土降落的情形。一般情况下，被请求方在不违反本国法律的情形下，应同意请求方提出的过境请求。

在执行该条约时，双方应使用本国的官方语言，并附有对方官方语言或英文的译文。

移管之前所产生的有关费用，由费用产生地的一方负担。执行移管和在移管之后继续执行刑罚所产生的费用，由执行国各自负担。过境费用由提出过境请求的一方负担。

对执行条约过程中出现的解释或执行产生的争议，应由双方中央机关协商解决，如未能协商一致，则通过外交途径协商解决。

我国所签署的移管被判刑人的双边条约可以适用于条约生效前的被判刑人移管。同时，条约的终止不影响在该条约终止前开始的被判刑人移管程序。

四、刑事判决的执行

（一）刑罚的继续执行

在移管被判刑人后，执行国应根据本国法律，保证继续执行刑罚。如判刑国判处的刑罚种类或期限不符合执行国的法律，执行国法院应根据本国法律转换刑罚的种类或期限并遵循下列条件：

（1）应基于判决关于案件事实情况的认定；

（2）不得将刑罚转换为财产刑；

（3）转换后的刑罚应尽可能与判决所判处的刑罚相一致，不得加重判刑国所判处的刑罚，也不得超过执行国法律对同类犯罪规定的最高刑；

（4）不受执行国法律对同类犯罪规定的最低刑的约束；

（5）应扣除被判刑人在判刑国已被羁押的期间。

执行国转换刑罚时，应将转换刑罚的法律文书副本送交判刑国。

执行国有权根据本国法律对被判刑人免除刑罚，包括假释等其他方式。

（二）对判决的复查

只有判刑国有权对判决进行复查。如果被判刑人如在移管后向执行国提出对案件进行重新审理的申请，执行国应尽快将该申请转交判刑国。

如移管后判刑国作出改变判决的裁决，则此裁决副本和其他必要文件应立即送交执行国中央机关。执行国应在能够完全按照其刑罚处罚方式的情况下予以执行；如果不能遵照执行的，应转换刑罚执行方式执行，并将转换的执行方式告知判刑国。

如移管后判刑国作出撤销判决并不再追究刑事责任的裁决，则该裁决的副本应立即送交执行国中央机关，由其立即释放被判刑人。

如移管后，判决在判刑国被撤销并决定重新调查或审理，则该决定副本、刑事案件材料及其他必要材料应送交执行国，以便根据该国法律作出追究被移管人责任的决定。

（三）赦免

任何一方均可根据本国法律，对已被移管的被判刑人给予赦免，并及时就此通知另一方。

（四）关于执行刑罚的情报

遇有下列情况，执行国应及时向判刑国提供有关执行刑罚的情报：

（1）刑罚已执行完毕；

（2）被判刑人在刑罚执行完毕前脱逃或死亡；

（3）判刑国要求提供特别说明。

参考文献

一、著作类

1. 贾宇：《国际刑法学》，法律出版社 2019 年版。

2. 黄风、凌岩、王秀梅：《国际刑法学》，中国人民大学出版社 2007 年版。

3. 邵沙平：《国际刑法学》，武汉大学出版社 2005 年版。

4. 赵秉志：《新编国际刑法学》，中国人民大学出版社 2004 年版。

5. 王世洲主编：《现代国际刑法学原理》，中国人民公安大学出版社 2009 年版。

6. 张智辉：《国际刑法通论》（第 3 版），中国政法大学出版社 2009 年版。

7. 朱文奇：《现代国际刑法》，商务印书馆 2015 年版。

8. 朱文奇：《国际人道法》，商务印书馆 2018 年版。

9. 朱文奇、李强：《国际条约法》，中国人民大学出版社 2008 年版。

10. 赵永琛：《区域刑法论》，法律出版社 2002 年版。

11. 贾兵兵：《国际公法：理论与实践》，清华大学出版社 2009 年版。

12. 贾兵兵：《国际公法：武装冲突中的解释与适用》，清华大学出版社 2020 年版。

13. 杜启新：《国际刑法中的危害人类罪》，知识产权出版社 2008 年版。

14. 朱文奇等：《战争罪》，法律出版社 2010 年版。

15. ［德］赫尔穆特·查致格：《国际刑法与欧洲刑法》，北京大学出版社 2017 年版。

16. ［德］格哈德·韦勒：《国际刑法学原理》，王世洲译，商务印书馆 2009 年版。

17. ［德］格哈德·韦勒、［德］弗洛里安·耶斯伯格：《国际刑法学原理》，王世洲译，商务印书馆 2017 年版。

18. 朱路：《论当代武装冲突对国际法和战争法的挑战》，人民日报出版社 2022 年版。

19. Sieber, Bruener, Satzger, Heintschel-Heinegg（Herausgeber）: Europäishes Strafrecht, Verlag Nomos, 2011.

20. William A. Schabas & Nadia Bernaz, Routledge Handbook of International Criminal Law, Routledge Taylor & Francis Group, 2011.

21. Münchener Kommentar zum Strafgesetzbuch, Band 8: Völkerstrafgesetzbuch, Verlag C. H. Beck München 2013.

22. Knut Doermann, Elements of War Crimes under the Rome Statute of the International Criminal Court, Cambridge University Press, 2013.

23. Dinah L. Shelton (editor in Chief), Encyclopedia of Genocide and Crimes Against Humanity, Thomson Gale, 2005.

24. M. Cherif Bassiouni, International Criminal Law, Vol. 1 Sources, Subjects, and Contents, Vol. 2 Multilateral and Bilateral Enforcement Mechanisms, Vol. 3 International Enforcement, 3rd. Koninklijke Brill NV. Leiden, The Netherlands.

25. Otto Triffterer, Kai Ambos, Commentary on the Rome Statute of the International Criminal Court, 3rd C. H. Beck, Hart, Nomos, 2015.

26. Neil Boister, Robert Cryer, Documents on the Tokyo International Military Tribunal, Oxford University Press, 2008.

27. William A. Schabas, Genocide in International Law, Cambridge University Press, 2009.

28. William A. Schabas, An Introduction to the International Criminal Court, Fourth Edition, Cambridge University Press, 2011.

29. Norman Geras, Crimes against Humanity, Manchester University Press, 2011.

30. Ilias Bantekas & Susan Nash, International Criminal Law, 2nd Edition, Cavendish Publishing, 2003.

二、论文类

1. 王秀梅:《论灭绝种族罪》,载《法商研究》2002 年第 5 期。

2. 匡红宇、王新:《灭绝种族罪受保护团体的归类与判断》,载《河南财经政法大学学报》2017 年第 1 期。

3. [美]萨姆·麦克法兰:《拉斐尔·莱姆金:种族灭绝如何成为一种罪行》,载《人权》2017 年第 2 期。

4. 黄志雄、应瑶慧:《浅析灭绝种族罪中的"受保护团体"》,载《时代法学》2018 年第 1 期。

5. 李江:《论灭绝种族罪》,湘潭大学硕士学位论文,2007 年。

6. 刘大群:《论危害人类罪》,载《武大国际法评论》2006 年第 1 期。

7. 王新:《危害人类罪在国际刑法中的确认和构成要件》,载《河北法学》2011 年第 2 期。

8. 高铭暄、王俊平：《论〈罗马规约〉规定的危害人类罪的前提要件》，载《南开学报（哲社版）》2007 年第 1 期。

9. 杜启新：《危害人类罪的主观要件》，载《法学杂志》2007 年第 3 期。

10. 褚家玮：《论危害人类罪中的"政策"要素》，载《中山大学青年法律评论》2020 年 11 月。

11. 唐朝、刘之雄：《国际犯罪构成探析》，载《长春理工大学学报（社科版）》2015 年第 5 期。

12. 王新：《论战争罪在国际刑法中的确认和特点》，载《南京社会科学》2011 年第 3 期。

13. 潘晓琳：《战争罪的内涵及相关问题（上）》，载《兰州大学学报（社科版）》2011 年第 1 期。

14. 潘晓琳：《战争罪的内涵及相关问题（下）》，载《兰州大学学报（社科版）》2011 年第 2 期。

15. 卢有学：《战争罪的国内立法研究》，载《现代法学》2007 年第 2 期。

16. 王秀梅：《国际刑事法院管辖战争罪中非国际性武装冲突》，载《南开学报（哲社版）》2007 年第 1 期。

17. 朱文奇：《战争罪与武装冲突性质的关系问题》，载《西安政治学院学报》2003 年第 1 期。

18. 王秀梅：《侵略罪定义及侵略罪管辖的先决条件问题》，载《西安政治学院学报》2012 年第 3 期。

19. 刘大群：《论侵略罪》，载《武大国际法评论》2005 年第 3 期。

20. 王秀梅：《论侵略罪》，载《法学家》2002 年第 2 期。